L'ESPRIT DU GRENIER

DU MÊME AUTEUR

Physiologie et Biologie du système nerveux végétatif au service de la chirurgie, G. Doin & Cie, 1950.

L'Anesthésie facilitée par les synergies médicamenteuses, Masson & Cie, 1951.

Réaction organique à l'agression et choc, Masson et Cie, 1952, 2e éd., 1954.

Résistance et Soumission en physiologie. L'Hibernation artificielle, Coll. « Évolution des sciences », Masson et Cie, 1954.

Pratique de l'hibernothérapie en chirurgie et en médecine, en collaboration avec P. Huguenard, Masson & Cie, 1954.

Excitabilité neuro-musculaire en équilibre ionique, en collaboration avec G. Laborit, Masson et Cie, 1955.

Le Delirium Tremens, en collaboration avec R. Coirault, Masson & Cie, 1956.

Bases physio-biologiques et Principes généraux de réanimation, Masson & Cie, 1958.

* Les Destins de la vie et de l'homme. Controverses par lettres sur des thèmes biologiques, en collaboration avec P. Morand, Masson & Cie, 1959.

Physiologie humaine, cellulaire et organique, Masson & Cie, 1961.

Du soleil à l'homme, Masson & Cie, 1963.

Les Régulations métaboliques. Aspects théorique, expérimental, pharmacologique et thérapeutique, Masson & Cie, 1965.

* Biologie et Structure, Coll. « Idées », Gallimard, 1968.

* L'Homme imaginant. Essai de biologie politique, Union générale d'éditions, Coll. 10-18, 1970.

Neurophysiologie. Aspects métaboliques et pharmacologiques, Masson & Cie, 1969.

Les Comportements, biologie, physiologie, pharmacologie, Masson & Cie, 1973.

* Société informationnelle. Idées pour l'autogestion, Coll. « Objectifs », Éditions du cerf, 1973.

* L'Agressivité détournée. Introduction à une biologie du comportement social, Union générale d'éditions, Coll. 10-18, 1970.

* Éloge de la fuite, R. Laffont, 1976.

* L'Homme et la Ville, Flammarion, 1972.

* La Nouvelle Grille, Coll. « Libertés », R. Laffont, 1974.

* Discours sans méthode, en collaboration avec F. Jeanson, Stock, 1978.

L'Inhibition de l'action. Biologie, Physiologie, psychologie, sociologie, Masson & Cie, et Presses universitaires de Montréal, 1979, 2e éd., 1986.

* Copernic n'y a pas changé grand-chose, R. Laffont, 1980.

Éditeur de la revue *Agressologie* chez SPEI et Masson & Cie, *Revue internationale de physio-biologie et de pharmacologie appliquée aux effets des agressions* (de 1959 à 1983).

* En collaboration avec Fabrice Rouleau : L'Alchimie de la découverte, Grasset, 1982.

* La Colombe assassinée, Grasset, 1983.

* Dieu ne joue pas aux dés, Grasset, 1987.

* La Vie antérieure, Grasset, 1989.

Les Récepteurs centraux et la transduction des signaux, Masson, 1990.

NB. Les titres précédés d'un * sont des ouvrages de philosophie scientifique de grande diffusion.

HENRI LABORIT

L'ESPRIT DU GRENIER

BERNARD GRASSET
PARIS

INTRODUCTION

Un bric-à-brac fait de bric et de broc : quand j'étais enfant, je ne sais pas pourquoi, ces mots évoquaient pour moi d'abord des polichinelles et des jeux mécaniques aux mouvements saccadés, ensuite le grenier de l'oncle Delphin. Au milieu de la maison de l'oncle Delphin, il y avait une courette pavée. Dans cette courette quelque chose comme une espèce de sarcophage d'enfant, taillé dans la pierre où l'eau de pluie stagnait. Je passais de longs moments à regarder s'ébattre dans cette eau des animalcules qui me donnèrent ma première impression de l'infiniment petit. Je n'avais pas encore la notion d'une vie microbienne ou virale invisible à l'œil nu, ni ne savais que ces animalcules pouvaient être des formes larvaires de moustiques. La connaissance tue toute poésie...

Au fond de la cour à droite, une porte donnait sur un escalier montant à l'étage. Un jour, revenant de la pêche l'oncle et moi, nous avons rapporté une superbe carpe que la tante Marie s'empressa d'éventrer et de remplir d'une farce abondante. Puis elle recousit grossièrement le ventre de ce pauvre animal que l'on plaça dans un plat au haut de l'escalier pour que les chats sans doute n'y mettent ni le museau ni les pattes... les ligues de protection des animaux n'avaient pas encore vu le jour. En fin d'après-midi, j'entendis « flip-flop, flip-flop » derrière la porte que j'ouvris. Et je vis notre carpe qui avait descendu l'escalier jusqu'aux premières marches. Je compris que les carpes avaient la vie dure.

En haut de l'escalier à droite, il y avait une porte. Si on l'ouvrait, on entrait dans le grenier de l'oncle Delphin. Ce grenier était un véritable trésor comme les flibustiers pouvaient en découvrir au fond des cales des vaisseaux espagnols de haut bord, trésors volés aux Indiens du Pérou, ou à travers la carcasse éventrée des vaisseaux coulés sur des récifs au cours des tempêtes sur les côtes des Caraïbes.

La valeur d'un trésor dépend de la valeur pour celui qui le découvre des objets qu'il recèle. Le grenier de l'oncle Delphin contenait des vieux journaux et de vieilles revues dont certains représentaient des dessins – que je trouvais fort beaux – de femmes nues : l'équivalent sans doute à la fin du siècle dernier ou au début de celui-ci de *Lui* aujourd'hui. Il y avait surtout, plus étrange et captivant, des quantités d'objets ne pouvant servir à rien. C'était d'ailleurs parce qu'ils ne pouvaient plus servir à rien qu'ils étaient dans le grenier de l'oncle Delphin.

Mais alors pourquoi conservait-on dans ce grenier des choses ne pouvant plus servir à rien ? Des outils, des objets les plus variés, moulins à café hors d'usage, bouteilles ou pots décapsulés, horloges sans aiguilles et sans balancier, lampes tempête sans poignée, lampes à huile sans système pour monter ou baisser la mèche, outils de menuiserie, de ferronnerie à chacun desquels il manquait quelque chose qui le rendait inutilisable. Il y avait aussi un panier rempli de ficelles ou de rubans de toutes les couleurs.

Ce n'est que bien plus tard, en pensant au grenier de l'oncle Delphin, que j'ai cru comprendre sa signification profonde. A cette époque, le travail humain était artisanal ; chaque objet était le résultat d'un processus imaginaire puis d'une « manufacture » et même devenu hors d'usage, il contenait encore toute la sémantique d'un vrai poème inscrit dans la matière par l'artisan. Alors comment l'abandonner, comment avoir le courage de le jeter au « bourrier » comme on disait chez nous, à la poubelle comme on dirait maintenant depuis que M. Poubelle (dont une rue de Paris perpétue à juste titre la mémoire dans le XVIe arrondissement) a découvert le moyen hygiénique de se débarrasser des œuvres humaines quand elles sont fatiguées ? Ce ne fut qu'à l'ère de la production de masse, production que j'ai autrefois appelée « mécanofacturée », les machines faisant beaucoup d'objets en peu de temps pour faire marcher le commerce, que le comportement humain à leur égard se trouva transformé. Ces objets par ailleurs souvent faits en plastique doivent être fragiles pour avoir une durée de vie réduite et nécessiter leur remplacement rapide, toujours pour faire marcher le commerce. Les greniers et les bric-à-brac sont alors devenus rares. Il n'y a plus de beaux objets, ou bien ce sont des objets d'art, conçus comme tels et vendus très cher. On ne les met pas au grenier. Ils ne peuvent faire partie d'un bric-à-brac.

Et pourtant, comment décider que les œuvres d'art actuelles sont plus artistiques que les objets façonnés par l'artisan des siècles derniers ? La décision est sans doute dans l'intention ? L'artiste, quand il met le feu à un piano, puis inclut les morceaux calcinés dans un cube de plastique transparent, a décidé que c'était de l'art et nous sommes bien forcés de le croire. L'artisan d'autrefois faisait de l'art comme M. Jourdain de la prose, sans le savoir. Au fond, le grenier de l'oncle Delphin était bien l'équivalent d'un musée ou d'une exposition, mais sans visiteur, un musée fermé au public, un musée pour moi tout seul.

* * *

Et voilà un bric-à-brac sans objets, ou plutôt dont les objets sont tous les mêmes : des lettres, des mots, des phrases, un discours, puis un autre. En ce sens il a du bric-à-brac l'incohérence dans la suite des discours. Il a aussi du bric-à-brac l'inutilité des objets. Ce sont des discours qui ne servent à rien, sans doute parce qu'il leur manque une pièce essentielle qu'ils ont perdue. Mais de même que le grenier de l'oncle Delphin exprimait sa vie, le bric-à-brac que voici contient la mienne : des écrits dont le plus ancien date de mes vingt-cinq ans et que le hasard, appelons-le ainsi, m'a fait retrouver parmi mes paperasses voilà quelques mois.

Or on change souvent au cours d'une vie et une vie représente alors un bric-à-brac de sentiments et d'idées, si on les rassemble, après un certain temps. Dans le cas présent, plusieurs de ces discours n'ont été connus de personne, même oubliés par moi pour certains d'entre eux. Il s'agit donc d'un bric-à-brac, mais fait de bric et de broc. En quelque sorte, un broc-à-brac de brac et de bric.

Je ne sais si l'artisan fut adroit, mais ce bric-à-brac ne peut plus prétendre, comme le grenier de l'oncle Delphin, au titre de musée privé pour moi seul, puisque vous allez, si vous le voulez, pénétrer dans le grenier de ma cervelle. Peut-être pourriez-vous vous munir d'un aspirateur pour vous débarrasser parfois de la poussière.

Allez faire un tour à la « brocante ». Tiens, d'où vient ce mot ? Est-ce de bric-à-broc... brocante ? Mais avec le goût à la mode du rétro, ce ne sont pas des objets ne pouvant servir à rien qu'on y trouve puisqu'on les vend. Vous n'achèteriez pas des objets ne pouvant servir à rien, même pas à orner votre intérieur ?

Je ne crois pas que le bric-à-brac de ma brocante puisse enrichir de bric-à-broc votre inconscient. Pourtant tout inconscient constitue un bric-à-brac, et c'est peut-être parce qu'il contient des souvenirs qui ne peuvent plus servir à rien, qui sont là sans que nous le sachions, que nous y tenons tant. Mais croyez-vous qu'un souvenir ne puisse jamais plus servir à rien ?

***

Ceux qui me connaissent, ou m'ont déjà lu, seront peut-être déçus en retrouvant aussi dans ces pages des passages entiers exprimant des faits ou des concepts que j'ai déjà exprimés ailleurs. Il est difficile d'apporter tous les jours des idées neuves. Mais alors pourquoi, direz-vous, se répéter ? Parce que sans doute ce bric-à-brac est rempli d'idées qui n'ont servi à rien, des idées d'artisan maladroit, des idées construites sans l'emploi des robots que sont les mass médias qui en produisent beaucoup et à la chaîne. C'est d'ailleurs un peu sur cette particularité que je compte, celle de n'avoir pas laissé de trace indélébile dans votre mémoire, pour me faire pardonner certains passages de cet ouvrage. En revanche, si vous vous souvenez d'avoir déjà rencontré certaines idées sous ma plume, on peut espérer que c'est parce qu'elles vous ont intéressé et, dans ce cas, pourquoi ne pas vous rafraîchir un peu la mémoire ?

TRIALOGUE
ENTRE
UN ADULTE ET DEUX ENFANTS

Quand j'étais petit, mon père, qui était médecin, avait un ami dont je l'entendais dire qu'il était biologiste. Il m'a appris des tas de choses dont je voudrais que vous profitiez. Mais il m'a aussi donné l'envie de devenir biologiste après être devenu médecin.

– Qu'est-ce que c'est que d'être « biologiste » ?

– Ça consiste à s'occuper de biologie. Alors vous allez me dire : « Qu'est-ce que c'est que la biologie ? »

» Eh bien, c'est la science qui étudie les êtres vivants. Parce qu'il y a des choses, des objets, et puis il y a des êtres qui vivent et qui meurent.

– Qu'est-ce qui fait qu'ils vivent ?

– Je préfère vous parler de ce qui les caractérise. La table, la chaise, là, sont des objets. Or, ils ne se reproduisent pas. Il n'y a pas un monsieur table et une madame table qui donnent naissance à une petite tablette. On peut dire aussi qu'ils ne se déplacent pas. Mais les plantes sont des êtres vivants qui ne se déplacent pas non plus.

– Mais elles se reproduisent !

– Oui, mais pour cela, il faut que des insectes volages ou le vent capricieux portent la semence du mâle dans la corolle de la femelle. Elles sont dépendantes du milieu où elles se trouvent. Maintenant, ce qui est plus important encore, c'est leur structure. Voilà un mot qu'il faut expliquer.

– Oui, qu'est-ce qu'une structure ?

– Eh bien, rendez-vous compte que tout ce que vous pouvez connaître, voir, toucher, etc., ce sont ce qu'on appelle des

« ensembles ». Or un ensemble est fait d'« éléments ». La pièce où nous sommes par exemple est un ensemble. Les éléments, ce sont les murs, les fenêtres, les meubles qui s'y trouvent. Ils ne sont pas placés au hasard. Il existe un certain ordre, une relation entre la commode et le fauteuil, par exemple. On ne pourrait pas mettre la commode au milieu de la pièce et le fauteuil le long du mur. Ces relations constituent la « structure » existant entre les éléments de cette pièce. La structure représente donc l'ensemble des relations existant entre les éléments d'un ensemble.

– Mais qu'est-ce qui fait que la structure des êtres vivants est particulière ?

– Ça, c'est un gros problème. Vous savez ce que c'est que la matière ?

– Pas très bien, non.

– La matière, c'est tout ce qui vous entoure et vous-même aussi. Ce que vous pouvez toucher. Remarquez que vous verrez tout à l'heure qu'il y a de la matière aussi que vous ne pouvez pas toucher, à proprement parler. De toute façon, la matière est faite d'atomes. Vous savez ce que c'est qu'un atome ?

– Pas très bien, non.

– Le mot atome vient du latin et signifie « qu'on ne peut pas couper ». Vous voyez cette pomme, par exemple. Supposez que vous vous amusiez à la couper en morceaux de plus en plus petits. Il arrivera un moment où les morceaux seront si petits que vous ne pourrez plus les couper. En réalité, les atomes sont si petits qu'on ne peut même pas les voir, et il est difficile de les couper sans les voir. Mais pourtant, en se réunissant, ils font ce qu'on appelle la matière, celle que vous touchez. Remarquez bien que c'est ce qu'on croyait encore il y a quelques années : qu'on ne pouvait pas couper les atomes. Mais on s'est aperçu récemment qu'à l'intérieur des atomes, il y avait encore des parties plus petites, et quand on casse un atome, on libère une énergie colossale. C'est ce qu'on fait avec la bombe atomique. Vous en avez entendu parler ?

– Bien sûr, mais qu'est-ce que c'est que l'énergie ?

– Alors ça, personne ne vous le dira. Tout ce qu'on sait, c'est qu'elle fournit du travail que l'on mesure. Mais il y a un monsieur, un très grand génie, qui s'appelait Albert Einstein et qui, le premier, a compris que la matière pouvait se transformer en énergie et l'énergie en matière. Vous ne voulez pas qu'on revienne à nos atomes et aux organismes vivants ?

– Ah si alors !

– Bon, alors ces atomes qui sont déjà un ensemble de choses encore plus petites... Vous savez ce que c'est maintenant un ensemble... ces atomes vont se réunir pour donner d'autres ensembles qu'on appelle des molécules, qui sont donc des ensembles d'atomes. Or les choses, les objets sont faits avec les mêmes atomes que les êtres vivants. Mais dès qu'on arrive aux molécules, les différences apparaissent. La structure des molécules dans les êtres vivants n'est pas la même que dans les objets inanimés. Puisque vous savez maintenant ce qu'est une structure, dites-moi comment vous comprenez ce que je viens de vous dire.

– C'est sans doute que, chez les êtres vivants, les relations que l'on trouve entre les atomes dans les molécules ne sont pas les mêmes que dans les objets.

– C'est très bien, c'est ça ! Mais ça ne s'arrête pas là. Dans les êtres vivants, les molécules se réunissent pour former de nouveaux ensembles. Vous savez ce que c'est qu'une cellule ?

– Pas très bien, non.

– Vous allez le savoir. Votre corps, le mien, celui de tous les êtres vivants, sont faits de milliards de cellules. Les cellules, ça ne se voit pas non plus à l'œil nu. C'est encore trop petit. Mais à la différence des atomes, on peut les voir quand même avec un appareil qu'on appelle un microscope. Un appareil qui grossit terriblement, comme une loupe très, très puissante, ce qu'on regarde. Microscope est un mot qui vient du grec, composé à partir de scope qui veut dire voir, examiner, et micro qui veut dire tout petit, petit. Or la cellule est une petite usine et vous êtes faits avec des milliards de ces petites usines. Que faut-il pour faire fonctionner une usine ?

– Des ouvriers, un patron.

– Mais ça ne suffit pas, figurez-vous. Pour faire fonctionner une usine il faut des machines, de l'énergie pour faire tourner les machines et de la matière première à transformer en objets. Les ouvriers et le patron ne sont au fond que des machines supplémentaires qui font fonctionner les autres machines. Dans une cellule, il faut des machines (je ne vous dirai pas leur nom, car elles sont trop nombreuses), de l'énergie qui vient des aliments que vous mangez chaque jour, et les objets produits, si curieux que cela paraisse, c'est la cellule elle-même. La cellule est donc une usine dont le rôle est de maintenir sa « structure » d'usine, de cellule !

» Et une usine, ça produit des déchets qu'il va falloir évacuer. Mais nous n'en sommes pas là.

– Je parie que vous allez nous dire que ces cellules vont se réunir pour former un nouvel ensemble !

– Vous n'êtes vraiment pas bêtes. Mais avant d'aborder ce sujet, je voudrais vous ramener très loin en arrière. On admet que la Terre a pris naissance à partir d'un nuage de poussière, et au début, il n'y avait pas d'être vivant à sa surface, il y a de cela quatre milliards cinq cents millions d'années environ.

– Mais comment peut-on le savoir puisqu'on n'y était pas ?

– Vous le demanderez aux physiciens, aux astrophysiciens et aux géologues. C'est encore une très longue histoire, passionnante, mais je ne veux pas perdre le fil de mon histoire à moi qui est de vous parler des êtres vivants.

» Après plus d'un milliard d'années, voilà trois milliards cinq cents millions d'années, pense-t-on, les premières cellules vivantes sont apparues sur la Terre. On ne sait pas encore très bien comment. On est encore réduit à des hypothèses. C'est aussi un sujet passionnant, vous vous en doutez, puisque nous sommes là, nous les hommes, que nous n'y avons pas toujours été et que pourtant, sans complète interruption, avec des accidents seulement, les êtres vivants se sont succédé sur la Terre jusqu'à nous, sans que nous sachions très bien pourquoi.

– Vous dites que nous sommes « réduits à des hypothèses » pour dire comment les premières cellules vivantes sont apparues sur la Terre. Mais qu'est-ce que c'est qu'une hypothèse ?

– Bonne question. Je vous remercie de me l'avoir posée, comme disent les hommes politiques à la télé, vous avez remarqué. Une hypothèse... Vous voyez ces pots sur l'étagère, là-haut ?

– Bien sûr.

– Qu'est-ce que c'est ?

– Des pots de confiture.

– Vous les avez déjà ouverts pour savoir qu'ils contenaient de la confiture ?

– Non, ils sont trop hauts.

– Dans ce cas, vous faites une hypothèse en disant que ce sont des pots de confiture, sans avoir fait l'expérience de les ouvrir pour savoir ce qu'ils contiennent.

» Ce que l'on peut dire, c'est qu'au début, ces êtres vivants étaient de simples cellules perdues dans les océans. Ces petites usines chimiques dont je vous parlais tout à l'heure étaient plus simples qu'aujourd'hui. En effet il n'y avait pas d'oxygène moléculaire dans l'atmosphère. Or l'oxygène, c'est la molécule que vous respirez par vos poumons. Si vous en manquez, vous allez mourir. Donc ces cellules primitives ne respiraient pas, elles « fermentaient », en d'autres termes, elles pouvaient vivre sans oxygène. Il en existe encore de nos jours de ces cellules, et si on les met en présence d'oxygène, elles meurent. Les conditions d'existence étaient difficiles à cette époque reculée ! Les rayons ultraviolets du Soleil arrivaient sans coup férir sur la planète. Or ces rayons ultraviolets sont très dangereux, ceux qui nous parviennent encore aujourd'hui en petite quantité sont capables de nous donner des « coups de soleil », des brûlures graves. Ce qui nous empêche d'en souffrir, c'est l'existence de la couche d'ozone qui les stoppe en grande partie dans les couches supérieures de notre atmosphère.

– Papa disait l'autre jour qu'il avait lu dans le journal que certains savants s'inquiétaient beaucoup, parce qu'on avait découvert que la couche d'ozone commençait à avoir des trous. Dans ce cas, nous risquerions d'être brûlés ?

– C'est un peu ça, oui.

– Mais alors, à cette époque, il n'y avait pas encore de couche d'ozone ?

– C'est pourquoi sans doute les premières cellules se cachaient dans les océans, à l'abri de ces rayons. Mais pourquoi n'y avait-il pas encore d'ozone ? Tout simplement parce que, pour faire de l'ozone, il faut associer trois atomes d'oxygène ; l'absence d'oxygène dans l'atmosphère faisait qu'il n'y avait pas d'ozone.

– Alors pourquoi l'oxygène est-il apparu ?

– C'est parce qu'à un certain moment, des atomes se sont réunis et ont réalisé une molécule que vous connaissez bien, la chlorophylle, celle qui fait que les feuilles des plantes sont vertes. Or les rayons du soleil en arrivant sur cette molécule de chlorophylle lui ont permis de dissocier la molécule d'eau.

– Qu'est-ce que ça veut dire « dissocier » ?

– Eh bien, l'eau est faite de trois atomes, deux d'hydrogène que l'on représente par H, et d'un atome d'oxygène qu'on représente par O. Ce qui fait qu'en chimie, l'eau s'écrit H_2O. La dissocier, ça consiste à séparer l'hydrogène H_2 de l'oxygène O. Avec H_2 et un atome de carbone qu'on représente par C, les plantes vertes vont construire, grâce à l'énergie solaire, toutes les substances qui constituent les êtres vivants, en particulier les sucres (tu connais ?), les graisses (tu connais ?) et les protéines qui sont des molécules très caractéristiques des êtres vivants. Tout cela est en réalité très compliqué mais je vous ai résumé l'essentiel pour que vous puissiez comprendre d'où vient l'oxygène de l'atmosphère. C'est la dissociation de l'eau H_2O en H_2 pour construire les êtres vivants – et O qui, laissé tout seul, est passé dans l'atmosphère terrestre – qui a donné O_2 puis O_3, l'ozone qui nous protège des rayons ultraviolets du soleil, si dangereux. Mais les industriels modernes, pour faire toujours plus de marchandises à vendre et gagner de l'argent, sont en train de détruire par leurs pollutions cette couche protectrice d'ozone et bien d'autres choses encore. Vous comprenez pourquoi votre papa disait que les savants s'inquiètent de cette destruction dangereuse pour toute l'humanité. Je ne peux pas vous énumérer toutes les catastrophes qui pourraient en résulter. Les écologistes, les « verts » (vous en avez entendu parler ?), jettent un cri d'alarme, mais aucun ne dit que tous les individus, tous les États sont en compétition marchande, que chacun veut vendre un peu plus de marchandises à l'autre et que ce sont les industries humaines qui polluent. C'est la compétition marchande qui est ainsi à l'origine de la pollution et, pour lutter contre la pollution, il faut d'abord lutter contre cette compétition. Si ça continue comme ça, l'avenir de la planète sera très compromis. Mais revenons à nos êtres vivants et à leurs cellules, tant qu'on peut encore en trouver.

– Oui, ces petites cellules perdues dans l'océan, que sont-elles devenues ?

– Protégées des ultraviolets solaires, elles purent s'aventurer hors de l'eau. Mais pas de chance ! Elles y rencontrèrent l'oxygène, qui lui-même est un dangereux toxique. Cela vous étonne sans doute puisque nous ne pouvons plus vivre sans lui. Pour comprendre pourquoi il est dangereux, il faut que nous revenions à nos atomes. Ce sont des « ensembles » constitués d'un noyau autour duquel tournent des petits grains de matière qu'on appelle des électrons. Ceux-ci doivent être par couple. On dit qu'ils sont appariés, qu'ils vont par paires. Or sur la couche extérieure de l'atome d'oxygène ou de la molécule (faite de deux atomes : O_2), il manque deux électrons. Il y a donc deux électrons qui ne sont pas appariés. Alors qu'est-ce qu'ils vont faire ? Puisqu'ils sont « célibataires », ils vont tenter de trouver une compagne ou un compagnon. Ils le prendront à d'autres molécules qui sont à proximité, tranquilles avec leurs couches d'électrons tous appariés. Mais en donnant des électrons à l'oxygène, elles-mêmes en seront privées et essaieront de réapparier leurs électrons devenus célibataires. Vous imaginez le remue-ménage que cela va faire dans la fragile organisation de la matière vivante ! C'est aussi ce qui se passe en beaucoup plus violent avec la bombe atomique, mais n'entrons pas dans le détail.

– Comment les cellules vivantes ont-elles pu supporter cette apparition de l'oxygène ?

– La nature (vous remarquez que lorsqu'on ne sait pas très bien comment cela se passe, on dit que c'est la nature), la nature donc a inventé des formes vivantes capables de vivre avec de l'oxygène en lui fournissant les électrons qui lui manquent. Les électrons célibataires vont alors être appariés. Mais le plus étonnant, c'est que ces formes vivantes nouvelles sont entrées dans les plus anciennes, qui ainsi ont pu vivre dans une atmosphère oxygénée. Pas mal, hein ? Mieux encore, les déchets des premières ont pu servir d'aliments aux secondes. On appelle cette combinaison une « symbiose ». C'est un mot qui vient du grec et qui veut dire « vivre ensemble ». C'est bien le cas !

» Si vous voulez, laissons pour aujourd'hui nos cellules continuer momentanément à se baigner dans l'océan, et nous reprendrons leur histoire demain si elle vous amuse.

DES CELLULES ISOLÉES AUX ORGANISMES PLURICELLULAIRES

– Vous avez assisté avec beaucoup de retard à l'entraide entre les formes anciennes et les formes nouvelles de cellules, entraide qui a pu créer une forme neuve plus compliquée. Dans les nouvelles cellules apparues du fait de cette « symbiose », de cette vie en commun, les formes nouvelles qui savaient utiliser l'oxygène ont donné ce qu'on appelle aujourd'hui les « mitochondries ». Ces petites machines que l'on voit au microscope en regardant une cellule permettent la création d'une molécule qu'on appelle l'ATP (adénosine triphosphate). Bien que ce soit très compliqué, il vous suffit de savoir que cette ATP représente de l'énergie, mise en réserve par la cellule à partir des aliments, réserve dans laquelle elle puise pour maintenir... quoi ?

– Sa structure sans doute, puisque vous nous avez dit que l'usine cellule ne travaille que pour garder sa structure, pour rester en vie au fond, puisque, quand elle perd sa structure, elle meurt.

– Vous avez parfaitement compris. C'est cela.

– Mais alors, les cellules anciennes qui n'avaient pas de mitochondries, comment faisaient-elles pour conserver leur structure ?

– Je vous ai dit qu'elles « fermentaient ». Or la fermentation produit aussi de l'ATP mais en petite quantité, juste suffisante pour maintenir la structure, alors qu'avec les mitochondries et l'oxygène, la cellule en fait des quantités beaucoup plus considérables qui lui permettent d'assurer de nombreuses fonctions dont je vous parlerai tout à l'heure, qui lui permettent d' « agir » en vue de maintenir sa structure.

– Bon, mais vous nous faites languir. Nous voudrions savoir ce qui est arrivé à toutes ces cellules.

– Vous ne devinez pas ? Eh bien elles se sont réunies, par groupes, pour s'entraider encore, parce qu'on a plus de difficultés à survivre quand on est seul qu'en groupe. Elles ont formé un nouvel ensemble.

– Alors elles ont fait des petites boules de nombreuses cellules ?

– Oui. Mais vous imaginez ce qui a pu se passer, non ?

– Un peu si. Si nous nous imaginons comme des cellules se trouvant au centre de la boule, comment allons-nous nous nourrir puisque nos aliments nous viennent de l'extérieur, de la mer dans laquelle la boule se trouve encore, mais que nous, au centre, nous ne pouvons atteindre ?

– Bravo ! Vous êtes astucieux. C'est en effet le problème qui s'est posé. Et vous allez comprendre pourquoi. La boule de cellules dont nous parlons représente un volume, c'est-à-dire qu'elle possède trois dimensions, c'est un cube. Sa surface au contraire n'a que deux dimensions. Pour croître, cette boule doit absorber ses aliments par sa surface qui croît comme des carrés, alors que son volume croît comme des cubes. La surface devient donc rapidement insuffisante à assurer la croissance de la boule. Mais, vous savez, ce problème s'était déjà posé pour les cellules, et c'est la raison pour laquelle, afin de croître, elles sont forcées de se diviser. Vous connaissez la fable du bon La Fontaine, la grenouille qui voulait devenir aussi grosse que le bœuf ?

– Bien sûr !

– La grenouille ne connaissait pas cette loi et elle éclata. C'est pourquoi il n'existe pas de cellule aussi grosse qu'un bœuf !

– Oui, mais ça ne nous dit pas comment les cellules du centre de la boule ont fait pour se nourrir... pardon, pour maintenir leur structure, ce qui revient au même si nous avons bien compris.

– Exact. C'est pourquoi nous ferons appel une fois de plus à la « nature ». Elle a inventé le moyen de leur porter leurs aliments à domicile. Vous savez ce que c'est que le cœur ?

– C'est un organe que l'on entend battre dans la poitrine.

– Un organe est déjà un ensemble de cellules, et cet organe, le cœur, est une pompe aspirante et refoulante qui aspire le sang des veines et le refoule dans les artères. Les vaisseaux sont des tubes, faits eux-mêmes de cellules, qui distribuent le sang à toutes les cellules de la boule que nous appellerons maintenant un organisme.

» En réalité, les cellules, en se réunissant en organismes faits de plusieurs cellules et que l'on dit pour cela « pluricellulaires », ont enfermé entre elles, en se réunissant, un peu de l'océan dans lequel elles étaient plongées. C'est le « milieu liquide intérieur » dans lequel elles baignent toutes et dont le sang constitue une partie. C'est un grand savant français qui, au siècle dernier, nous a fait comprendre l'importance de ce qu'il a appelé le « milieu intérieur ». Il s'appelait Claude Bernard. C'est donc ce milieu intérieur qui, grâce au cœur et aux vaisseaux qui le mobilisent, va servir de véhicule pour porter aux cellules leurs aliments et l'oxygène dont elles ne peuvent plus maintenant se passer.

– Mais les aliments et l'oxygène, où les prennent-ils ?

– L'oxygène, dans l'air que nous respirons, et qui va dans nos poumons. Ceux-ci sont faits d'innombrables petits alvéoles, de petits sacs microscopiques, où l'air peut circuler et sur la paroi desquels sont collés de fins vaisseaux sanguins, qui rapportent le sang de toutes les cellules, sang privé d'oxygène et chargé de déchets. Il y a presque contact entre les vaisseaux et l'air dans les poumons. Le sang absorbe l'oxygène de l'air et rejette un des déchets des usines chimiques que sont toutes les cellules de l'organisme, c'est le CO_2, autrement dit le gaz carbonique.

» Quant aux aliments, après avoir été absorbés par la bouche, ils vont dans l'estomac et l'intestin, qui sécrètent des substances les cassant en petits morceaux jusqu'aux molécules dont ils sont formés. Là encore, sur toute la longueur de l'intestin, des vaisseaux sanguins recueillent ces molécules et les portent en grande partie dans le foie qui les met en réserve. Le foie les distribuera en les déversant dans le sang au fur et à mesure des besoins des cellules, suivant le travail plus ou moins important qu'elles ont à fournir. Ce qui sort par votre « derrière », que plus précisément on appelle l'« anus », c'est ce qui, dans les aliments, a semblé à votre intestin inutile d'être retenu. Mais vos cellules produisent aussi d'autres déchets qui ne peuvent pas être évacués comme le CO_2 par le poumon.

– Je parie que c'est le pipi...

– C'est vrai. Dans l'urine, il y a des déchets qui proviennent du fonctionnement de vos usines cellulaires.

– Mais tous les animaux possèdent tous ces organes ?

– A peu près tous les animaux, mais chez les plus simples, qui sont au fond les plus anciens souvent, les formes prises par ces organes varient, tout en assurant des fonctions analogues.

» Vous ne croyez pas que j'ai oublié de vous parler de quelque chose d'important ?

– Vous ne nous avez pas parlé du cerveau !

– Vous voulez dire du système nerveux dans son ensemble. Je le gardais pour la bonne bouche !

LE SYSTÈME NERVEUX

» Dans cet ensemble de cellules que constitue un organisme, les cellules doivent communiquer entre elles pour que cet organisme puisse fonctionner comme un tout. Vous savez maintenant qu'elles baignent toutes dans le même « milieu intérieur ». Or il existe des groupes de cellules qu'on appelle les « glandes endocrines ».

– Pourquoi « endocrines » ?

– Parce qu'une glande sécrète des produits qu'elle a formés et les déverse soit en dehors de la colonie cellulaire, dans l'intestin par exemple, qui est un tube ouvert aux deux bouts dans le milieu qui entoure un organisme, soit à l'intérieur de l'organisme, dans le « milieu intérieur ». Votre salive, par exemple, ce sont des glandes dans votre bouche qui la sécrètent à l'extérieur : les glandes salivaires. Ces glandes qui libèrent leurs produits à l'extérieur sont appelées « exocrines », « exo » voulant dire « en dehors ». Celles qui les libèrent en dedans sont appelées « endocrines », « endo » voulant dire « dedans ». Donc les produits des glandes endocrines, produits que l'on appelle « hormones », sont déversés dans le milieu intérieur. Véhiculées par le sang, elles vont atteindre les cellules de différents organes et influencer leur fonctionnement. C'est une des façons par lesquelles les cellules vont toutes fonctionner en coopération pour le maintien de la structure de l'organisme entier. On appelait aussi ces hormones « messagères chimiques », ce qui montre bien leur rôle de transport de messages.

» Un autre moyen de coopération est le système nerveux. Un système nerveux, ça ne sert qu'à une chose : agir. Vous vous souvenez que, l'autre jour, nous avions constaté que les plantes ne se déplacent pas, qu'elles ne peuvent agir directement sur leur environnement pour protéger leur structure. Elles sont dépendantes de cet environnement, et voyez comme, l'hiver, elles perdent leurs feuilles et entrent en vie ralentie par le froid jusqu'à ce que le printemps revienne. Elles ne possèdent pas de système nerveux. Elles ne peuvent pas non plus se déplacer à la recherche de leur nourriture et doivent se contenter de celle qu'elles trouvent dans le sol où elles sont fixées. Les animaux, en revanche, même les plus simples, possèdent un système nerveux qui leur permet de se déplacer, d'agir sur leur environnement de façon à assurer leur survie et leur reproduction, donc de protéger leur structure. Mais pour cela, le système nerveux doit d'abord connaître les exigences de la société cellulaire dans laquelle il est placé. Comment peut-il s'y prendre ?

– Eh bien, puisque vous nous avez dit que toutes les cellules de l'organisme baignent dans le milieu intérieur, tout ce qui se passe dans les cellules doit se répercuter sur la composition de ce dernier et c'est lui qui va avertir le cerveau de ce qu'il faut faire !

– C'est cela ! Mais il faut détailler un peu. Ce qu'il faut dire, c'est que les cellules, pour faire correctement leur travail, doivent baigner dans un milieu intérieur dont les caractéristiques sont à peu près constantes. Or vous imaginez que, si vous n'avez pas absorbé d'aliments depuis quelques heures ou quelques jours, il n'y aura plus suffisamment d'énergie circulant dans le milieu intérieur pour alimenter vos petites usines chimiques cellulaires, par exemple. Si vous n'avez pas bu, comme vous avez perdu de l'eau, ce milieu intérieur en manquera, il va se concentrer. Ayant alors fonctionné de façon anormale, vos cellules vont libérer des déchets plus toxiques, comme une voiture fatiguée libère des gaz d'échappement noirs et puants avant de tomber en panne. Tout cela va se répercuter sur la composition du milieu intérieur, et la circulation sanguine, en lui faisant prendre contact avec une région très primitive du cerveau, permettra à ce dernier d'être tenu au courant de ce qui se passe dans l'organisme. Encore n'ai-je pris là que quelques exemples simples.

– Pourquoi une région très primitive du cerveau ?

– Vous posez là une question importante. Pour y répondre, il faut que je vous dise tout d'abord que le cerveau de l'homme n'est pas arrivé comme ça sur la Terre. Avant l'homme de nombreuses espèces s'étaient succédé sur notre planète. Nous avons parlé, souvenez-vous, des êtres unicellulaires, puis pluricellulaires. A partir de ces derniers, le système nerveux s'est progressivement compliqué. Celui des insectes est plus simple que celui des reptiles, par exemple. Pourtant les reptiles possèdent déjà un cerveau qui est tenu au courant de ce qui se passe dans l'ensemble de l'organisme. Ils possèdent pour tout bagage nerveux cette région « primitive » du cerveau dont je vous parlais. Mais au cours des millénaires, des espèces plus complexes sont apparues qui ont ajouté à ce cerveau primitif des formations supplémentaires dont je vous parlerai tout à l'heure. De toute façon, un neurophysiologiste américain appelé McLean a dénommé ce cerveau primitif cerveau « reptilien ». Vous voyez maintenant pourquoi.

– Qu'est-ce que c'est qu'un « neurophysiologiste » ?

– La physiologie est la science qui étudie la façon dont fonctionnent les organes et les tissus vivants. La neurophysiologie fait ce travail en se concentrant sur le système (neuro-) et le neurophysiologiste est celui qui se charge de ce travail. La physiologie fait partie bien sûr de la biologie générale.

– Mais même si les hommes ont un cerveau plus compliqué, est-ce qu'ils ont conservé ce cerveau primitif ?

– Bien sûr, et il est très utile, vous allez vous en rendre compte. En effet, dans cette région primitive du cerveau vont aboutir aussi des informations recueillies par les organes des sens. Vous les connaissez ceux-là ?

– Évidemment, ce sont l'œil, l'oreille, la peau pour le toucher, la bouche pour le goût, le nez pour l'odorat.

– Oui ce sont les principaux : les cinq sens. Et que font-ils ces cinq sens ? Ils sont influencés par les variations d'énergie qui surviennent dans l'environnement : énergie lumineuse, sonore, mécanique et chimique pour le goût et l'odorat. Pour ces derniers, ce sont de simples molécules qui les excitent. A partir de ces organes des sens, des nerfs que l'on appelle pour cela sensoriels vont conduire ces informations, comme le ferait une ligne téléphonique quand vous parlez au téléphone, vers le receveur qui sera dans ce cas le cerveau primitif. Vous comprenez alors que ce dernier pourra disposer de deux sources d'information : l'une qui le renseignera sur l'état de bien-être ou de mal-être dans lequel se trouve la colonie cellulaire organique, l'autre qui le renseignera sur ce qui se passe dans l'environnement.

– Comment va-t-il pouvoir choisir ?

– Il n'aura pas à choisir mais à obéir à l'opinion, pourrait-on dire, de la société cellulaire ; qu'exige-t-elle de lui ?

– Qu'il permette à l'organisme d'agir sur l'environnement de telle façon qu'il conserve sa structure.

– Parfait, vous êtes d'excellents élèves. C'est cela en effet. Pour agir sur l'environnement il faut évidemment savoir ce qui s'y passe et ce sont les organes des sens qui le renseigneront. De cette façon, il pourra agir sur les muscles qui, en se contractant, permettront à l'organisme de se déplacer dans l'environnement, d'agir sur lui. Et vous avez raison d'ajouter : de telle façon que l'organisme conserve sa structure ou en d'autres termes qu'il rétablisse l'activité normale des cellules et les caractéristiques normales du milieu intérieur. Tout cela fera « plaisir » à l'organisme. On peut dire ainsi que le système nerveux agit sur l'environnement pour faire plaisir à l'organisme auquel il appartient. Mais vous verrez que ce plaisir peut provenir aussi du fait d'éviter une punition, parce qu'une punition, ça ne fait pas plaisir ; nous verrons tout à l'heure comment on peut éviter la punition.

– Mais ce n'est pas difficile d'éviter une punition ! Il suffit de ne pas faire ce qu'on nous a interdit de faire sous peine d'être punis et de faire ce qu'on nous demande de faire pour être récompensés.

– Oui mais, pour cela, il faut apprendre ce qui peut être fait et ne peut pas être fait. Cela nécessite un apprentissage et donc une « mémoire ». La mémoire de ce qui est interdit, autorisé ou conseillé. Or votre cerveau reptilien n'est pas capable de mémoriser. Il faut atteindre les espèces mammifères pour que, par-dessus le cerveau primitif, un autre cerveau vienne s'appliquer et permettre la mémoire des expériences passées, la mémoire de ce que vos parents, par exemple, vous ont interdit de faire ou au contraire ce qu'ils vous ont autorisé à faire. Votre cerveau primitif devant le danger, le déplaisir, la douleur, ne vous permet que deux choses : fuir, si vous le pouvez, ou lutter, c'est-à-dire essayer par votre action de faire disparaître de votre environnement la cause de votre déplaisir, de la punition. Ce cerveau primitif est celui qui règle ce que l'on appelle les « pulsions ». Elles représentent, vous le comprenez, ce qui pousse le système nerveux à agir afin de rétablir l'équilibre des processus vivants dans la colonie cellulaire organique, quand cet équilibre a été perturbé par l'action de l'environnement. C'est un cerveau qui travaille au présent, sans faire référence au passé, à l'expérience, à la mémoire.

Heureusement, en tant que mammifères, nous allons voir que nos succès et nos échecs, nos récompenses et nos punitions peuvent être conservés dans notre cerveau grâce aux mémoires.

LE CERVEAU DES « MÉMOIRES »

– Vous dites « des » mémoires. C'est parce qu'il y en a plusieurs ?

– Bien sûr. Mais là, il va falloir que vous fassiez très attention parce que cela devient plus compliqué.

» D'abord, quand il se passe quelque chose dans votre environnement et que vos organes des sens ont été influencés par cet événement, vous savez maintenant que les systèmes que nous avons appelés sensoriels vont conduire la stimulation qui en résulte vers le cerveau primitif. Mais chez les mammifères un deuxième cerveau va s'ajouter au premier et la stimulation nerveuse va y pénétrer. Elle va parcourir des voies nerveuses bouclées pour revenir ensuite au cerveau primitif.

» Mais je m'aperçois que je ne vous ai pas encore parlé des cellules qui forment le système nerveux et qu'on appelle les neurones. Elles ne sont pas faites comme les autres en ce sens que si elles possèdent bien un « corps » cellulaire comme toutes les cellules, elles possèdent aussi des prolongements, des espèces de bras très fins que l'on appelle « dendrites » et un bras très long, mais unique, qu'on appelle l'axone. L'influx nerveux qui résulte de la stimulation va parcourir le neurone dans le sens dendrites ⟶ corps cellulaire ⟶ axone. Or l'axone se termine par un petit renflement grâce auquel il entre en contact avec un autre neurone, au niveau d'une région qu'on appelle la synapse. Un neurone est une espèce de glande à sécrétion interne (endocrine). En effet, il forme des substances chimiques qui vont se déverser au niveau de la synapse et exciter ou inhiber le neurone suivant. Ces substances chimiques sont appelées « médiateurs » chimiques de l'influx nerveux parce qu'elles servent d'intermédiaires aux neurones pour communiquer entre eux.

– Si nous comprenons bien, en nous rappelant ce que vous nous avez dit sur les hormones, ces messagères chimiques, il s'agit là d'hormones mais spécialisées pour le système nerveux ?

– Vous avez tellement raison qu'on les appelle parfois aussi « neurohormones ». Ainsi un système nerveux est constitué par des milliards de neurones, en contact « synaptique » les uns avec les autres, et les influx circulent d'un neurone à l'autre en suivant des voies particulières grâce à la médiation chimique de l'influx nerveux.

» Mais quand l'événement qui a stimulé ces voies a disparu, le remue-ménage qu'il a provoqué dans le système nerveux va bien se prolonger quelques instants, vous laissant une mémoire temporaire de ce qui est survenu ; pourtant rapidement tout rentrera dans l'ordre et vous ne vous souviendrez plus de ce qui s'est passé. Cette mémoire temporaire s'appelle mémoire immédiate ou « à court terme ». Or pour vous souvenir de ce qui vous est arrivé, il y a plusieurs jours, mois ou années, il faut que l'événement laisse des traces durables dans votre système nerveux. Les traces sont le support de la « mémoire à long terme ».

– Mais comment le système peut-il conserver des traces de ce qui a disparu depuis longtemps ?

– Vous savez que lorsque vous attrapez une maladie infectieuse, comme la scarlatine, la rougeole ou la fièvre typhoïde par exemple, vous ne la contracterez plus pour le restant de votre vie. Il s'est donc passé quelque chose dans votre organisme qui fait que vous conservez la mémoire de votre maladie. Grâce à cette mémoire, vous saurez par la suite vous défendre efficacement. Ce qui s'est passé, c'est que certaines cellules qu'on appelle immunitaires, chargées de détruire les vilains microbes, ont sécrété des substances que l'on appelle « anticorps » et qui garderont la trace de leur passage de façon que vous ne vous laissiez plus surprendre par eux. Mais les vaccins qu'on vous injecte de temps à autre vont stimuler aussi vos cellules immunitaires et leur faire sécréter des anticorps. Ce sont souvent des microbes morts ou peu vivaces, qui n'inquiéteront pas vos cellules immunitaires, mais leur apprendront à reconnaître une espèce de microbes et à conserver la mémoire de la façon de les détruire. C'est pourquoi, bien que la piqûre ne soit pas toujours agréable, elle vaut mieux que d'attraper une maladie qui peut vous faire mourir.

» Eh bien, le système nerveux fait à peu près la même chose à l'égard des influx qui le traversent à la suite d'un événement de votre vie. Il fabrique des molécules qui vont le transformer de façon stable, de telle sorte qu'il ne sera plus le même et qu'ainsi transformé, si un événement analogue survient, il saura le reconnaître. Cet événement renouvelé empruntera d'ailleurs à peu près les mêmes voies que le précédent, car la route est déjà tracée. C'est un peu ce que voulait faire le Petit Poucet pour retrouver sa route en la parsemant de petits cailloux.

» Vous comprenez que cette mémoire « à long terme » propre au deuxième cerveau des mammifères leur sera bien utile pour éviter de reproduire les erreurs passées, de même que pour répéter les expériences agréables. Elle ajoute au cerveau primitif, agissant dans le présent, le cerveau du passé qui peut alors répondre au présent avec l'expérience favorable ou défavorable de ce qui lui est déjà arrivé. Et cette mémoire est à l'origine de nos émotions, de nos sentiments. L'amour, la haine, la peur, la colère, la joie, la tristesse, etc., tout cela résulte de notre expérience antérieure, de notre mémoire.

– Mais pourquoi avez-vous parlé au début « des mémoires » ?

– Vous voyez qu'il en existe d'abord une à court terme et une à long terme. Mais cela n'est pas le plus important. En revanche, les expériences agréables ne passeront pas par les mêmes voies nerveuses que les expériences désagréables. Ce ne sont pas les mêmes neurones qui seront intéressés, donc pas les mêmes médiateurs chimiques qui seront mis en jeu. Ainsi les traces ne se feront pas de la même façon et ne persisteront pas aux mêmes endroits.

» Les voies nerveuses impressionnées par les expériences agréables vous pousseront, grâce à la mémoire qu'elles en conservent, à vous faire reproduire l'action qui a abouti à votre plaisir. Celles impressionnées par les expériences désagréables vous pousseront à fuir la cause de votre déplaisir, et si vous ne pouvez pas la fuir, à la faire disparaître par la lutte.

– Mais si on ne peut pas se faire plaisir, qu'on ne peut pas non plus fuir, ni lutter, qu'est-ce qu'il se passe, que va faire le système nerveux ?

– Il va inhiber votre activité dans l'environnement pour tâcher de vous faire oublier. Imaginez que vous êtes un petit rat des champs qui trottine par une belle matinée de printemps dans l'herbe fleurie de pâquerettes. Un faucon rapace et qui a faim arrive et vole au-dessus de vous. Si vous continuez à trottiner, il va fondre sur vous, vous tuer à coups de bec et emporter votre corps dans son nid. Si vous ne bougez plus, il ne vous verra pas et il ira plus loin en quête de sa nourriture ; vous pourrez ainsi après son départ rejoindre votre terrier où vous serez à l'abri. Les neurones qui ont permis que vous inhibiez votre action vous ont sauvé la vie. Cette tactique est bonne quand l'inhibition ne dure pas longtemps. Mais dans la vie, parfois, elle dure des semaines, des mois, des années. Non que vous restiez sans bouger, mais vous ne pouvez pas réaliser une action particulière, qui vous ferait plaisir. Dans ce cas, ce comportement provoque des perturbations profondes dans tout votre organisme. Vos glandes endocrines vont sécréter des hormones qui seraient utiles momentanément, mais qui à la longue vont détruire votre système immunitaire qui ne vous défendra plus contre les microbes. Si une cellule cancéreuse prend naissance dans votre organisme, votre système immunitaire qui constate qu'elle n'est pas conforme aux autres est capable de la détruire. Si ce système immunitaire est bloqué, la cellule cancéreuse va se multiplier et vous donner un cancer. Ce ne sont là que quelques exemples de ce qui résulte de l'inhibition de l'action gratifiante quand cette inhibition dure. Mais elle peut aussi retentir sur votre cœur, vos artères, votre cerveau. Il y a beaucoup de causes aux maladies, voyez-vous. En dernière analyse, quand on est « bien dans sa peau » (vous connaissez cette expression), c'est-à-dire quand on peut vivre en agissant de telle façon que l'on peut se faire plaisir et qu'à l'intérieur de cette peau les désordres graves dont je vous parlais n'ont aucune raison d'apparaître, on a beaucoup moins de chances de tomber malade.

LE CERVEAU DE L'IMAGINATION

– Ainsi, quand j'ai envie d'aller jouer dans la rue avec des camarades et que mes parents me l'interdisent parce qu'ils craignent que je me fasse écraser, alors je suis en inhibition de l'action ?

– Vous pourriez l'être si vous n'aviez pas un troisième étage du cerveau, dont je vais vous parler, qui vous permet d'imaginer le moyen d'aller jouer dans la rue sans vous faire écraser.

– Et lequel ?

– Vous n'avez pas d'imagination ? Vous n'avez pas remarqué que, devant la rue à côté de la vôtre, il y a un panneau qui porte la mention « rue barrée » ? Les voitures ne peuvent s'y engager. Il vous suffit d'aller, sans vous faire voir, chercher ce panneau et de le mettre à l'entrée de votre rue pour ne pas craindre les voitures.

– Oui mais les ouvriers s'apercevront vite que leur panneau a été déplacé et ils viendront le reprendre.

– Alors vous tâchez de trouver un panneau de « sens interdit ».

– Et si nous n'en trouvons pas ?

– Alors imaginez d'aller jouer aux boules dans le jardin et imaginez que votre jardin représente la rue. L'un de vous peut avec la bouche imiter le bruit d'un moteur de voiture, arriver en courant, et il faudra que l'autre l'évite... Il y a des tas de choses que l'on peut imaginer quand on est un petit d'homme et que l'on possède un cortex imaginant.

– Qu'est-ce qu'un cortex ?

– Ce mot ressemble à « écorce », n'est-ce pas ? C'est en effet la partie la plus superficielle du cerveau, celle qui recouvre toutes les autres, comme une écorce.

– Mais qu'avait-on besoin de ça en plus ?

– Réfléchissez : avec le premier cerveau vous étiez poussés à agir. Avec le second vous pouviez emmagasiner les expériences et agir en connaissance de celles-ci. Mais avez-vous pensé que les sensations qui vous proviennent de l'environnement et qui passent, vous le savez, par vos organes sensoriels pénètrent ainsi en vous par des voies différentes. Vous concevez bien que les voies de la vision ne sont pas celles de l'audition, ou du tact... Ces sensations vont parvenir au cortex dans des régions séparées de celui-ci. Il en résulte qu'un objet pénètre en vous en pièces détachées, celles qui ont trait à la vision, au tact, etc. Il faut bien que ces pièces détachées soient réunies pour que vous puissiez avoir la notion d' « objet ». Ce sont des neurones de votre cortex que l'on appelle pour cela cortex « associatif » qui vont les réunir.

» Si étonnant que cela puisse vous paraître, un nouveau-né ne peut avoir la notion d'objet. Il faudra qu'il réunisse, au même moment, en agissant sur le même objet, les sensations de couleur, de forme, de poids, parfois de goût et d'odeur qui le caractérisent. Cette réunion, ce sont ses neurones associatifs qui lui permettront de la réaliser dans son cortex. Et ces expériences demandent du temps.

» Le premier objet qu'il doit apprendre à connaître, vous vous en doutez, c'est lui. Il ne peut pas savoir en naissant qu'il existe dans un monde qui n'est pas lui. C'est pourquoi vous ne vous souvenez pas de vos premières années, ni vous ni personne. Quand un nouveau-né touche son pied avec sa main (il va même parfois jusqu'à se le mettre dans la bouche !), il éprouve une sensation dans sa main et son pied. Ces deux sensations se bouclent dans lui-même. Mais quand il touche le sein de sa mère ou son biberon pour téter, il s'aperçoit que c'est extérieur à lui. Il lui faut bien deux ans pour se séparer du monde qui l'entoure, pour faire ce qu'on appelle son « schéma corporel ».

– Qu'est-ce que ça veut dire « schéma corporel » ?

– Schéma est un mot qui vient du grec et qui veut dire « figure ». C'est bien cela : il faut que le bébé se fasse une représentation, une figure de lui-même, limitée dans l'espace par sa peau. Jusque-là, il est dans ce que l'on appelle son « moi-tout ». Il est tout pour lui et il ne sait pas que ce qui l'entoure n'est pas lui. Cela aussi s'apprend. Vous voyez comme les mémoires sont importantes dès le début de la vie. Mais, à cette époque, il s'agit d'une mémoire un peu particulière.

– Le cerveau ne fabrique pas des molécules, comme vous nous l'avez dit, qui gardent la trace des expériences ?

– Il fait beaucoup mieux que cela. Il se construit. Un enfant qui vient de naître possède un cerveau qui n'est pas fini. Il a tous ses neurones, mais ceux-ci ne sont pas tous en contact les uns avec les autres. Il manque de nombreuses synapses. Vous savez ce que c'est maintenant qu'une synapse. Or ces synapses vont se construire dans le cerveau du bébé pendant les premières années et elles seront d'autant plus nombreuses que les stimulations de son environnement seront elles-mêmes plus nombreuses et variées. On a quelques exemples de jeunes enfants qui ont été abandonnés à la naissance par leurs parents dans un espace où il n'y avait pas d'humains pour s'en occuper, et qui ne sont jamais devenus des hommes. Ils n'ont jamais appris à marcher ni à parler. Ce sont ce qu'on appelle des « enfants sauvages ». Vous devinez l'importance de la façon dont sera entouré un enfant au cours de ces premières années car, quand une synapse a pris naissance, elle demeure pendant toute la vie. Cette mémoire est indélébile.

– Qu'est-ce que cela veut dire indélébile ?

– Ce mot vient du latin *delere* qui veut dire « détruire, effacer ». Cette mémoire ne peut être effacée. Elle participe à la structure même du cerveau. Vous vous souvenez de ce que signifie le mot « structure » ?

– Bien sûr. Il exprime l'ensemble des relations existant entre les éléments d'un ensemble. Et dans ce cas, si nous comprenons bien, il s'agit de l'ensemble des relations (par les synapses) existant entre les neurones qui constituent un cerveau.

– Oui, et l'on peut penser que plus ces synapses seront nombreuses, plus le cerveau sera efficace ensuite pour trouver la solution des problèmes qu'il aura à résoudre. Or tous les mammifères possèdent des neurones associatifs qui leur sont nécessaires pour acquérir la notion d'objet. Mais l'homme possède en plus dans son cortex un système associatif particulièrement développé. Il se situe derrière le front et est constitué par des milliards de neurones qui vont lui permettre d'imaginer. Vous avez remarqué que les singes, même le chimpanzé qui est le plus proche cousin de l'homme, ont des fronts fuyants ? Les premiers hommes d'ailleurs qui savaient déjà tailler des cailloux pour en faire des outils ou des armes avaient un front plus fuyant que le nôtre qui s'élève presque droit au-dessus des orbites. Ce sont les neurones cachés derrière ce front qui lui permettent d'imaginer.

– Comment cela ?

– Je vous ai dit tout à l'heure, souvenez-vous, que le monde qui nous entoure pénétrait dans notre cerveau, par l'intermédiaire de nos organes des sens, en pièces détachées. Certains neurones conservent donc la mémoire de la couleur, d'autres de la forme, d'autres du poids ou de l'odeur, etc., de l'objet. Si vous avez à votre disposition suffisamment de neurones pour associer la mémoire de la couleur d'un objet à celle de la forme d'un autre objet ou de l'odeur d'un troisième ou du son qu'il émet si vous frappez dessus par exemple, vous pouvez imaginer un objet qui n'existe pas dans la nature : c'est une construction imaginaire.

– Les pots sur l'étagère que nous avons dit être des pots de confiture sans savoir s'ils contenaient de la confiture, vous nous avez appris que nous faisions là une hypothèse. La construction imaginaire dont vous nous parlez maintenant, n'est-ce pas aussi une hypothèse ?

– Vous avez raison. Mais vous m'avez dit que ces pots étaient des pots de confiture parce que vous aviez appris et vous aviez conservé la mémoire que des pots semblables contenaient de la confiture. Ce qui vous montre que, pour imaginer, il faut avoir appris. Un enfant qui vient de naître ne peut rien imaginer parce qu'il n'a encore rien appris. Et plus il apprendra, plus il sera capable d'imaginer de choses nouvelles, qui n'existent pas. Mais je vous ai dit aussi que cela ne suffit pas. Il faudra ensuite passer à l'expérimentation et essayer de savoir si votre construction imaginaire peut vous servir à quelque chose et surtout si elle est conforme aux lois qui gouvernent le monde qui nous entoure. Ne vous a-t-on jamais dit qu'il ne fallait pas « prendre vos désirs pour des réalités » ? C'est une vieille formule qui veut dire qu'il ne faut pas prendre vos constructions imaginaires pour des choses réelles, du moins avant d'être passé à l'expérimentation. Je vais vous donner un exemple. Imaginez un des premiers hommes. Il y avait à cette époque sur la Terre des bêtes sauvages souvent énormes comme les mammouths qui étaient de gigantesques éléphants préhistoriques. Quand cet homme primitif en rencontrait un, lui petit et fragile voyait bien qu'il ne faisait pas le poids, comme on dit. Il avait peur. Il fuyait. Supposez qu'en fuyant il soit tombé et se soit entaillé le genou sur un silex. Seul un homme, avec son cerveau associatif, a pu réunir ces différentes expériences et, constatant que son genou était moins dur que le silex, il a commencé à tailler ces silex, à leur donner des bords tranchants, à les attacher au bout d'un morceau de bois. Il a fait une hypothèse de travail qu'aucun animal n'aurait pu faire. Puis il est passé à l'expérimentation en partant à la chasse avec cette arme. Il a constaté alors qu'il se défendait mieux contre les bêtes sauvages et qu'il se nourrissait mieux car sa chasse était plus fructueuse. Ce fut le premier scientifique procédant par hypothèse et expérimentation. La science, c'est l'homme.

LES COMPORTEMENTS

– Nous sommes un peu embrouillés avec nos trois cerveaux. A quoi cela peut-il nous servir de savoir qu'on les a ? Je suis sûr que nos parents ne le savaient même pas ; sans quoi ils nous en auraient parlé.

– Songez que ce que je vous ai raconté depuis le début n'est qu'un dessin très simplifié, mais qui, je l'espère, vous incitera à mesure que vous grandirez à vous intéresser de plus en plus aux « sciences du vivant ». Je souhaite que vous compreniez que jusqu'à nos jours les hommes se sont avant tout intéressés au milieu physique qui les entourait. Essayez quelques instants de vous mettre à la place des hommes anciens, voilà seulement quinze à vingt mille ans : ils étaient déjà comme nous, avec un cerveau aussi développé que le nôtre, mais ils n'avaient pas d'expérience, parce que cette expérience est venue au cours des siècles, transmise de génération en génération par le langage – ensuite tout près de nous, au fond, il y a quelque trois mille cinq cents ans av. J.C., l'écriture a permis une transmission plus précise. Tout était pour eux sujet d'effroi, choses incompréhensibles. Le tonnerre, les éclairs, les tempêtes, l'éruption des volcans, pour ne citer qu'eux, ils ne pouvaient les contrôler. Nous ne les contrôlons pas encore. Ils étaient en leur présence...

– En inhibition de l'action...

– Mais oui.

– Ils devaient tomber malades.

– La maladie et la mort étaient pour eux aussi incompréhensibles. Ils pensaient que tous ces phénomènes étaient dus à des dieux, dont il fallait obtenir les bonnes grâces. Ce n'est que très progressivement qu'ils comprirent les mécanismes qui se cachaient derrière ces faits incompréhensibles. Et ce que l'on appelle les « sciences modernes » et tout ce dont nous bénéficions aujourd'hui en venant au monde, protégés que nous sommes du froid, des cataclysmes, de la maladie, ne nous ont cependant pas encore délivrés de la mort. Cette angoisse persiste même si nous ne croyons plus aux innombrables dieux qui peuplaient les mythologies anciennes et qui permettaient d'espérer, donc d'agir.

– Qu'est-ce que c'est qu'une mythologie ?

– On désigne par là l'ensemble des mythes propres à un peuple, à une civilisation, à une religion. Et les mythes sont des récits fabuleux, mettant en scène sous forme humaine ou animale les forces incompréhensibles de la nature. Ce sont des symboles et ceux-ci représentent, par une image, quelque chose qu'on ne voit pas. Ils sont très poétiques.

– Par exemple ?

– Eh bien, les bois, les montagnes, les fleuves, les rivières, les Anciens croyaient qu'ils étaient habités par des déesses qu'ils appelaient les nymphes. Le vent dont ils ne comprenaient pas comment il pouvait apparaître était pour eux commandé par un dieu : Éole. Je ne peux vous citer tous les dieux et les déesses de la mythologie, ils sont trop nombreux. Mais les poètes s'en inspirent encore souvent parce qu'avec eux tout est vivant et que l'on préfère avoir affaire à des êtres vivants plutôt qu'à des objets inertes.

On peut leur parler, les prier, les implorer, les convaincre de réaliser nos désirs ou de ne pas nous créer d'ennuis. Ce qu'on appelle la physique, qui est la science de la nature, celle des objets, depuis les atomes jusqu'aux amas d'étoiles, comprend bien aussi le « physique » de l'homme, mais on a longtemps opposé ce physique-là au « moral », au « psychologique », au « psychique ». Le cerveau n'entrait pas dans le domaine des connaissances jusqu'à une date récente. Le cerveau était quelque chose de si compliqué, qu'il était impossible de s'aventurer dans son étude. Et pourtant vous comprenez que si vous parlez, si vous imaginez, si vous sentez, si vous pensez, pour tout dire, c'est que vous avez un cerveau pour le faire. Mais les hommes jusqu'à une date récente se sont fort bien accommodés du langage, du « discours sur », sans porter d'intérêt à ce qui leur permettait de discourir, le fonctionnement de leur cerveau.

– Ils ont inventé une mythologie sur eux-mêmes alors ?

– C'est un peu ça en effet. Ils ont donné des noms à ce qu'ils ne pouvaient expliquer. Dans cette mythologie les dieux et les déesses s'appelaient pulsions, joie, tristesse, colère, peur, amour, haine, agressivité, violence, envie, imagination, désir, etc. Les uns étaient favorables et les autres méchants. Mais pour toutes ces choses les anciens hommes avaient aussi des dieux et des histoires souvent fort belles pour les décrire.

» Avec cette petite histoire simpliste que je vous raconte depuis quelques jours, vous en savez déjà plus sur ce qui fait un homme que tous les savants des époques qui nous ont précédés.

» En effet les sciences dites « humaines » que sont par exemple la psychologie (qui étudie ce qu'on appelle l'“ âme ” humaine et la pensée), la sociologie (qui s'intéresse aux relations entre les hommes), l'économie (qui a pour objet la production, la distribution et la consommation des biens matériels dans les sociétés humaines) et la politique, qui organise les gouvernements des États et les relations entre ceux-ci, sont-elles possibles sans l'activité des cerveaux des hommes ? Et croyez-vous que dans l'ignorance de la structure et du fonctionnement de celui-ci on puisse impunément s'engager dans l'étude d'une de ces sciences humaines ?

» Le « comportement » des hommes représente la façon dont ils agissent dans l'espace où ils sont situés. Or dans cet espace il y a avant tout les autres hommes. Les relations, les rapports qui s'établissent entre eux se font grâce au fonctionnement de leur système nerveux. Sans lui, pas de sciences humaines, d'où l'intérêt de savoir comment il fonctionne. Avec ce que vous savez maintenant, nous allons mieux comprendre, je crois, ces sciences humaines.

– Mais pour le bébé qui vient de naître et qui est encore, nous avez-vous dit, dans son « moi-tout », il n'y a rien dans son « espace » que lui.

– C'est-à-dire que, dans son espace, il y a ceux qui s'occupent de lui, et généralement et avant tout sa mère. Mais il ne le sait pas. Or tout son plaisir à cette époque est lié à des sensations agréables qu'il mémorise et dont l'essentiel lui vient de sa mère : le contact avec elle, son odeur, sa voix, son visage, etc. Mais quand il a réalisé ce que je vous ai dit être son « schéma corporel », souvenez-vous, c'est-à-dire quand il s'est isolé du milieu qui l'entoure et qu'il s'aperçoit que sa mère n'est pas lui, il est inquiet. Quand il découvre l'existence séparée des autres membres de la famille – son père, ses frères et sœurs –, il a l'impression qu'on lui prend l'objet de son plaisir, l'objet auquel étaient liées toutes ses sensations de bien-être, sa mère. Un grand médecin, Sigmund Freud, a dit qu'ayant d'abord découvert le principe du plaisir, il découvre alors le principe de réalité, et il s'aperçoit que la réalité n'obéit pas obligatoirement à ses besoins. C'est à cette époque qu'il découvre les « sentiments », l'amour malheureux pour sa mère puisqu'on la lui prend, la jalousie envers son père, ses frères et sœurs qui participent à ce qu'il considère comme une appropriation de ce qui lui appartient, c'est-à-dire sa mère, sa mère qui se sépare de lui puisqu'elle ne fait plus partie de son moi-tout.

– Vous venez de dire qu'il croit que sa mère lui appartient. Elle est bien à lui puisque c'est « sa » mère.

– Oui mais c'est aussi la femme du père et la mère des frères et sœurs. D'ailleurs je vous ai raconté cette histoire pour que vous compreniez que, dès le début de la vie, on ne peut parler d'« instinct de propriété » comme s'il y avait des régions dans notre cerveau qui nous seraient données avec la vie, qui feraient en quelque sorte partie de notre « structure » originelle et dans lesquelles serait logé un « instinct de propriété ». Ce qui existe en réalité, ce sont des voies nerveuses mises en jeu par les expériences agréables et qui sont capables de conserver la trace des expériences, d'en conserver la mémoire. Dans ce cas nous essayons de retrouver le plaisir que nous avons connu, de le renouveler. Mais pour cela il faut que l'objet ou l'être qui nous fait plaisir reste à notre disposition. Ce prétendu « instinct » de propriété n'est donc que l'apprentissage parfois très précoce, comme dans le cas que nous venons d'envisager, des relations agréables que nous avons eues avec des êtres ou des objets.

– Oui mais, en grandissant, le bébé s'apercevra bien que tout ne lui appartient pas !

– Vous verrez en grandissant, justement, si vous vous souvenez de ce que je viens de vous dire, que tous les rapports entre les hommes sont malheureusement établis sur cette « notion de propriété » qui n'est pas un instinct mais un apprentissage. J'espère que, l'ayant appris assez tôt, vous serez capables, lorsqu'un autre voudra s'approprier un être ou un objet avec lequel vous vous faites plaisir, de vous en détacher et de trouver d'autres objets de satisfaction. Vous allez voir pourquoi dans ce cas vous avez intérêt à faire fonctionner votre imagination afin d'éviter de vous trouver dans la situation que nous avons décrite, d'inhibition de votre action gratifiante.

– Mais si un autre veut me prendre ce qui m'appartient, je me battrai contre lui pour conserver mon objet gratifiant, comme vous dites.

– D'abord rendez-vous compte que rien ne nous appartient. Si l'on vous laissait seul aujourd'hui encore dans une forêt, arriveriez-vous par vous-même à survivre ? Tout ce dont vous avez besoin, ce sont les autres qui l'inventent ou l'ont inventé, et vous en profitez. Même le langage que vous parlez, qui vous permet de communiquer avec les autres, il s'est construit progressivement depuis de nombreux siècles, et ce sont les autres qui vous l'apprennent, qui vous le donnent. Vos idées mêmes, vos opinions, elles viennent bien sûr de votre expérience personnelle progressive des êtres et des choses, mais cette expérience est façonnée par les rapports entre les hommes d'un certain milieu et d'une certaine époque. Ce sont eux qui vous apprennent ce qui est bien, ce qui est mal, ce qui est beau, ce qui est laid, et vous êtes alors persuadé que c'est la vérité. Vos mémoires, puisque vous savez maintenant ce qu'il faut comprendre dans ce mot, sont remplies de tout ce que les autres y ont mis depuis votre naissance. Alors vous croyez que ces idées, ces opinions sont « à vous ». Ce ne sont que l'expression de la culture dans laquelle vous avez grandi.

– Qu'est-ce que c'est que la culture ? Ce n'est pas celle des poireaux et des pommes de terre ?

– Ce que représente le mot de culture, dans le sens où je viens de l'employer, c'est l'ensemble des préjugés et des jugements de valeur communs aux hommes d'un certain lieu et d'une certaine époque.

– Que voulez-vous dire par jugement de valeur ?

– Eh bien, les choses sont, elles se contentent d'être, mais chaque individu et surtout chaque groupe d'individus leur attache une certaine « valeur » suivant l'intérêt qu'elles présentent pour son bien-être. Si elles ne l'intéressent pas, elles sont pour lui sans « valeur ».

– Alors rien n'a de valeur vraiment ?

– La survie de l'espèce humaine paraît être la seule valeur à laquelle s'attacher, mais pour faire une espèce il faut des individus. L'un et l'autre n'a finalement qu'une seule raison d'être, c'est de survivre. Malheureusement, entre les deux, l'individu et l'espèce, il y a les groupes sociaux. Chacun de ceux-ci a ses propres valeurs et veut les imposer aux autres. Pour cela il n'a trouvé jusqu'ici qu'un seul moyen : les dominer. Nous allons donc voir comment s'établissent les dominances. Mais notez au passage que les valeurs que vous croyez vous être personnelles, ce sont celles que, depuis votre naissance, les groupes auxquels vous appartenez auront introduites dans votre système nerveux, parce qu'elles sont utiles à la survie des groupes, au maintien de leur structure, même si elles sont dangereuses pour la survie des autres groupes. Chaque individu est alors prêt à les défendre jusqu'à la mort violente, si elles sont opposées ou contraires aux valeurs d'un autre groupe qui veut aussi imposer les siennes. Il trouvera toujours qu'il détient la vérité et que les autres sont dans l'erreur. Or les autres auront un discours différent mais justifié pour montrer qu'ils ont aussi raison.

– Mais tout de même, il n'y a pas un moyen pour savoir si on a vraiment raison ?

– Comme toujours, entre le discours et ce qui peut être une réalité toujours temporaire, il y a l'expérimentation. Sinon votre discours, aussi logique que celui de votre contradicteur, n'est qu'une hypothèse, vous vous souvenez des pots de confiture ? Mais vous pensez bien qu'en ce qui concerne les rapports sociaux, dans lesquels interviennent des milliers et des millions d'individus, l'expérimentation se fait souvent par des bouleversements douloureux, violents, qu'on appelle guerres et révolutions. Des milliers d'hommes s'opposent à des millions d'autres pour défendre leur conception des rapports sociaux, soit pour conserver ceux qui leur donnent des avantages de propriété, de pouvoir, soit pour acquérir ces avantages quand ils en sont privés. Depuis six mille ans au moins, ces comportements ont fait des milliards de morts. Vous pensez bien que les individus ou les peuples, pauvres et déshérités, ne peuvent supporter indéfiniment la dominance des riches et des puissants, mais aussi que ces derniers ne vont pas abandonner spontanément leur richesse ou leur pouvoir.

» La richesse et le pouvoir, aussi bien pour les individus que pour les peuples, sont liés à la production des marchandises, au commerce de celles-ci et à l'argent que cela rapporte. Il y a peu de temps encore, l'artisan était celui qui créait les marchandises par le travail de ses mains, à son propre compte, aidé parfois par sa famille, des compagnons, des apprentis auxquels il apprenait son métier. Artisan vient de « art », et les objets qu'il créait étaient souvent des objets d'art. Il en faisait peu à la fois et cela lui demandait beaucoup de temps. Mais il éprouvait souvent la joie de faire quelque chose de particulier grâce à son adresse et à la perfection avec laquelle il faisait son métier. Aujourd'hui les marchandises se font avec des machines que les hommes ne font que surveiller le plus souvent. Mais pour faire des machines, les inventer, il faut des ingénieurs qui ne travaillent plus de leurs mains mais avec leur cerveau, qui traitent des formules de physique, de mathématiques, de chimie, d'électronique, etc. Ce sont eux qui sont ainsi devenus, avec les administrateurs qui organisent et gèrent dans leur bureau toutes ces activités nouvelles, les facteurs indispensables de la production des marchandises. Vous comprenez que dans ce type de société dont le seul but est de produire des marchandises, ce sont eux qui vont dominer les autres et qui seront les mieux récompensés de leur travail. Ce seront eux les mieux considérés et les plus respectés, les mieux payés. Si le bonheur dépend de la propriété d'un maximum d'objets gratifiants, ce sont eux qui seront les plus heureux en pouvant se les procurer en plus grand nombre. C'est pourquoi vos parents vous conseillent de bien travailler à l'école, surtout en mathématiques, en physique, en chimie, dans toutes les sciences utiles à la société d'aujourd'hui.

– Mais tous les enfants n'ont pas comme nous la chance d'avoir des parents qui s'occupent d'eux et les rendent heureux. Beaucoup de petits camarades à l'école sont pauvres et vivent mal, et il leur est difficile de bien travailler, surtout que, lorsqu'on ne vous explique pas pourquoi comme vous venez de le faire, il est bien ennuyeux de s'intéresser aux sciences dont vous venez de parler.

– C'est pourquoi on parle beaucoup de cette égalité des chances que l'on a bien du mal à réaliser. Vous comprenez d'ailleurs que cette égalité des chances est celle qui permet de devenir inégal, de s'élever dans la société de façon à dominer les autres. Et pour cela il faut faire ce que la société attend de vous, être conforme à son but qui est de produire le plus de marchandises possible, les plus perfectionnées, de façon à les vendre, ici et à l'étranger.

» La publicité, partout et tous les jours, vous montre les objets que vous devez posséder pour être heureux et bien considéré. Elle permet de vendre plus et de faire marcher le commerce, même si pendant ce temps, dans d'autres pays du monde, des millions d'enfants meurent de faim, couverts de mouches, leur pauvre regard vide d'espoir.

– Mais que pourrons-nous faire quand nous serons grands pour que tout cela change ?

– Pas grand-chose si vous êtes seuls. Une révolution peut changer, par la violence, des rapports sociaux ; mais si les individus entre lesquels ces nouveaux rapports s'établissent ne sont pas avertis de la façon dont fonctionnent les systèmes nerveux qui permettent de les établir, je pense, et l'« expérimentation » au cours des siècles l'a montré, que rien ne change. Les moyens qui permettent d'établir les dominances peuvent changer, mais les dominances persistent. Vous qui savez maintenant ce qu'est une pulsion, ce que sont les mémoires et les sentiments dont elles permettent l'expression, ce que sont donc les apprentissages, les jugements de valeur, vous qui savez maintenant comment et pourquoi naît l'agressivité, à quoi peut servir l'imagination, vous saurez douter de vos certitudes et vous apprendrez à vous méfier de ceux qui en ont et à les plaindre. Vous apprendrez à ne pas les tenir pour responsables d'eux-mêmes ni de leurs actes. Vous essaierez surtout de mieux comprendre en sachant que vous ne comprendrez jamais tout. Vous tenterez de ne pas vous heurter violemment aux autres, car ils sont plus nombreux et ne vous pardonneront pas. Cependant souvenez-vous que ce n'est pas parce que des millions d'individus expriment la même erreur qu'elle en devient pour autant une vérité.

» Mais avant de vous quitter, je voudrais vous confier la chose que je crois la plus importante. Depuis le début nous avons parlé des atomes, des molécules, des cellules, des organes, des systèmes, des individus. Puis nous avons parlé des individus réunis en groupes, en peuples, en États. Vous savez maintenant que ce sont des ensembles formés d'éléments. Ils constituent ce que j'appelle des niveaux d'organisation. Chaque niveau, vous l'avez compris, constitue les éléments de l'ensemble qui l'englobe, et l'on peut aller ainsi de l'atome à l'espèce humaine sur la planète. Or chaque niveau d'organisation présente un fonctionnement qui dépend du niveau qui l'englobe, et le fonctionnement de chacun d'eux concourt au fonctionnement de l'ensemble. En retour le fonctionnement de l'ensemble, s'il maintient harmonieusement la structure de cet ensemble, protégera du même coup la structure de tous les autres niveaux d'organisation englobés. Mais dans l'organisme d'un individu, il n'y a pas un niveau d'organisation qui établit sa dominance sur les autres. Cette dernière n'apparaît qu'à partir du moment où l'individu est placé dans un groupe social et à partir des groupes sociaux entre eux. Mais tout se tient et vous avez compris que l'on ne peut prendre connaissance d'un événement à un seul niveau d'organisation sans s'exposer à de grossières erreurs d'interprétation. Un événement politique est toujours lié à des systèmes économiques qui gouvernent des rapports sociaux. Ceux-ci sont dépendants de la psychologie des individus, qui dépend elle-même du fonctionnement de leur système nerveux, de leur apprentissage et de leurs mémoires, de leurs envies... de leur culture, comme nous en avons parlé précédemment.

» Vous voyez maintenant que prendre connaissance, essayer de comprendre un événement à un seul niveau d'organisation risque de vous faire commettre de grossières erreurs de jugement et en conséquence d'action. Il faut donc autant que vous pouvez le faire et que vos connaissances vous le permettent essayer de placer l'événement dans les systèmes qui l'englobent et rechercher également ses mécanismes dans les systèmes qu'il englobe.

» Mais dans l'interaction ou, si vous voulez, l'entremêlement de très nombreux facteurs intervenant entre chaque niveau d'organisation auxquels vous attribuez une « valeur » importante ou secondaire, un autre que vous pourra leur attribuer une « valeur » différente. Vous savez maintenant pourquoi et vous serez bien souvent attristés, je pense, de trouver qu'à leur origine vous découvrirez le besoin de domination et d'appropriation des choses et des êtres chez les individus, les groupes sociaux, les États, les blocs d'États. Méfiez-vous même des actions en apparence les plus généreuses, les plus désintéressées. Si elles ne sont pas motivées par la recherche de la dominance, elles le seront pour le bien-être qu'elles procurent à celui qui les réalise, ou pour être conforme à l'image idéale qu'il se fait de lui-même, dans le cadre culturel où il a grandi.

– C'est plutôt triste ce que vous nous dites là !

– Je ne crois pas que ce soit triste, je dirais plutôt lucide, et, si vous y pensez, cela vous permettra peut-être de vous comporter plus aimablement au milieu des autres. Cela vous aidera à éviter la haine et la fureur, la jalousie et l'envie, à vous méfier de vous-même et de vos certitudes. Peut-être même vivrez-vous assez vieux pour voir que, devant la destruction systématique des systèmes vivants sur notre planète, destruction à laquelle l'homme n'échapperait pas, celui-ci se rendra compte qu'elle résulte directement de la recherche de la dominance et de la compétition économique. Dans ce cas et par nécessité, le comportement des hommes, de tous les hommes, pourrait changer. Il est probable cependant que, si on leur enseignait ce que vous savez maintenant, avant même d'apprendre la table de multiplication et le problème des robinets (vous connaissez ?), au lieu de les initier à la façon la plus efficace de faire des marchandises, cette transformation serait plus rapide et sans doute moins douloureuse.

APPROCHE D'UNE BIOPÉDAGOGIE

Il m'est arrivé de demander à des enseignants pourquoi ils enseignaient. Il m'a été généralement répondu : « Parce que " j'estime " qu'il n'est pas de plus beau métier que de transmettre la connaissance » ; ou bien encore : « Parce que j'adore les enfants... ou les adolescents » : ou, « Parce que c'est un sacerdoce », quand ce n'était pas : « Parce que j'avais la " vocation ". » Personne ne m'a répondu que c'était pour gagner sa vie dans un métier honorable et honoré, pour s'élever dans une hiérarchie institutionnalisée, pour répondre à l'image idéale qu'il se faisait de lui-même (c'est-à-dire à celle que les autres ont imprimée en lui) ou bien encore pour le plaisir de paterner l'enseigné, d'être celui qui sait et que l'on doit admirer pour son savoir, ou pour avoir un dominé à sa disposition lorsqu'on ne peut dominer ailleurs, etc. L'enseignant est-il, en d'autres termes, conscient de la finalité de ses motivations à être ce qu'il est ?

Quels sont ses apprentissages techniques et culturels de famille, de classe ? Ne vont-ils pas influencer profondément le choix des messages, leur interprétation, leur transmission ? Un chapitre des connaissances peut-il être transmis à travers lui, sans être déformé par ses jugements de valeur, ses préjugés socioculturels, ses désirs inassouvis, ses envies frustrées, etc. ? L'éducation de l'éducateur n'est-elle pas à faire plus encore dans la connaissance de lui-même que dans celle de la discipline qu'il enseigne ? Le même raisonnement est à faire pour chaque enseigné. Quelles sont ses motivations à apprendre ? Quelle est la part du milieu social, et surtout familial, auquel il appartient dans ses motivations, dans les structures acquises par son cerveau depuis sa naissance ? Ne va-t-il pas entendre du message que ce qu'il peut entendre et le reconstruire pour lui-même en le déformant ? N'est-il pas utile, avant de le contraindre à utiliser cet instrument qu'est son cerveau, de lui apprendre comment celui-ci fonctionne et de le rendre conscient de la façon dont son milieu l'a déjà programmé ? Enfin, compte tenu de la variabilité de ces éléments, dans ces deux ensembles que sont l'informateur et l'informé, dont la structure d'accueil, le cerveau humain, est fondamentalement la même cependant, comment vont s'établir les intersections à la faveur du message transmis ?

Dans cette ignorance, la technologie avancée, celle des médias iconiques, langagiers ou combinés – , peut-elle faire autre chose que de perfectionner la robotisation du petit de l'homme, puisque sous la couverture consciente des discours logiques nous ne communiquons que l'accumulation historique des processus inconscients qui ont procédé aux choix de nos modèles abstraits. Il ne s'agit pas de laisser parcourir seul à l'enfant, l'adolescent ou l'adulte, l'expérience humaine depuis les origines. Mais les connaissances de biologie comportementale déjà acquises peuvent être utilisées pour perpétuer l'universelle compétition entre les individus, les groupes, les nations, les blocs de nations. Le développement technologique, propriété privée de certaines ethnies établies dans les zones tempérées du globe depuis le début du néolithique à la fin de la dernière glaciation, a permis l'établissement de dominances de ces ethnies sur le reste de la planète. La biologie comportementale peut en fournir une interprétation historique sans doute. Mais elle peut aussi favoriser ces motivations dominatrices, les utiliser pour perpétuer les dominances ou en faire naître de nouvelles. Elle peut en quelque sorte favoriser l'apprentissage de tous les conformismes socio-politiques qui se camouflent eux-mêmes bien souvent sous une défroque de prétendue scientificité à la mode. Mais qu'est-ce que la science ou soi-disant telle ?

Le temps n'est-il pas venu au contraire de l'utiliser à faire naître une conscience planétaire des finalités de l'espèce et des moyens de la réaliser ? Cette conscience ne peut être que le serviteur de cette finalité et non le moyen d'établir des dominances de groupes par l'intermédiaire de la production de biens marchands et d'armes de plus en plus meurtrières.

Une biopédagogie débouche ainsi sur ce que nous avons appelé l'« information généralisée [1] », celle des systèmes, et non sur la transmission, à travers les générations, de l'accumulation du capital technologique dans ses diverses spécialisations, dans des sous-ensembles manipulant la matière, l'énergie ou les concepts qui y sont liés, dans l'ignorance des mécanismes qui gouvernent leur emploi. Je ne vois pas, en dehors de cette biopédagogie, qui est à la fois une pédagogie de la biologie et une biologie de la pédagogie, comment une « nouvelle société » dont on parle beaucoup mais qui ne dépasse pas le stade du vœu pieux pourrait naître. C'est elle qui pourra, suivant l'expression connue, apprendre à mieux apprendre, mais aussi apprendre aux générations à venir à apprendre autre chose que ce que nous avons appris et surtout à l'utiliser autrement.

Il faut dire que le projet n'est pas simple car chaque individu est enfermé dans une « institution », par exemple, la famille pour l'enseigné, l'Éducation nationale pour l'enseignant. Or, ces institutions sont elles-mêmes inscrites dans une « société globale ». Celle-ci, dans notre monde occidental, a institutionnalisé les mécanismes d'obtention des dominances sur le degré d'abstraction atteint par un individu dans son apprentissage professionnel, qu'elle sanctionne par des parchemins. Une civilisation productiviste, entièrement construite sur la vente des marchandises, car c'est elle qui établit les critères de dominance, favorisera dans les institutions qui en dépendent la compétition implacable qui conditionne ce qu'elle appelle le « progrès ». Elle exigera que

1. H. Laborit, *La Nouvelle Grille*, R. Laffont, 1974 ; *Biologie et Structure*, Gallimard, coll. « Idées », 1968.

chaque individu se soumette à cette structure abstraite de l'État productiviste. Les parents, voulant le bonheur de leurs enfants, exigeront de l'institution qu'elle leur fournisse les moyens d'établir leur dominance dans ce système qui ainsi se reproduira indéfiniment.

En effet, institution, État, société globale sont des « structures », c'est-à-dire des choses impalpables, une « mise en forme » des systèmes vivants, qui n'existent pas en tant que « choses » mais en tant que relations. Mais ces relations s'établissent entre d'autres structures, les structures biologiques des individus dont nous avons dit deux mots en commençant. Comment changer celles-là sans changer celles-ci, mais comment changer celles-ci sans changer celles-là ? C'est ce qui fait sans doute l'inertie et la lourdeur de l'évolution des sociétés humaines. L'inhibition de l'action se retrouve à tous les niveaux d'organisation. Les seules fuites en sont la délinquance, la toxicomanie, le suicide ou la démence, et, au niveau des groupes ou des États, le terrorisme et la guerre. Quand on pense que depuis des millénaires, mais surtout depuis l'avènement de la société industrielle, l'enseignement a récompensé, favorisé l'activité du cerveau gauche, celui de l'analyse séquentielle, du langage et des mathématiques dans leur aspect le moins créateur, tout en châtrant celle du cerveau droit, celui des synthèses globalisantes, de l'occupation de l'espace, capable de créer quelque chose de neuf, une structure nouvelle à partir de la poussière des faits analysés par le précédent, et que cette attitude fut toujours motivée par la recherche de la dominance, cela peut nous laisser sceptiques sur l'évolution prochaine de ce que l'on appelle l'enseignement. Einstein fut refusé, paraît-il, au Polytechnicum de Zurich comme mauvais mathématicien.

Finalement, toute approche non systémique du problème de l'enseignement me paraît dérisoire et inefficace. Mais inversement, toute approche systémique se heurte à la finalité du plus grand ensemble, la « société globale » sur laquelle, en tant qu'individu, nous ne pouvons rien. A moins qu'une prise de conscience (comme on dit), une acquisition de connaissances (je préfère) n'arrive à nous sortir de la soupe des logorrhées, des analyses logiques, des jugements de valeur et des préjugés dans laquelle nous barbotons, à bout de souffle. Mais le discours que nous venons de tenir n'est sans doute qu'un ingrédient supplémentaire à lui ajouter, qui n'en changera pas beaucoup la valeur nutritive ni la sapidité.

NOTION DE STRUCTURE

L'homme ne peut appréhender que des « ensembles ». On représente classiquement un ensemble par un cercle. A l'intérieur de ce cercle se trouvent des cercles plus petits qui représentent les éléments de cet ensemble. Ces éléments ne sont pas placés au hasard les uns par rapport aux autres. Ils établissent entre eux des relations. Celles-ci ne sont ni masse ni énergie. Elles ne sont qu'information, alors que les éléments de l'ensemble seront toujours perçus comme masse ou énergie.

L'ensemble des relations constitue ce que l'on appelle la structure. Il constitue donc un nouvel ensemble, l'ensemble des relations, mais il est impossible à l'homme d'appréhender l'ensemble des relations existant entre les éléments d'un ensemble, c'est-à-dire sa Structure avec un grand S. Il ne peut approcher que des sous-ensembles de cet ensemble des relations, c'est-à-dire une sous-structure, une partie de la Structure; il n'approche donc qu'une structure (avec un petit s) décrivant la Structure, c'est-à-dire l'ensemble des relations. Chaque groupe humain, chaque individu même, abstrait du monde qui l'environne une structure, sous-ensemble de la structure de l'ensemble, et croit à la valeur globale de cette structure. A partir de là, il désire l'imposer à ses contemporains.

On comprend que chaque individu abstrait de la Structure des ensembles une sous-structure qui lui est personnelle, unique, et résulte de tous ses apprentissages antérieurs, de sa niche environnementale depuis sa naissance (et peut-être avant), ainsi que de la façon dont il a su négocier cette niche au mieux de son plaisir, de sa survie. C'est alors que l'on peut se poser la question de l'existence de l'« objectivité ». Tout est sans doute objectif, mais chacun de nous abstrait de l'« objet » un sous-ensemble qui lui est personnel. Dix personnes ont vu le même accident de la circulation. Elles le décrivent différemment et de façon objective. Même les prises de vues et les photos, bien que passant à travers un « objectif », trouveront derrière celui-ci les automatismes culturels, l'inconscient du cameraman ou du photographe.

C'est alors que l'on peut définir l'« idéologie » comme résultant du fait que l'on croit que le sous-ensemble abstrait, la structure, représente la Structure. C'est en quelque sorte un réductionnisme informationnel et conceptuel.

Cela nous conduit à préciser que la Structure n'est ni masse ni énergie [1], mais « information » « Information », c'est-à-dire étymologiquement « mise en forme ». Comme elle ne se pèse pas avec une balance, qu'on ne peut la mesurer avec un dynamomètre, elle possède bien les propriétés immatérielles de l'« Esprit ». Mais, dans ce cas, elle est inséparable de la matière, comme le signifié d'une sentence l'est du signifiant, pour prendre une comparaison linguistique. Cette structure, cette information, qui met en forme, qui informe la masse et l'énergie, représente ce quelque chose qui fait que le tout (l'ensemble des éléments) n'est pas seulement la somme des parties (la somme des éléments).

Ainsi vous m'informez, vous me communiquez, c'est-à-dire vous essayez de mettre en commun avec moi une information, en d'autres termes, une sous-structure de

1. La notion récente de vide quantique permet de supposer cependant que, au niveau d'organisation des particules élémentaires, ce qu'il est convenu d'appeler « particules virtuelles » peuvent établir des relations énergétiques.

l'ensemble des structures que vous avez approchées, et vous allez mettre en forme mon cerveau qui va dès lors conserver des traces qui le transformeront conformément à ce que vous attendez de moi.

En résumé, conformément aux principes d'incertitude de Heisenberg, les structures que nous appréhendons ne sont que les éléments d'une réalité structurale que l'on peut nommer la Structure, comme nous l'avons proposé précédemment. Il est donc utile de connaître le plus grand nombre d'éléments de cet ensemble des relations, de voir comment ils s'organisent, c'est-à-dire quelles relations ils établissent entre eux, si l'on veut, tout en sachant qu'on ne l'atteindra jamais, s'approcher plus précisément du réel.

INFORMATION-STRUCTURE ET MÉMOIRES

L'information-structure constitue ce qu'on peut appeler une mémoire dont la forme, suivant la définition de celle-ci que nous avons donnée, persiste dans le temps. Ce sont par exemple les monuments, les livres, les disques, les films, dont les éléments (pierres, lettres, sillons, images) ont été organisés par l'homme et ont conservé cette organisation dans le temps. En biologie, l'information-structure aboutit également à la formation de mémoires telles la mémoire génétique, la mémoire immunitaire ou la mémoire nerveuse. Il y a longtemps que l'on connaissait les éléments atomiques participant à la constitution d'un acide désoxyribonucléique, élément fondamental des gènes, capable de transmettre de génération en génération la forme des individus d'une espèce. Mais tant qu'on n'a pas connu la façon dont ces éléments atomiques s'organisaient dans l'espace, à savoir sous la « forme » d'une double hélice, nous n'avons rien compris à la transmission des caractères génétiques. Cette organisation des éléments atomiques dans les systèmes vivants, qui a besoin du constant apport de l'énergie solaire pour maintenir son information-structure, constitue des organisations métastables des éléments d'un ensemble. Par exemple, la formation d'un anticorps qui permet la défense immunitaire, en d'autres termes la reconnaissance d'éléments étrangers à l'organisme, constitue bien d'une part une forme moléculaire protéique spécifique particulière et, d'autre part, une mémoire. De même, lorsque les influx, en parcourant des chaînes neuronales, laissent derrière eux une trace de leur passage sous la forme également d'une synthèse protéique qui va coder des éléments neuronaux, il s'agira bien d'une mise en forme. En effet, de la même façon qu'au cours de la mémoire immunitaire, il y aura synthèse de protéines spécifiques, donc apparition de formes moléculaires, d'organisations moléculaires, dont la persistance sera, comme on l'admet généralement aujourd'hui, la source de la mémoire à long terme. Mais on voit qu'à la différence de la mémoire génétique, qui transmet de génération en génération l'information-structure d'une espèce, la mémoire de l'individu va disparaître avec lui. Cependant, chez l'homme, elle pourra survivre et se transmettre également de génération en génération, grâce à une nouvelle information-structure, les « langages », qui deviendra une information-circulante entre les individus et les générations différentes. Quand vous me communiquez une information dans le sens que j'ai donné à ce mot, cette information va circuler de vous à moi, d'un point à un autre de l'espace-temps. Il s'agit bien au départ d'une information-structure propre à votre cerveau personnel, à sa mise en forme particulière, mais vous allez utiliser des moyens capables de transmettre cette information à l'autre. Pour ce faire, vous allez créer une nouvelle information-structure, extérieure à vous, mais qui prendra votre information-structure cérébrale, conséquence de votre apprentissage, de votre expérience, comme modèle, et vous permettra de transmettre un message. Cela nous fait aborder le problème de la sémantique que nous n'avons pas encore envisagé.

INFORMATION-STRUCTURE ET NIVEAUX D'ORGANISATION

Un message exige la création d'une information-structure qui constitue le signifiant. Pour envoyer une information de Paris à Montréal, j'aurai besoin de réunir les éléments de cette information-structure signifiante sous la forme de lettres, constituant des mots. Je ne pourrai pas les placer au hasard, mais dans un ordre particulier. Ces mots, je les associerai suivant une syntaxe et une grammaire, en une phrase qui constituera l'ordre, la structure du signifiant, en d'autres termes, l'ensemble des relations existant entre les éléments de cet ensemble signifiant. Mais cet ensemble d'éléments, lettres, mots, phrases, constituant ce signifiant (matière ayant besoin d'une certaine énergie pour être transmise, quel que soit le canal utilisé pour cette transmission), sera le support d'une sémantique. Or, c'est cette sémantique, la signification du message, le signifié, qui va transformer, mettre en forme le système nerveux de celui qui le reçoit. Bien sûr, pour cela, il faut que l'émetteur du message organise le signifiant suivant un code utilisé également par le décrypteur, le receveur du message. Si je vous adresse un message en français et que le seul code que vous connaissiez soit le chinois, l'échange d'informations entre nous risque d'être assez appauvri. Enfin, il faut dire que cette information, que nous avons appelée « circulante », n'est pas limitée aux communications interindividuelles, c'est-à-dire au plan sociologique, mais qu'elle se retrouve aux différents niveaux d'organisation de l'organisme que nous allons maintenant envisager.

Il y a plusieurs décennies que nous attirons l'attention sur le fait que la structure des organismes vivants se réalise par niveaux d'organisation. On peut dire que c'est le nombre de niveaux d'organisation qui en exprime la complexité. Pour ne citer que quelques-uns de ces niveaux d'organisation, nous dirons que des atomes vont se réunir pour constituer un ensemble moléculaire, que ces molécules constitueront les éléments d'un nouvel ensemble, enzymatique par exemple, que ces groupes moléculaires qui permettent le déroulement d'une réaction enzymatique vont se réunir dans des organites intracellulaires tels que les mitochondries, le noyau, l'appareil de Golgi, le réticulum endoplasmique, les membranes, etc. Ces organites intracellulaires dans un système complexe de microtubules, de microfilaments, vont se réunir et constituer un ensemble cellulaire, une cellule. Les cellules, en se réunissant pour assurer une même fonction, vont constituer des organes. Et ces organes, en se réunissant, vont constituer des systèmes dont la réunion va assurer la structure d'un organisme. Chacun des niveaux d'organisation que nous venons d'énumérer peut être isolé par l'expérimentateur du niveau d'organisation qui l'englobe et dont il constitue un élément, isolement qui permet de mieux étudier sa fonction en ne faisant varier de cette fonction qu'un seul facteur à la fois. En d'autres termes le spécialiste coupe la commande extérieure au système. Mais il faut savoir que, lorsque ce niveau d'organisation est remis en situation dans le système qui l'englobe, il ne fonctionnera pas totalement de la même façon qu'il fonctionnait quand il était isolé. Certains facteurs ont été ignorés et c'est, en fait, en comparant la fonction de ce niveau d'organisation isolé et la fonction de ce même niveau lorsqu'il est englobé que l'on pourra progressivement découvrir les facteurs manquants et mieux comprendre son fonctionnement lorsqu'il est en place. Cela veut dire que s'il est important de connaître la structure d'un niveau d'organisation, il est peut-être plus important encore de mettre en évidence les relations qu'il établit avec le système qui l'englobe.

Un niveau d'organisation, puisqu'il peut fonctionner isolément compte tenu du fait qu'il englobe lui-même un certain nombre d'autres niveaux d'organisation sous-jacents, peut être considéré comme un régulateur, dont l'effet contrôle, généralement négativement, la valeur des facteurs par une boucle rétroactive, de feed-back. Quand il est placé en situation normale, dans le système qui l'englobe, cette régulation va être contrôlée par des informations qui lui viendront du système englobant. Le régulateur est ainsi transformé en servomécanisme. Et il faut qu'il y ait entre chaque niveau d'organisation une communication, une information-circulante, pour que de niveau d'organisation en niveau d'organisation l'ensemble organique puisse fonctionner harmonieusement et puisse avant tout maintenir sa propre structure. Il existe donc entre chaque niveau d'organisation une information-circulante, des messages, qui vont contrôler l'activité fonctionnelle de chacun d'eux. Sans entrer dans le détail de ces processus complexes, nous rappellerons que le système nerveux et le système endocrinien sont sans doute les deux principaux moyens de communication utilisés par un organisme qui lui permettent d'assurer son autonomie dans un environnement différent de lui. Chaque niveau d'organisation est donc sur le plan de sa structure un système fermé. C'est ce qui permet de reconnaître un homme d'un éléphant ou d'une fourmi, mais c'est ce qui permet aussi de faire fonctionner de façon isolée un cœur, un foie, un intestin, donc des organes appartenant à des systèmes; c'est ce qui permet aussi d'isoler en culture des cellules, ou à l'intérieur de ces cellules, après avoir détruit leur structure cellulaire, d'étudier le fonctionnement d'organites intracellulaires comme les mitochondries. Or, le système endocrinien par exemple possède cet avantage caractéristique de porter l'information à certains groupements cellulaires pour transformer leur activité fonctionnelle, métabolique, dans un sens favorable au maintien de la structure et de l'activité fonctionnelle de l'ensemble de l'organisme au sein de son environnement. C'est d'ailleurs pourquoi les hormones, sécrétées par les glandes endocrines, ont été appelées des « messagères chimiques [1] ». Chacune d'elles est représentée par des molécules ayant une structure particulière et le signifiant qu'elle constitue devra pouvoir être décodé par d'autres structures conformes à la leur, complémentaires, et qu'on appelle d'ailleurs des récepteurs. C'est ce qui permet de comprendre que seules les cellules équipées des récepteurs propres à comprendre le message d'une hormone particulière pourront répondre au message dont elle est porteuse. Nous retrouvons là le même problème que nous avons rencontré précédemment en parlant de la communication langagière. Bien plus, ces récepteurs situés généralement au niveau des membranes cellulaires vont transmettre l'information à un « deuxième messager » *(sic)*, deuxième messager qui va lui-même transmettre ce message biochimique à l'usine métabolique que constitue une cellule.

Il découle de ces notions que si chaque niveau d'organisation est bien, comme nous le disions tout à l'heure, un système relativement fermé sur le plan de sa structure, il est relié à l'ensemble des niveaux d'organisation qui, en s'emboîtant les uns dans les autres, vont aller jusqu'à constituer un organisme entier, par un système de communication qui permet à chaque niveau d'organisation de maintenir sa propre structure en participant au maintien de la structure globale de l'organisme. Car c'est par le maintien de la structure globale de l'organisme que le maintien de la structure de chaque niveau d'organisation peut être réalisé. Ainsi, sur le plan de l'information-structure, l'ouverture ne peut se réaliser que par un englobement dans un système qui assure le contrôle du fonctionnement du niveau d'organisation envisagé. En revanche, sur le plan thermodynamique, celui de la masse et de l'énergie, les organismes vivants sont bien des systèmes ouverts dans lesquels va s'écouler le flux d'énergie photonique solaire transformée par la photosynthèse en

1. Le système immunitaire peut être considéré à la fois comme un système sensoriel, sensible aux stimuli microscopiques, et un système endocrinien libérant de nombreuses hormones.

molécules chimiques. Ce sont les aliments qui vont apporter de l'énergie nécessaire, d'abord au maintien de la structure de chaque élément à chaque niveau d'organisation, mais aussi permettre l'activité fonctionnelle, thermodynamique, de chaque niveau d'organisation s'intégrant dans l'activité fonctionnelle, mécanique, pourrait-on dire, de l'ensemble de l'organisme. Il s'ensuit que *la seule raison d'être d'un être c'est d'être,* de maintenir son information-structure par rapport à un environnement qui est moins organisé que lui ou, en d'autres termes, de lutter contre le deuxième principe de la thermodynamique, l'augmentation de l'entropie, en utilisant en réalité l'énergie solaire, c'est-à-dire en profitant dans un cadre très particulier, qui est celui de la biosphère, de l'entropie solaire [1].

Un autre système de communication est le système nerveux. Son rôle est d'une part un rôle de liaison entre les différents niveaux d'organisation dont nous venons de parler, mais aussi un rôle de liaison entre l'ensemble de l'organisme et l'environnement de cet organisme; c'est par le contrôle de l'environnement grâce à l'action qu'un système nerveux participe au maintien de l'information-structure de l'ensemble organique dans lequel il est plongé. Pour réaliser ce contrôle, il doit d'une part être averti de l'état de bien-être ou de mal-être de l'ensemble de la collectivité cellulaire dans laquelle il est situé et, d'autre part, être informé de ce qui se passe dans l'environnement. Intégrant ces deux sources d'informations, dont la plus importante évidemment est celle qui vient de l'intérieur de l'organisme, il est capable d'informer des cellules spécialisées qui sont les cellules musculaires, de telle façon que l'organisme se mobilise dans l'environnement pour agir sur cet environnement et réaliser le maintien du bien-être, c'est-à-dire de l'information-structure de l'organisme.

1. H. Laborit, *Du Soleil à l'homme,* Masson et Cie, 1963.

BASES BIOLOGIQUES DES COMPORTEMENTS

Un système nerveux, c'est ce qui nous distingue des plantes. Elles n'ont pas le moyen de se déplacer et sont même obligées d'attendre que le vent ou un insecte porte leur semence de corolle en corolle pour se reproduire, alors que l'animal, qui dispose d'un système nerveux, se déplace dans son environnement et réalise son autonomie motrice.

Un système nerveux ne sert qu'à agir dans un espace. Nos cellules baignent dans un liquide dont une partie est circulante, le sang. Ces cellules, qui constituent un organisme, vont prendre dans ce milieu intérieur les substrats qui vont leur permettre de maintenir leur structure et y déverser leurs déchets. Ce que Claude Bernard (1878) [1] a appelé la « constance des conditions de vie » dans notre milieu intérieur, c'est l' « homéostasie » de Cannon (1932) [2]. Mais sans arrêt notre milieu intérieur change. Ce que Freud a appelé le « principe du plaisir » est lié au rétablissement ou au maintien de cet équilibre. Si vous n'avez pas mangé pendant trois jours, vous aurez plaisir à absorber de la nourriture. Donc cette notion d'homéostasie ou de plaisir, c'est le maintien d'une organisation complexe de la molécule à l'individu.

Le système nerveux primitif, représenté chez les animaux supérieurs par l'hypothalamus et le tronc cérébral, est prévenu des variations de la vie cellulaire par celles du milieu intérieur. Il est prévenu qu'à certains moments cela se passe bien et qu'à d'autres moments cela se passe mal. Par ailleurs, les variations de l'environnement vont influencer les organes des sens : vue, audition, etc., et provoquer des influx

1. C. Bernard, *Leçons sur les phénomènes de la vie communs aux animaux et végétaux*. Baillère, Paris, 1878.

2. W.B. Cannon, *La sagesse du corps*,W.W. Morton and C°, New York, 1932.

nerveux sensoriels qui vont se rejoindre dans cette même région primitive du système nerveux avec les précédentes. Cette région sera informée de l'ensemble de ce qui se passe dans la colonie cellulaire : bien-être ou mal-être, et de ce qui se passe à l'extérieur. Alors le système nerveux informera un certain nombre de structures musculaires, ce qui permettra à l'organisme d'agir sur l'environnement et de fermer la boucle, de telle façon que l'équilibre du milieu intérieur soit rétabli par ce contrôle de l'environnement.

Un système nerveux, quel qu'il soit, n'est d'abord que cela : le moyen d'agir sur l'environnement pour maintenir la structure, de contrôler les caractéristiques de l'environnement au mieux du bien-être organique. McLean (1949) [1] appelle ce cerveau primitif : « cerveau reptilien ». Il fournit une réponse programmée avec laquelle on ne peut improviser. Dès qu'on arrive aux premiers mammifères, on trouve un second cerveau qui vient s'ajouter au premier : le système limbique.

Avec McLean, la majorité des auteurs disent que c'est le systèmc de l'affectivité. Je préfère dire de la mémoire. Un enfant qui vient de naître n'aura pas de haine contre la personne qui oublie de le nourrir ou qui le pince. Il ne sait pas qu'il y a une personne qui fait cela. Il souffre, mais il n'est pas « affecté », il n'éprouve pas de sentiment. Pour éprouver un sentiment, il faut avoir appris qu'on existe, il faut avoir construit son schéma corporel, s'être réalisé différent de l'environnement. Il faut avoir appris que certaines choses sont désagréables et d'autres agréables. A ce moment-là, toute la panoplie des sentiments – la joie, la haine, l'amour – peut être éprouvée. Comment se fait cet apprentissage ?

Les influx nerveux, qui étaient localisés dans ce système primitif, en parvenant au système limbique, laissent des traces au niveau du contact entre deux neurones qu'on

1. McLean, « Psychosomatic disease and the visceral brain. Recent development hearing on the Papez theory of emotions. » *Psych. Med.*, 1949, tome 11 : 338-353.

appelle la synapse. La conduction de l'influx nerveux se fait à l'aide de molécules, contenues dans des vésicules et libérées dans la synapse. On sait comment s'effectue la synthèse de ces médiateurs chimiques. On sait quelles sont les voies métaboliques qui permettent de les produire et comment ils sont stockés, libérés, détruits. Nous avons tout un arsenal pharmacologique qui permet d'agir sur le métabolisme des molécules médiatrices de l'influx nerveux.

Comme c'est à la libération de ces molécules qu'est dû le passage de l'influx nerveux d'un neurone à l'autre, nous possédons les moyens d'intervenir sur le fonctionnement du système nerveux et en conséquence sur le comportement.

La mémoire, quant à elle, a des bases moléculaires. Elle est fondée sur les molécules protéiques synthétisées par les neurones, qui vont coder les synapses. Si bien que lorsqu'un stimulus analogue va pénétrer dans ce système, il va passer préférentiellement par les voies codées à l'avance. Au laboratoire, on peut, avec des agents chimiques intervenant sur la synthèse protéique, interdire cette mémoire ou l'augmenter. Mais la mémoire d'une expérience gratifiante n'influencera pas les mêmes voies nerveuses, ne fera pas appel aux mêmes médiateurs chimiques de l'influx nerveux, ni aux mêmes systèmes de transduction des signaux des membranes à l'intérieur des neurones que l'expérience nociceptive ou que celle aboutissant à l'inhibition de l'action [1] et [2].

La mémoire n'est pas spécifiquement humaine. Un chien est capable de reconnaître son ancien maître dix ou douze ans plus tard, à l'odeur simplement. La mémoire immunitaire qui se souvient de la rencontre avec un agent infectieux se réalise en partie ainsi par la synthèse de molécules pro-

1. H. Laborit and R. Zerbib, « Different environmental situations modify scopolamine-induced amnesia in mice assessed with a passive avoidance test. » *Res. Commun. Psychol. psychiat. Behav,* 1989 tome 14 : 143-156.

2. R. Zerbib and H. Laborit, « Chronic stress and memory : Implication of the central cholinergic system. » *Pharmacol. Biochem. Behav*, 1990, tome. 36 : 897-900.

téiques, les anticorps, et se trouve intimement liée à la mémoire nerveuse (neuro-immuno-modulation).

Un type de mémoire enfin est d'importance capitale : c'est celui qui accompagne le phénomène de l'empreinte. A la naissance le cerveau est encore immature. En d'autres termes, les connexions synaptiques entre neurones ne sont pas toutes réalisées. Elles vont se construire en fonction du nombre et de la variété des stimuli qui atteindront le système nerveux central au cours des premiers mois et des premières années. Il en résulte deux conséquences : d'une part l'importance de l'environnement dans l'organisation précoce d'un cerveau paraît fondamentale et de multiples faits expérimentaux, recueillis aussi bien au niveau de l'observation directe des ultrastructures que du comportement, le montrent ; d'autre part, les connexions synaptiques formées sont indélébiles et persistent toute la vie. Freud avait bien vu l'importance des premiers mois et des premières années dans la constitution d'une personnalité humaine. K. Lorenz (1970) [1] et les éthologistes ont montré la stabilité des structures nerveuses induites à cette période qu'ils ont nommée « période de l'empreinte » *(imprinting)*.

Dernière étape : le cortex, particulièrement développé chez l'homme, en particulier au niveau des lobes orbito-frontaux. Le monde nous pénètre par des canaux sensoriels séparés. L'enfant qui vient de naître et qui ne sait pas encore qu'il est dans un environnement différent de lui va ressentir et mémoriser des sensations visuelles, auditives, tactiles, osmiques, gustatives, etc., qui vont suivre des voies nerveuses séparées et parvenir au cortex dans des régions séparées également. Des neurones « associatifs » vont réunir ces différentes aires cérébrales, mises en jeu par l'action sur l'objet, et, du fait de la concomitance des sensations recueillies à partir de lui, permettre la réalisation de la « notion d'objet ». Dans ses premières années, l'enfant associe le plaisir qu'il

1. K. Lorenz, *Essais sur le comportement animal et humain,* Seuil, 1970.

ressent, lorsque ses besoins fondamentaux sont assouvis, à d'autres sensations : contact de la mère, son odeur. Au cours des trois premières années, il réalise progressivement qu'il n'est pas le monde. Il se limite dans l'espace, par apprentissage. Il n'est pas conscient au début de son schéma corporel qui se constitue dans le temps par un processus de mémoire. Quand il s'aperçoit que sa mère n'est pas englobée dans son « moi-tout », quand il se rend compte qu'elle est la femme du père et la mère des frères et sœurs, il découvre l'amour malheureux, la jalousie, l' « Œdipe »...

Qu'est-ce que cela veut dire ?

Ces différents stimuli qui laissent des traces dans le système nerveux codent des voies nerveuses différentes. L'homme ne se distingue des animaux que par l'existence de lobes associatifs, plus développés, qui permettent d'associer les voies nerveuses sous-jacentes codées par la mémoire d'une façon différente de celle imposée par l'environnement. C'est cela l'imaginaire. Quand l'associativité, grâce aux langages, permet de manipuler non des objets mais des concepts, la créativité devient considérable. Un enfant nouveau-né ne peut rien imaginer parce qu'il n'a rien appris. Plus il mémorise ensuite, plus ses systèmes associatifs corticaux auront un matériel riche pour créer de nouvelles structures : les structures imaginaires. Ce sont les hypothèses de travail qui doivent après cela être confrontées à l'expérimentation. C'est aussi une fuite possible du réel dans un monde supportable, celui du créateur. C'est le monde du désir, alors que la mémoire seule ne peut déboucher que sur l'envie. L'animal, lui, ne peut pas désirer. « Une femme inconnue et que j'aime et qui m'aime, et qui n'est chaque fois ni tout à fait la même, ni tout à fait une autre et m'aime et me comprend » (P. Verlaine). Il lui manque un cortex orbito-frontal pour associer ses expériences passées dans le processus imaginaire « d'un rêve étrange et pénétrant ». Mais pour imaginer, il ne faut pas rester emprisonné dans les automatismes acquis, automatismes moteurs, langagiers, conceptuels, qu'il est nécessaire de mettre constamment en question. Sans quoi, on reproduit, on ne crée pas.

Dernière chose : ces cerveaux qui se superposent doivent fonctionner ensemble. Certaines voies nerveuses vont le permettre. En 1954, aux États-Unis, Olds et Milner (1954) [1] ont décrit le « *medial forebrain bundle* » (MFB), le « faisceau de la récompense ». Il existe un autre faisceau plus profond qu'on appelle le « *periventricular system* » (PVS), celui de la punition. Enfin, j'étudie depuis 1970 un troisième ensemble neuronal que j'ai appelé le SIA, « système inhibiteur de l'action », qui fait l'objet d'un de mes livres [2]. En bref, un premier faisceau mis en jeu lorsqu'on se fait plaisir, de telle façon qu'on va renouveler l'acte qui aboutit au plaisir après l'avoir mémorisé ; un second faisceau, celui de la punition, dont l'excitation détermine la fuite ou la lutte. La fuite d'abord, la lutte quand on ne peut plus fuir. Le courage est un apprentissage socioculturel. Quand la fuite ou la lutte sont favorables, elles sont réutilisées, car c'est un système inné mais qui, lorsqu'il est efficace, remet en circuit le système de la récompense, car éviter la punition c'est aussi être récompensé.

Enfin, lorsque nous ne pouvons plus fuir ni lutter, nous utilisons le SIA. C'est toute la pathologie mentale, infectieuse, des tumeurs, qui en résulte quand son action persiste. Ce système inhibiteur de l'action déclenche la libération par l'hypophyse d'ACTH et de glucocorticoïdes par les surrénales. Or la libération de cortisone en particulier bloque le système immunitaire. Si celui-ci est inhibé, nous sommes entièrement livrés à l'action de tout processus pathologique, infectieux ou tumoral en particulier. Les maladies de civilisation sont des maladies de l'inhibition de l'action : hyper-

1. J. Olds and P. Milner, « Positive reinforcement produced by electrical stimulation of septal area and other regions of rat brain. » *J. Comp. Physiol. Psychol.*, 1954, tome 47 : 419-427.

2. H. Laborit, *L'inhibition de l'action*, Masson et Cie, 1re éd., 1979, 2e éd., 1986.

tension artérielle, ulcères de l'estomac, dépressions, absentéisme, fatigue, insomnies, etc. Les déprimés ont une cortisolémie élevée. On sait de même que la cortisone empêche l'apparition du sommeil paradoxal. Elle retient dans l'organisme de l'eau et des sels. Mais ce système provoque aussi la libération d'une neurohormone : la norépinéphrine. L'épinéphrine est l'hormone de la fuite, de la lutte. Sa libération est déclenchée par la peur. Mais la norépinéphrine, elle, vasoconstricte tous les vaisseaux, d'où hypertension, hémorragies cérébrales, infarctus, etc.

Ainsi ces trois systèmes permettent d'organiser un comportement dans un environnement social. Cette inhibition de l'action déclenche *l'angoisse* et s'en accompagne. Quels sont ses mécanismes ? C'est parfois l'interprétation freudienne, la pulsion hypothalamique qui se heurte à l'apprentissage socioculturel limbique : le ça au surmoi. C'est aussi l'inhibition qui résulte d'un déficit informationnel. On ne sait pas classer un événement, on ne sait comment agir par rapport à lui parce qu'on ne l'a pas expérimenté. C'est aussi la surabondance des informations diffusées par les mass media, que l'on ne peut classer par niveau d'organisation, concernant les événements planétaires et sur lesquels on ne peut agir. La ville en favorise l'abondance et la propagation. Le militantisme, tout en rétrécissant le champ d'appréhension, donne l'illusion de pouvoir agir. C'est encore l'angoisse spécifique de l'homme qui résulte de la construction imaginaire d'un scénario douloureux, d'un événement, qui peuvent ne jamais survenir, mais que l'on redoute sans pouvoir agir à l'avance pour les prévenir. C'est également l'angoisse de la mort. Elle est fondamentale. On sait que l'on devra passer sous sa faux, et l'on est en déficit informationnel concernant son heure, ses facteurs, sa douleur, son lendemain. C'est la cause fondamentale de l'angoisse. Les sociétés modernes essaient de l'occulter pour protéger la production de marchandises ; ce que la ville favorise tout en éloignant l'individu de la biosphère et du cosmos.

Ainsi, ce qui peut être à l'origine d'une évolution pathologique, ou d'un essai de fuite dans la toxicomanie, dans l'agressivité, parfois tournée vers le sujet lui-même dans le suicide, c'est l'inhibition de l'action gratifiante avec son corollaire, l'angoisse. Il y a aussi la névrose, comportement de celui qui essaie de communiquer aux autres les problèmes qui encombrent son inconscient et que, de ce fait, il ne peut traduire que par le « langage du corps » (P. Janet). Il faudrait aussi parler de l'origine et du rôle du langage qui est un mode d'action sur l'autre, mais le développement en serait trop long.

Il y a enfin la créativité et la psychose qui se succèdent souvent ou s'entremêlent. L'établissement de la démence se fait à travers des perturbations biologiques profondes. Mais quand elle est établie, du fait qu'il n'est plus parmi nous, mais dans son imaginaire, le dément retrouve souvent un équilibre biologique favorable. Il est atteint moins fréquemment de cancers que la population normale et semble se protéger efficacement des infections. Inversement, quand vous apprenez qu'un homme prospère et respecté, couvert d'honneurs et situé au sommet de la hiérarchie dans laquelle il s'inscrivait, est mort, alors qu'il avait tout pour être heureux, c'est généralement d'une maladie de l'inhibition car, conforme au code social et de l'établissement des dominances, il n'était pas toujours conforme à lui-même et à ses pulsions inconscientes.

Les notions précédentes sont indispensables pour comprendre :

1. Que ce que nous sommes dépend essentiellement du milieu qui a mis en forme nos structures nerveuses depuis la période de l'empreinte, devenue strictement inconsciente chez l'adulte, lequel ne savait pas à cette époque de sa vie qu'il existait dans un monde qui n'était pas lui. Les sensa-

tions agréables qu'il a éprouvées, il voudra les retrouver si la vie ne lui fournit pas ce qu'il attend. C'est ce qui caractérise le narcissisme primaire, la recherche de l'autre ne permettant de trouver que soi-même, seuls que nous sommes à l'intérieur de notre peau, de la naissance à la mort.

2. Que nous sommes seuls avec ce que les autres ont mis en nous, car nous ne sommes que les autres, réunis de façon unique en un point unique de l'espace-temps, nous.

3. Pour comprendre que ce que nous abstrayons du monde ne peut être la réalité, mais un sous-produit de celle-ci entièrement déformé par nos pulsions primitives à conserver notre bien-être biologique, et par l'apprentissage culturel de la façon dont nous pouvons les assouvir.

4. Pour comprendre que tous ces automatismes culturels sont inconscients, qu'ils sont indispensables pour ne pas reconstruire à chaque instant les séquences motrices ou langagières et rendre plus efficace l'action. Mais que ces automatismes qui dépendent de la socioculture nous enferment dans des jugements de valeur, des préjugés qui seront rarement mis en question.

5. Pour comprendre aussi que ce que peut apporter l'homme, ce sont ses « désirs », c'est-à-dire les structures imaginaires construisant le futur à partir de l'expérience passée en la remodelant pour fournir un « modèle » nouveau à ses comportements.

6. Pour comprendre enfin que, malgré la diversité des lieux et des époques, le schéma sur lequel se construisent ses actions reste le même : pulsion, apprentissage, imagination.

DU BIOLOGIQUE AU SOCIOLOGIQUE

La notion de niveaux d'organisation va nous permettre, sans faire appel à l'analogie, par simple observation et organisation des faits, de nous aventurer dans ce qu'il est convenu d'appeler les sciences humaines : psychologie, sociologie, économie et politique, pour ne citer qu'elles.

Voilà donc un être vivant possédant un système nerveux qui ne peut lui servir à agir que dans un espace ou « territoire ». Si l'espace était vide, il n'aurait aucune raison d'agir. C'est sur les objets et les êtres contenus dans cet espace qu'il va agir. Lorsqu'il rencontre des objets et des êtres avec lesquels il se fait plaisir, il va répéter la stratégie qui l'a contenté. Ce n'est possible que si les objets et les êtres restent à sa disposition. S'ils sont douloureux, il va fuir. Quand il ne pourra pas fuir, il luttera, et quand il ne pourra ni fuir ni lutter, il entrera en inhibition de l'action. Si, dans le même espace, il y a un autre homme avec un autre système nerveux qui veut se gratifier en répétant la stratégie qui l'a conduit à se gratifier avec ces mêmes objets et ces mêmes êtres, il y aura compétition. Chez les animaux, c'est le plus fort qui gagne. Chez l'homme, il en fut longtemps ainsi. Les études des éthologistes montrent qu'il ne s'agit pas toujours de « dyades » dominant-dominé, mais parfois de triades ou de combinatoires assez complexes qui interviennent dans l'établissement de ces échelles hiérarchiques.

Que s'est-il passé chez l'homme ? La seule chose qui le distingue, semble-t-il, ce sont ses zones associatives du cortex orbito-frontal. Dès le départ, quand l'homme a taillé un caillou, il a informé la matière. Il l'a fait sans doute en procédant à des associations d'expériences mémorisées. Il a ainsi découvert qu'avec sa pierre taillée il se défendait mieux qu'avec les poings nus. L'homme n'a jamais fait autre chose. Il a procédé par hypothèse de travail qu'il corrigeait par une expérimentation favorable ou défavorable. L'homme du paléolithique est sans doute le seul polytechnicien qui ait jamais existé : il lui fallait connaître toute la technique de son époque. Chaque homme était un chasseur et devait savoir tous les trucs inventés par l'espèce. Son cerveau créateur d'informations a pu « informer », « mettre en forme » la matière. Cette matière transformée par son industrie, variable suivant les espaces géoclimatiques, a pu fournir bientôt les surplus capables d'être échangés, des marchandises. Ce fut leur possession, par la gratification résultant de leur usage, qui fut à l'origine de la recherche de la dominance.

Le *langage*, donnant à chaque chose d'abord son double vocal permettant de l'articuler dans la phrase, fournit aux hommes l'accès à l'imaginaire conceptuel, créateur de nouvelles structures, et lui permet de vérifier une hypothèse par sa cohérence non seulement avec le monde non humain, mais avec l'expérience des autres, par expérience conjuguée. A partir de l'abstraction, il fut possible d'inventer un monde nouveau, échangeable, libéré de l'objet, que l'on pouvait faire renaître en commun (communiquer). De plus, le cerveau de l'homme comme lui-même naît nu. Il est habillé par le langage qui lui vient des autres. C'est ce qui nous a fait dire que nous ne sommes que les autres, aussi bien dans le résultat de la combinatoire génétique que dans notre apprentissage de la vie. Tous les autres, les vivants et les morts [1].

Qu'on veuille bien considérer nos télécommunications modernes. Elles contractent l'espace en mettant à la portée de nos oreilles et de nos yeux un correspondant lointain. Contractant l'espace, elles contractent le temps que notre message aurait mis à parvenir à notre interlocuteur. L'apparition du langage ne fit point autre chose, mais il le fit au-dessus des générations. A partir du langage, le temps et l'expérience des hommes ont pu se transmettre et s'accumuler. Le temps s'écoulait plus lentement pour les hommes du passé que pour nous, car les moyens de communication modernes contractent l'espace et en conséquence le temps. Le temps sociologique a ainsi gagné de vitesse le temps biologique et « un père et un fils parlant la même langue utilisent les mêmes mots avec un contenu sémantique différent, car les informations qu'ils ont stockées grâce à eux ne sont

1. H. Laborit, *L'homme imaginant*, Union générale d'éditions, Col. 10/18, Paris, 1970.

pas contemporaines. Ils se réfèrent à deux mondes différents [1] ». Cela constitue sans doute un facteur important des conflits de générations. Mais on peut dire aussi que cette expérience des mots est unique pour chacun de nous et que cet instrument étonnant, le langage, a sans doute été la raison fondamentale de l'incompréhension des hommes entre eux. Nous l'avons souvent signalé et n'y reviendrons pas.

Une grande époque de l'histoire de l'espèce fut le passage du paléolithique au néolithique. Le responsable de ce passage nous paraît pouvoir être trouvé dans les variations survenues dans le climat à la fin de la dernière glaciation, celle de Würm. Il s'installa alors dans l'hémisphère Nord un climat que l'on a coutume de décrire comme beaucoup plus clément. La caractéristique principale d'un tel climat est de présenter une alternance saisonnière, un été suivi d'un hiver. La clémence du climat n'était appréciable que l'été. Les conditions climatiques antérieures difficiles se retrouvaient l'hiver. Nos lointains ancêtres en avaient longuement souffert. Leur imagination leur a permis de s'en libérer. L'agriculture et l'élevage ont permis d'engranger l'été et d'avoir à disposition de la viande fraîche et des réserves de graminées pour survivre l'hiver. L'objet gratifiant, celui nécessaire à la survie, ne s'est plus trouvé dispersé dans la nature, mais rassemblé, collecté en un territoire. La notion de propriété était née, propriété qu'il fallut défendre contre les prédateurs de toutes sortes, les autres hommes moins favorisés techniquement d'abord. Pas plus chez les premières sociétés néolithiques que chez l'individu n'existe un instinct inné de propriété et de défense du territoire, mais l'apprentissage de la gratification, de la protection de l'équilibre biologique, du plaisir.

Cette opinion se trouve renforcée par le fait que certaines ethnies, que leur migration à la même époque dirigea vers l'occupation de certaines régions du globe où l'environne-

1. H. Laborit, *Biologie et structure, op. cit.*

ment géoclimatique leur permit d'ignorer la crainte de la survie immédiate, comme ce fut le cas dans les îles du Pacifique Sud, ont ignoré la notion de propriété, de défense du territoire, semble-t-il, jusqu'à ce que l'homme du 45ᵉ parallèle de l'hémisphère Nord vienne la leur enseigner à une époque récente.

A l'opposé, absence également d'agressivité et de possessivité chez les ethnies dont la survie est restée aussi précaire que chez nos ancêtres du paléolithique, les Esquimaux par exemple. Notion de propriété et en conséquence recherche de la dominance et agressivité ne paraissent pas dépendre d'une caractéristique innée du système nerveux humain, mais bien au contraire d'un apprentissage conditionné autour du 45ᵉ parallèle par la niche géoclimatique où certaines ethnies se sont développées.

Nous avons dit comment l'agriculture était un moyen de transformation rapide de l'énergie solaire en calories capables d'assurer le maintien de l'information-structure des organismes humains [1]. C'est une mise en forme, une « information » de l'énergie solaire, de même d'ailleurs que l'élevage. A côté de la masse (matières premières) et de l'énergie apparaît avec les premiers hommes l'information. La matière et l'énergie ont toujours été à la disposition de l'espèce humaine. C'est l'information technique permettant de les mettre en forme qui au début manquait et que les langages ont permis d'accumuler en la transmettant à travers les générations. Cette information a d'ailleurs pendant longtemps servi surtout à transformer la matière et très peu l'énergie. Le licol est d'invention récente et, en dehors de l'agriculture et de l'élevage, transformations empiriques de l'énergie solaire, l'énergie musculaire des animaux pour le transport et le travail fut longue à trouver son mode d'emploi.

De même, l'agriculture et l'élevage qui auraient dû ame-

1. H. Laborit, *Du soleil à l'homme, op. cit.*

ner, pour l'homme, une société d'abondance et diminuer son travail n'ont fait que transformer son activité [1]. Ils ont diminué en partie son travail thermodynamique et accru son travail informationnel. Le temps libre laissé l'hiver par les réserves accumulées l'été fut employé plus efficacement par l'imagination. Les sciences exactes commencèrent timidement leur apparition : géométrie utilitaire, mathématiques utilitaires, physique utilitaire. Mais surtout la fixation au sol fut à l'origine, par la sédentarité, de la spécialisation technique [2]. Avec Lewis Mumford [3], on peut admettre que ces premiers villageois ont désappris au cours des siècles le maniement des armes dont ils n'avaient plus besoin, pour survivre ou pour se défendre des carnassiers prédateurs à l'intérieur des murs de leurs cités où s'accumulaient les réserves. Des groupes encore au stade paléolithique, chasseurs encore habiles au maniement des armes, convoitant ces réserves alimentaires accumulées, ont dû prendre la direction de l'organisation et de la défense des premières cités contre le prédateur humain désirant s'en emparer. Gimbertas [4] montre que les premières civilisations néolithiques de l'Europe ancienne étaient matrilinéaires, égalitaires et sans armes. Elles furent soumises par des peuplades caucasiennes de cavaliers-chasseurs paléolithiques. Les hiérarchies s'établirent, l'agressivité prédatrice fournissant les leaders responsables de la sécurité de la communauté avec ses soldats, les prêtres manipulant les mythes et assurant à la communauté la protection des dieux favorables, les scribes tenant les comptes, les forgerons forgeant les armes et les socs de charrues, les paysans assurant l'alimentation de l'ensemble, etc. Il n'en fallait pas plus pour faire naître l'agressivité de compétition, interindividuelle, inter-groupes, inter-États.

1. H. Laborit, *La Nouvelle Grille, op. cit.*
2. H. Laborit, *Ibid.*
3. L. Mumford, *La cité à travers l'histoire*, Seuil, 1964.
4. M. Gimbertas, « La fin de l'Europe ancienne », *La Recherche,* 1978, tome 9 : 228-255.

Ce qui nous paraît évident, c'est que la dominance qui devient nécessaire à l'obtention de la propriété privée des objets gratifiants s'établit déjà moins exclusivement par la force physique, et de plus en plus par l'acquisition de l'information technique. Mais un bond démographique important suivit l'amélioration des conditions de vie et le territoire primitif devint insuffisant à assurer la survie. Ces sociétés pacifistes devinrent guerrières pour conquérir les territoires avoisinants, à la recherche de ressources nouvelles, d'objets gratifiants. Les siècles passent. Arrive le moment où, avec le développement des échanges, on s'aperçoit que les descendants des guerriers, les aristocrates, ont moins raison de dominer. C'est la révolution bourgeoise. Il vaut mieux posséder un capital que du sang bleu pour acquérir les moyens de production et d'échange, la possession des objets et des êtres gratifiants, le pouvoir.

L'invention récente de la machine à vapeur, puis de la mise en forme non plus seulement de la matière mais des différentes sources d'énergie, va faire progressivement passer la dominance aux mains des technocrates qui inventent les machines et des bureaucrates qui organisent les rapports de production. La force du manœuvre et l'adresse de l'artisan deviennent inutiles puisque, avec des machines, on fait beaucoup de marchandises en beaucoup moins de temps. Le progrès technologique de la société marchande va dépendre de plus en plus de ceux qui atteignent un haut niveau d'abstraction dans leur activité professionnelle, car avec des formules de physique et les mathématiques, on invente la technologie du progrès marchand. Les robots remplacent de plus en plus la force de travail humaine dans la création de ce qu'on appelle les « richesses ». Ce sont ceux qui les inventent qui vont s'approprier la dominance. Pour produire plus, il faut vendre plus. Il faut donc que l'ensemble humain achète plus. L'élévation du train de vie pour ceux qui peuvent encore participer à la productivité en est la conséquence. Pour eux seuls hausse des salaires, toujours retardée pour permettre une marge de profit, nécessaire aux investissements, accroissant la productivité.

Pour les territoires étatiques faiblement pourvus en énergie et en matières premières, il faut acheter celles-ci à l'extérieur. Importations qui ne peuvent être compensées que par une technologie de pointe permettant secondairement d'exporter des marchandises que les autres ne produisent pas. On ira chercher les sources de matières premières et d'énergie dans les pays faiblement technicisés de préférence, pour les obtenir aux meilleurs prix. Mais le laser avait peu de chances d'être découvert en république d'Andorre ou au Liechtenstein. Les découvertes technologiques seront en partie fonction du nombre des individus d'un État et de leur degré de scolarisation. Les États aux populations les plus abondantes auront pour eux un facteur important de leur réussite. D'où l'existence d'États satellites et d'États dominants.

Nous regrettons de devoir tracer un aperçu aussi superficiel, mais il nous a paru indispensable pour comprendre ce qu'est la ville moderne, dans notre civilisation industrielle. Elle n'est pas née d'hier. Mais aujourd'hui comme hier, c'est le même comportement humain, avec des moyens différents, qui a présidé à sa naissance et à son développement. La ville moderne s'est construite sur une base unique qui a su englober les multiples facteurs humains et environnementaux : la compétitivité interindividuelle, inter-groupes, inter-États et inter-blocs d'États, pour l'obtention de la dominance, c'est-à-dire l'appropriation individuelle ou collective des objets et des êtres gratifiants. C'est ce système, jamais mis en cause et souvent au contraire sacralisé, qui a gouverné l'évolution humaine depuis plus de douze mille ans. Angoissés par un monde dangereux et qu'ils ne comprenaient pas, les hommes ont lentement établi les lois du monde inanimé : la physique. Ils se sont crus libres et rois de la nature. Ils parlaient et fournissaient toujours un alibi logique à leurs comportements les plus absurdes et les plus meurtriers. Il n'y a guère plus de quarante ans que l'homme commence à explorer, de façon non plus simplement langagière mais expérimentale, le monde qui vit en lui. Le langage et l'imagination ne lui avaient fourni, pour lui permettre d'agir et d'occulter son angoisse, que la découverte des mythes, des religions, des morales les plus variées, des idéologies et des lois étatiques, celles des dominants. Ce fut une façon de combler son déficit informationnel.

***

On m'a reproché parfois de ne jamais parler d'« intelligence ». La première raison en est que ce mot sert à expliquer et à valider l'innéité de l'origine de toutes les hiérarchies sociales. Cela m'énerve, sans doute par manque d'intelligence. La seconde raison est que je ne connais pas d'aire cérébrale où cette fonction se situerait. Cependant, si l'on accepte la définition étymologique du latin *inter-legere* (« lier entre eux », en quelque sorte), les systèmes associatifs pourraient jouer ce rôle de connexions entre des voies nerveuses, des neurones, codés par les traces mémorisées. L'intelligence dans ce cas serait l'équivalent de ce que je définis comme l'« imaginaire ». L'intelligence serait liée à la mémoire et à sa richesse sans y rester enfermée. C'est même en fonction des possibilités qu'il aurait de ne pas obéir à des automatismes, et d'utiliser ses apprentissages dans une activité créatrice de nouvelles structures, qu'un individu pourrait être déclaré « intelligent ». Malheureusement j'ai l'impression qu'en général l'adjectif « intelligent » est surtout utilisé pour honorer une activité de mémoire et la facilité d'établissement d'automatismes culturels. Le plus souvent est déclaré intelligent celui qui réussit socialement, c'est-à-dire le plus conforme, le moins imaginatif.

Est-ce que les génies sont obligatoirement intelligents ? Je n'en suis pas sûr. Mais la réponse à cette question mériterait une recherche sérieuse qui pourrait faire l'objet d'une thèse de psychologie... cognitive il va sans dire. Quel était le QI de Schumann, de Van Gogh ? L'intelligence me paraît n'être qu'un mot et les tests qui ont la prétention d'en résumer le contenu sémantique ne me semblent qu'explorer des activités cérébrales utiles à la reconduction d'une société d'un certain type, à une certaine époque à laquelle ceux qui les ont élaborés étaient entièrement soumis.

ÉCHEC ET... MATH

Il est curieux de constater que dans les multiples projets de réforme de l'enseignement, la seule notion qui n'est jamais remise en question est que cet enseignement doit « déboucher » sur un « débouché » professionnel, envisager en quelque sorte la façon la plus efficace de produire des producteurs. Pour utiliser un terme à la mode, le « produit » de l'enseignement, c'est le producteur. Il est utile bien sûr de le conduire jusqu'à un haut niveau d'abstraction dans les sciences fondamentales, entièrement parcellisées, mais infiniment plus « rentables ». On pouvait supposer que depuis longtemps les « écoles » trouveraient là leur finalité. Il en est pour tous les goûts, des grandes écoles, des moyennes et des petites, et chacune réglera hiérarchiquement l'avenir promotionnel des élèves à la sortie.

On aurait pu croire que les universités continueraient malgré tout à remplir le rôle qu'elles ont assumé pendant des siècles, à savoir ne pas focaliser dès le départ l'activité de l'adolescent en prévision d'un « job ». Malheureusement, l'université aujourd'hui remplit les mêmes fonctions que les écoles et réalise le rattrapage professionnel de ceux qui n'ont pas réussi à la sélection des concours d'entrée de ces dernières.

Les étudiants sont eux-mêmes si imprégnés par l'idéologie productiviste qu'ils ne peuvent concevoir qu'après quelques années d'études spécialisées ils ne puissent trouver à exercer un métier leur permettant de « s'intégrer » dans la société. Une culture généralisée, même superficielle, qui permettrait peut-être d'être moins un producteur mais plus un citoyen, n'est pas rentable dans notre monde marchand. Une culture généralisée qui permettrait de situer des connaissances spécialisées, voire des projets de recherche, dans des ensembles englobants, interdisciplinaires, fertiliserait pourtant l'activité des individus, aussi bien dans leur vie privée que professionnelle. Une culture généralisée situant l'homme du XXe siècle dans l'évolution des espèces et l'évolution de son espèce depuis les origines, une culture qui ne serait pas seulement mathématique et physique ou plus terriblement encore logico-langagière, saupoudrée de statistiques pour faire sérieux, ne serait peut-être pas moins fertile dans le domaine de la créativité que celle répandue actuellement par les universités et qui ne vise qu'à diminuer prétendument le chômage en facilitant la « formation » et la productivité marchande.

Un ministre de l'Éducation nationale a récemment souhaité qu'un enfant abordant le secondaire sache lire et écrire, ce qui, paraît-il, est assez exceptionnel ; certaines voix se sont élevées pour dire qu'à l'époque de l'ordinateur, on retournait à des notions rétro, dignes de Jules Ferry. Que cette exigence ministérielle ne soit pas trop précise sur l'âge de l'enfant auquel elle souhaite s'appliquer, car chaque enfant, pour d'innombrables raisons socioculturelles, a sa vitesse propre d'évolution, ne lui enlève pas son intérêt. Jusqu'à présent, l'homme, pour entrer en contact avec ses contemporains, de même qu'avec ceux qui l'ont précédé, n'a pas encore trouvé mieux que l'écriture et la lecture. La parole « qui passe » ne peut que difficilement exprimer un concept abstrait. Et puisqu'on parle beaucoup depuis quelques années de la « communication », la lecture et l'écriture sont encore le moyen le plus efficace de la réaliser. De plus elles fournissent un canevas précis, syntaxique et grammatical pour ordonner la pensée et par la suite la parole même, en permettant d'éviter les « bon », « tu vois », « à la limite » etc., bouche-trous d'une pensée mal organisée et de ce fait ayant de la peine à s'exprimer. Mais il faut se méfier et ne pas oublier non plus que ce moyen de communication peut être un excellent outil de reproduction d'une société en transmettant à travers les générations ses préjugés, ses jugements de valeur, ses automatismes culturels, sous le terme idéalisé de « culture ».

Je ne défends pas non plus un humanisme de grand-papa, considérant que seule une culture littéraire est susceptible de former un « bon » cerveau humain et que nos pères qui faisaient moins de mathématiques, de physique, de chimie pensaient de ce fait mieux que nous. J'ai fait six ans de latin et je ne le regrette pas, car notre langue ayant une origine en grande partie romane, la connaissance de l'histoire des mots que l'on emploie, leur étymologie, a le double avantage de nous permettre de les utiliser avec plus de précision pour la chose ou le concept qu'ils veulent décrire, et de nous situer nous-mêmes et notre pensée dans une histoire. L'appréhension du devenir ne peut se passer de la connaissance du passé. Ce lien est réalisé par la langue. Lecture et écriture me semblent être ainsi des outils mais des outils indispensables, pour mettre de l'ordre dans la pensée, comme pour confronter cet ordre avec celui des autres, pour réaliser en quelques mots la combinatoire conceptuelle sans laquelle aucune évolution n'est possible.

Les critiques que l'on peut faire à toutes les étapes de l'enseignement, je crois, c'est, d'une part, d'être de plus en plus réductionniste, plus précocement focalisateur dans des orientations favorables aux lois du marché, et, d'autre part et en conséquence, de s'intéresser surtout au contenu et non aux structures. Ces deux caractéristiques sont d'ailleurs complémentaires.

Ce qui paraît manquer à l'enseignement, primaire comme secondaire, ce n'est pas le contenu (il en regorge !), mais la structure. Il n'est pas utile d'apprendre le plus de choses possible si l'on ne sait pas comment elles sont reliées entre elles, des mathématiques à Victor Hugo. Chaque chose apprise doit se mettre en place dans un cadre plus vaste, par niveaux d'organisation et régulations intermédiaires, aussi bien dans le sens horizontal du présent, que vertical du passé et de l'avenir. Chaque heure passée par un enfant sur un banc d'école devrait commencer par définir la structure de ce qui va être dit et se terminer par la mise en place de ce qui a été dit dans les structures d'ensemble. Cet effort fournirait aux jeunes générations le sentiment indispensable de la relativité de toutes choses et diminuerait considérablement l'effort de mémoire en établissant des liens entre le déjà acquis et ce que l'on vient d'apprendre. Or, actuellement, on accumule dans le crâne des enseignés le plus d'éléments possibles et les examens sont fondés sur la mémoire de ces éléments, jamais sur la structure, c'est-à-dire les relations qui existent entre eux. On a beau répéter qu'il vaut mieux une tête bien faite qu'une tête bien pleine, on s'applique essentiellement à la remplir. Or c'est parce qu'elle est mise en forme qu'elle peut efficacement se remplir. Le narcissisme du maître dont les connaissances ne vont, le plus souvent, pas plus loin que sa propre discipline s'en trouve flatté, car c'est un moyen d'étaler sa science, d'être celui qui sait à l'égard de celui qui ne sait pas. Il aurait d'ailleurs tendance à penser que cette science fournit l'interprétation de l'ensemble des connaissances humaines, car bien entendu il ignore ce que ses collègues des autres disciplines peuvent savoir.

Dans l'état actuel des choses on voit mal comment un tel état d'esprit pourrait changer. A moins d'imaginer, pour chaque niveau d'enseignement, pour chaque année scolaire ou universitaire, la formation d'enseignants d'un nouveau genre dont le rôle serait d'établir pour l'enseigné les relations entre les éléments des différentes disciplines auxquelles il est confronté. Il n'a ni le temps ni la possibilité de le faire. Il faudrait d'ailleurs commencer par l'informer de la notion de structure, de niveaux d'organisation, etc., lui montrer comment, historiquement, les notions qu'on lui demande d'assimiler aujourd'hui se sont établies progressivement à travers les siècles, par échecs et succès. Son sens commun bien souvent lui fait comprendre le monde comme le concevaient nos plus ou moins lointains ancêtres. Il parviendrait ainsi progressivement à la compréhension contemporaine et devinerait que celle-ci n'est pas la dernière. Elle l'intéresserait peut-être à en trouver une autre plus englobante, plus efficace. Si un champ de compréhension reste ouvert, la motivation à s'engager dans des territoires inconnus demeure fraîche et dynamique.

On comprend bien qu'il ne s'agit pas d'exiger de ces nouveaux enseignants de tout savoir sur toutes les disciplines enseignées. On leur demanderait en revanche un effort de compréhension des langages différents utilisés par celles-ci, de façon à éviter à l'étudiant d'être enfermé dans le cloisonnement des disciplines et de leur langage. On leur demanderait, à partir de résultats de processus analytiques jamais clos, de mettre en évidence leurs relations, en d'autres termes d'en établir les structures.

Il n'est pas interdit de penser d'ailleurs que la formation de tels enseignants pourrait aboutir à un progrès non seulement dans l'efficacité de l'enseignement, mais encore de la recherche et de la progression des connaissances en général. Ce type d'individus, souhaitable, n'existant pas encore, leur formation ne pourrait dépendre elle-même d'enseignants déjà formés, mais d'une motivation individuelle à la réaliser. Il y aurait pour chacun d'eux une motivation exaltante à s'engager dans cette voie.

On voit immédiatement la critique que l'on peut faire à l'existence de ce spécialiste de la non-spécialité. Les orientations un tant soit peu globalisantes sont toujours mal vues des spécialistes. Mais on peut imaginer que ces « polyconceptualistes » dont j'ai proposé il y a bien longtemps déjà la formation ne seraient pas abandonnés à leur seul esprit synthétique qui pourrait assez vite les conduire à construire un roman fort peu imprégné de rigueur scientifique. Ils devraient demeurer en contact journalier avec les enseignants spécialisés dont ils pourraient assurer la liaison avec d'autres disciplines et qui constitueraient un garde-fou à l'égard de constructions qui pourraient être délirantes, des structures.

Tout ce que nous pouvons appréhender n'est que structure. L'« essence » des éléments nous échappe et ce sont ces éléments dont on encombre l'enseignement traditionnel. Or ils ne prennent une signification que par les relations qu'ils établissent entre eux, des particules élémentaires jusqu'aux ensembles vivants dans la biosphère. Ceux-ci sont eux-mêmes dépendants du monde inanimé, et Lovelock avec la notion de Gaia [1] a tenté de le faire comprendre. Sa tentative a évidemment rencontré de violentes oppositions, bien que formulée par un scientifique crédible par ailleurs, à qui l'on ne reproche que son besoin de généralisation.

Il faut reconnaître qu'une généralisation ne devient possible qu'après un temps prolongé d'analyse. Mais aujourd'hui, le cloisonnement et la parcellisation des connaissances sont tels qu'une synthèse des innombrables faits d'analyse à chaque niveau d'organisation d'une part et entre les différents niveaux d'organisation d'autre part devient urgente. Elle devient urgente non seulement pour permettre à la recherche d'évoluer, mais aussi pour rendre l'enseignement plus signifiant, et surtout plus motivant pour l'enseigné.

On pourrait dire que le rôle d'enseignant polyconceptualiste tel que je viens de l'esquisser a toujours été celui de la philosophie. Mais un animisme persistant, même sous ses formes les plus modernes et les plus camouflées, continue à faire penser que les choses de l'esprit et celles de la matière n'ont pas de point commun. Une philosophie prenant en compte la physique, la chimie, la biologie et la neurophysiologie contemporaine ne ferait pourtant qu'intégrer des niveaux d'organisation sous-jacents à la « pensée réfléchie »

1. J. Lovelock, *les Ages de Gaia,* trad. fr. R. Laffont, 1990.

et sans lesquels il est probable que cette dernière n'existerait pas. L'« intuition » qu'on nous propose parfois comme ne pouvant se réduire à l'enchaînement des faits matériels dans un cerveau humain est pourtant impensable sans processus de mémoire. Quelle intuition peut avoir un nouveau-né, qui n'a encore aucune expérience du monde qui l'entoure, et ne va-t-elle pas croître et embellir en fonction de cette dernière ? Or la mémoire n'est que la trace matérielle que laisse une expérience dans le système nerveux qui l'éprouve.

Mais surtout, ce que je voudrais dire, c'est qu'il ne s'agit pas d'opter pour un matérialisme ou un spiritualisme intolérants. Sachant que nous ne savons pas grand-chose, un certain scepticisme à l'égard de tout sectarisme conceptuel nous semble s'imposer.

La Raison, qui a été le nouveau Dieu du siècle précédant le nôtre, est devenue elle-même aujourd'hui suspecte. Nous savons combien nos jugements les plus raisonnables, nos discours les plus logiques sont enfermés, cloisonnés, entre les murs invisibles de nos motivations, de nos automatismes sociaux et culturels, de nos apprentissages, des caractéristiques de la niche, d'un lieu et d'une époque où nous sommes nés et avons grandi. Mais inversement l'irrationnel n'est ainsi dénommé que parce que nous en ignorons les mécanismes intimes et détaillés, tout en commençant à comprendre les facteurs et les grandes lois qui en gouvernent la formation.

*
* *

Cette motivation qui manque à l'enseigné aujourd'hui vient de l'absence de projet global des sociétés productivistes contemporaines. Placé devant la pulvérisation des connaissances, devant la transmission de celles-ci dans un but unique, la formation de producteurs, le seul projet que l'enseigné voit s'offrir à lui est une spécialisation au plus haut niveau d'abstraction pour être le plus efficacement utilisable dans la production. La seule motivation qui lui reste dans cette situation est de s'intégrer dans ce type de société de la façon la plus efficace pour « gagner de l'argent », car le seul pouvoir réel aujourd'hui est celui de l'argent. C'est lui qui permet l'obtention des objets gratifiants, le respect et l'admiration de ceux qui nous entourent, le pouvoir sur les autres et une image favorable de soi-même. Cette évolution est évidemment facilitée dans un milieu bourgeois qui fournit très tôt à l'individu les critères de reconnaissance sociale qu'il doit conquérir. Mais la grande majorité se rend compte qu'elle aura bien du mal à réaliser ce bien-être digestif et narcissique. Alors, comme elle n'a pas compris la beauté du théorème de Pythagore ou de la notion de dérivée, elle évolue vers la toxicomanie ou la délinquance. La révolte est aussi favorisée du fait que tous les médias montrent des êtres de rêve, vivant sur des plages ensoleillées au milieu des palmiers et des noix de coco ou au bord de piscines luxueuses. Quand ces êtres pénètrent dans un espace clos, celui-ci est toujours aussi d'un luxe étonnant, même s'il s'agit de vanter les mérites de telle lessive ou de telle eau minérale. Ce luxe, la plupart des jeunes savent qu'ils ne pourront jamais en profiter. La presse leur apprend par ailleurs que les malversations les plus graves, les affaires immobilières les plus illicites ne sont jamais punies, mais que le moindre larcin de leur part est sévèrement sanctionné.

Ainsi il faut reconnaître que la vision d'avenir proposée aux jeunes actuellement est de s'introduire dans une société de production compétitive à tous les niveaux d'organisation, de l'individu aux États, et pour cela d'essayer d'avaler et de digérer un puzzle de connaissances étroitement spécialisées dont ils ne sortiront jamais plus. Certes ils seront « recyclés » périodiquement s'ils sont rentables pour qu'ils puissent s'adapter à l'évolution de leur spécialité. Mais quelle idée générale du monde peuvent-ils porter ? Quel intérêt peut avoir le jeune à y vivre, si ce n'est pour y consommer ? S'il appartient à une classe sociale à partir de laquelle il sait qu'il ne pourra jamais atteindre cet idéal de consommation, que lui reste-t-il en dehors de la délinquance pour le réaliser, la toxicomanie pour l'oublier, ou le suicide dont on sait que le nombre s'accroît de façon inquiétante chez les jeunes ?

Au niveau de l'organisation des peuples, ceux que l'on dit « défavorisés » trouveront une raison de vivre dans un fanatisme religieux qui noue souvent ensemble un nationalisme rétréci, une révolte contre les nantis et les exploiteurs, et un racisme réactionnel. Les hommes de ces pays ont au moins un projet à réaliser, une cause à défendre, même animés par les pulsions les plus triviales, les plus ignorantes et les plus primitives.

Mais que ce soit en ce qui concerne les jeunes de nos pays industrialisés ou les peuples exploités du tiers monde, la source de leur malheur est toujours l'ignorance ; pourtant celle-ci n'est elle-même que la conséquence d'un comportement productiviste de compétition marchande, d'un taylorisme intellectuel ayant déplacé au niveau de l'abstraction focalisée les automatismes gestuels ridiculisés par Charlie Chaplin dans *les Temps modernes*.

On peut dire qu'un geste automatique est plus efficace. Mais il devient en même temps de plus en plus ennuyeux, il perd progressivement toute signification. La motivation première à l'accomplir s'estompe et il ne reste plus que la finalité du salaire qui le rétribuera. Le monde occidental s'ennuie et cherche dans des loisirs stéréotypés, devenus aussi des « produits » du marché, le moyen de s'abrutir un peu plus, à moins que périodiquement une guerre ne vienne ranimer une économie vacillante et lui faire retrouver un intérêt à la vie par la crainte de la mort.

Toutes les formes vivantes tirent leur énergie des photons solaires que la photosynthèse transforme en molécules organiques. Au bout de la chaîne évolutive l'homme utilise cette énergie pour maintenir sa structure biologique et agir pour contrôler son environnement, au mieux de sa survie, de son bien-être. La production d'objets à partir de la matière et de l'énergie « mises en forme » est le résultat, depuis les origines, de sa « technologie ». Mais l'accroissement des échanges, l'apparition des monnaies ont constitué très tôt chez certains individus et groupes humains un moyen de s'approprier les choses et les êtres en établissant leur dominance. Ainsi ce n'est pas la technique qui paraît préjudiciable à l'espèce humaine, mais son emploi pour établir les dominances. L'impérialisme se mesure au nombre de brevets qu'un groupe humain est susceptible d'exploiter. Ce n'est pas non plus l'« économie » qui paraît préjudiciable à l'espèce humaine, puisque la transformation de la matière et de l'énergie est propre à l'homme, mais l'utilisation de l'économie comme finalité des comportements humains en vue de l'établissement des dominances. La matière et l'énergie ont toujours été à la disposition de toutes les espèces. Seul, grâce à ses lobes orbito-frontaux associatifs, l'homme a pu les « informer », les mettre en forme. Mais aussi longtemps que matière et énergie, qui ne serviront à rien sans la technique qui les transformera, et cette technique surtout ne seront pas la propriété de tout homme sur la planète, on trouvera toujours des groupes agressifs, plus nombreux, cherchant à établir leur dominance dans la compétition économique internationale.

De cette schématisation grossière que nous venons de faire, on est tenté (tout en s'en méfiant) de tirer une logique.

***

Ma façon de voir paraîtra l'expression d'un matérialisme scientiste affligeant pour certains. Je ne nie pourtant aucun spiritualisme, car la négation n'est pas une attitude scientifique compte tenu de notre ignorance.

Ce que je veux dire en revanche, c'est que l'homme ayant,

pour des raisons que j'ai développées ailleurs, commencé à étudier le milieu inanimé qui l'entoure avec une méthodologie scientifique, il n'a pas jusqu'aux dernières décennies utilisé la même méthode pour étudier le fonctionnement de son cerveau qui lui permet de penser et d'agir. Il a en d'autres termes ignoré l'emploi d'une approche scientifique pour aborder la moitié des problèmes qui se posaient à lui.

Je souhaite donc simplement que ce retard soit comblé et que la même méthodologie lui permette de mieux comprendre ce qu'il est, puisque c'est lui qui se trouve au centre de « son » monde. Il s'agit donc simplement d'ajouter un chapitre fondamental aux connaissances qui lui ont permis d'agir efficacement sur ce dernier.

Le spiritualisme sous quelque forme que ce soit n'a pas jusqu'ici supprimé les meurtres, les guerres, les génocides, l'établissement des dominances, les tortures. Cela ne veut pas dire qu'il se trompe, que « sa vérité ne soit pas la bonne », mais simplement qu'il s'est montré aussi inefficace que le matérialisme dans le cadre des sciences humaines.

Cela laisse soupçonner qu'il y a peut-être quelque chose que l'on n'a pas encore pris en compte. C'est ainsi que j'irai jusqu'à dire que, pour moi, le spiritualiste sectaire affirmant péremptoirement la prédominance (encore une!) de l'esprit sur la matière, sans savoir d'ailleurs plus que vous ou moi ce que sont l'un et l'autre, n'est pas plus spiritualiste que le matérialiste convaincu. Il est probable en effet que ces idéologies contradictoires ne résultent l'une et l'autre que de notre cécité, de notre ignorance et de notre besoin congénital de disséquer hiérarchiquement l'obscure unité de l'Univers.

***

Je viens de retrouver, cinquante ans après, au milieu de vieux papiers, le récit de ce mois de mai 1940 passé en mer du Nord et terminé à Dunkerque. J'avais totalement oublié que je l'avais rédigé dans le mois qui suivit le naufrage du *Siroco,* dont j'étais le médecin.

J'avais alors vingt-cinq ans; je sortais de l'École de santé navale. Mon écriture, sur le papier jauni par les années, me surprit. Je ne la reconnaissais qu'à peine. Une écriture presque enfantine encore. La secrétaire de notre laboratoire, Jeannine Cordon, qui depuis plus de dix ans tape chaque jour les innombrables manuscrits d'articles scientifiques ou d'ouvrages que je lui confie, eut de la peine à me lire, alors qu'elle lit fort bien mon écriture d'aujourd'hui.

Plus encore que l'écriture, ce fut l'état d'esprit qui avait guidé cette rédaction qui me troubla. Déroulède l'aurait certainement appréciée. Je comprenais tout à coup que la vie, l'expérience, le milieu, l'espace culturel s'étaient transformés profondément depuis lors et moi avec, doucement, sans m'en rendre compte. Mais les faits sont là dont je ne me souvenais même plus. Peu importent les sentiments cocardiers et simplistes avec lesquels je les ai vécus.

J'ai regretté en relisant ces lignes de n'avoir pas écrit de la même façon les histoires auxquelles j'ai participé dans les années de guerre qui suivirent jusqu'en 1945 : celles du débarquement d'Anzio avec le croiseur *Émile-Bertin,* du débarquement de Méditerranée comme chirurgien de la 6e division du croiseur de Saint-Tropez à Toulon, embarqué sur le *Georges-Leygue* en août 1944. Je pense qu'en quelques mois ma vision affective des événements avait déjà changé à l'époque.

Il est vrai qu'à aucun moment par la suite la présence de la mort et l'intensité des combats n'ont révélé pour moi le visage aussi bête et grimaçant de la guerre. Mais pour détester la guerre, pour dire qu'il ne peut y avoir de guerre « juste », est-il donc nécessaire de l'avoir faite et d'avoir eu la chance de ne pas y mourir ? L'expérience sociale nous montre que cela n'est ni nécessaire ni suffisant pour faire disparaître les sentiments guerriers.

JOLI MOIS DE MAI,
QUAND REVIENDRAS-TU ?...

(air connu)

Un temps printanier dore les pierres brunes de la ville de Dunkerque, lorsque, le 11 mai au matin, un train me dépose en gare. C'est la première fois que je pose le pied sur cette terre du Nord. J'ai traversé, pour y parvenir, les plaines grises des régions industrielles, et la ville paraît agréable à mes premiers regards. Je ne fais d'ailleurs que l'apercevoir. Je suis inquiet ce matin-là. Deux jours avant, en revenant de permission de vingt-quatre heures, j'ai appris à Brest que le *Siroco* a appareillé « en catastrophe » (suivant l'expression courante) le matin même. On m'a donné l'ordre de rejoindre mon bâtiment à Dunkerque. J'ai appris l'invasion allemande en Belgique et en Hollande. J'ai trouvé sur la route des gens nerveux, surexcités. On sent qu'après huit mois d'une guerre qui n'en est pas une, la grande action commence. Tout le monde est certain de la victoire, mais la vie va valoir son prix et nul de ceux qui partent ne sait si un sort favorable lui permettra de rentrer sain et sauf. Tout cela est peint sur les visages. Mais pour moi une autre inquiétude s'ajoute. J'ai manqué, bien involontairement d'ailleurs, un appareillage; ma permission étant des plus régulières, je n'ai aucun retard, aucune faute à me reprocher, mais ce contretemps m'est infiniment pénible. Quand le *Siroco* relâchera-t-il à Dunkerque ? Quand pourrai-je retrouver, avec mon bateau, les camarades à la vie desquels j'ai depuis cinq mois mélangé la mienne au point de n'en faire qu'une ? Cette coupure dans notre vie commune m'est odieuse et, faisant partie intégrante du bord, je n'admets pas que le bord puisse vivre sans moi. En y réfléchissant d'ailleurs, je découvre avec amertume que mon rôle est bien secondaire, que le bateau navigue fort bien sans moi, et je pense qu'en dehors de l'heure de l'apéritif où il manque un partenaire à la rituelle partie de poker d'as, mon absence doit être fort peu remarquée. Enfin j'ignore vers quelles destinées est parti le *Siroco* et j'enrage en pensant que des aventures glorieuses peuvent se dérouler sans que j'y assiste. En effet, ayant embarqué le 26 décembre, je n'ai pas pris part à la lutte sous-marine. Je suis arrivé huit jours trop tard. J'ai vécu cinq mois sur l'espérance de nouvelles rencontres. J'ai assisté à quelques nouveaux grenadages infructueux, et j'en suis arrivé à croire que mon heure est passée. Et si, pendant ces quelques jours d'absence, le *Siroco* ajoutait une nouvelle palme à ses lauriers déjà lourds, j'en éprouverais un regret bien difficile à apaiser. Et puis quelques mois de vie à bord vous façonnent une âme nouvelle qui ne vous appartient déjà plus complètement, mais qui appartient au bâtiment. Elle est faite de la présence constante et obstinée à chaque minute, de l'intrusion dans votre vie la plus profonde, de cette poignée d'hommes qui constitue l'équipage d'un torpilleur. Vivre les mêmes désirs, les mêmes espoirs, les mêmes craintes, les mêmes souffrances que je n'imaginais même pas. Après quelques heures d'attente, le *Siroco* arrive à quai à Dunkerque. Je passe à l'infirmerie où je retrouve mon inégalable maître infirmier, Thomas Charles, qui me fait une entière description à peine plus romancée que les précédentes de l'attaque aérienne de la veille. Je constate que le service médical a parfaitement bien fonctionné sans moi. Je pénètre ensuite dans ma chambre située à tribord sur la teugue, une minuscule chambre de veille où la place du lit est la seule prévue avec celle de l'eau qui pénètre de toutes parts dès que le bâtiment prend la mer, et décide de se presser un peu. J'en retrouve avec plaisir l'intimité depuis si peu de temps interrompue et je descends, discute au carré. Nous avons mouillé à quai à l'intérieur du port. On a rompu du poste de mouillage et je trouve tout le monde discutant ferme, vous devinez de quoi ? De l'attaque aérienne de la veille. Mon arrivée est saluée par un joli remue-ménage. Les insultes, que seule la plus franche camaraderie dont je suis entouré peut se permettre, m'assaillent, au point que l'officier en second, le lieutenant de vaisseau Quéau, élève la voix pour dire :

« Mais laissez donc ce pauvre docteur ! Vous ne voyez donc pas qu'il pleure de jalousie et que vos sarcasmes risquent en s'ajoutant à ses regrets de déterminer chez lui une crise de désespoir ! »

C'est d'ailleurs un peu vrai. Après l'apéritif nous déjeunons. On parle de l'appareillage de l'après-midi et des chances qu'on a de rencontrer d'autres avions. Chacun donne ses impressions personnelles sur l'effet produit par les bombardements en piqué, considérés strictement du point de vue émotif. Le « président » Quéau déclare qu'il a eu la veille l'impression de perdre un peu de sa dignité coutumière et demande en riant à ceux qui ont pu l'observer ce qu'ils pensent à ce sujet. Tous déclarent qu'à ce moment-là un seul spectateur a pu se faire une opinion : c'est le pilote du bombardier allemand, car c'est vraiment lui qui pendant de trop longues minutes a concentré tous les regards de l'équipage et de l'état-major. On en vient à cette conclusion que ce n'est qu'une histoire d'habitude et que dans deux ou trois ans, quand la guerre touchera à sa fin, pas un des cœurs multiples du *Siroco* ne battra plus vite à l'approche d'un bombardier allemand. Quelqu'un propose de placer sur la plage arrière un épouvantail pour effrayer ces gros oiseaux, et le déjeuner se termine sur les projets de défense antiaérienne les plus invraisemblables ; ce qui fait dire à Flament, l'enseigne torpilleur, qui ne se départ jamais de son calme : « L'... idiotiomètre du carré est à bloc ! » (La forme de cette mise au point fut peut-être en réalité légèrement différente.)

Dans le courant de l'après-midi de ce dimanche 12 mai, nous appareillons pour Ijmuiden, avant-port de Rotterdam.

Nous sommes à peine sortis du goulet et les remorqueurs viennent de nous quitter que je monte à la passerelle supérieure. J'aime bien cette place où j'ai l'impression de ne gêner personne et de ne rien perdre cependant des incidents de la route. C'est aussi la passerelle de veille et je mets un point d'honneur, ayant d'excellents yeux, à découvrir le premier sur l'horizon le feu ou l'ombre d'un bâtiment, à signaler le premier l'existence d'une bouée. Cet après-midi-là, je commence en riant à déclarer que les avions allemands sont bien trop rares, quand je m'aperçois que la plaisanterie n'est goûtée par personne autour de moi. On m'adresse plutôt des regards réprobateurs à l'énoncé de désirs aussi téméraires. Certains même me disent : « Docteur, nous vous verrons tout à l'heure », et je pense aussi que mon attitude risque d'être moins tonique lorsque j'aurai apprécié ce genre de sport un peu particulier.

Cependant, durant cet après-midi, en dehors d'une gerbe causée par le bombardement par avion d'un torpilleur anglais à plusieurs milles de nous, la navigation ne présente aucun détail digne d'être noté. Il y a bien évidemment plusieurs rappels aux postes de combat, plusieurs alertes aériennes, mais la journée s'écoule calmement dans l'ensemble. Je commence vraiment à croire qu'il en sera pour les bombardements comme pour les sous-marins, et que j'ai encore manqué un combat qui risque de ne pas se reproduire d'ici longtemps.

Nous arrivons à Ijmuiden à la nuit. Le *Cyclone*, notre chef de division, commandé par le capitaine de vaisseau de Portzamparc, nous précède. Nous avons pour mission de prendre et de ramener à Dunkerque un certain nombre de personnalités françaises résidant en Hollande. La nuit est complète lorsque le vacarme des chaînes d'ancres courant dans leurs écubiers m'apprend que nous sommes en train de mouiller. Il y a rappel aux postes de combat et nous attendons patiemment dans l'obscurité d'une nuit sans lune l'arrivée de nos passagers. La ville se devine, recroquevillée dans l'ombre et dans la crainte à quelque distance devant nous. Seule une eau luisante s'éclaire de vagues reflets en bruissant à voix basse le long de la coque. Dans le lointain un bruit sourd et discontinu : c'est la rumeur du canon. Quelque part dans cette sphère d'obscurité qui nous enveloppe, la lueur sanglante d'un incendie : Rotterdam flambe. Je suis le seul au milieu de tous à n'avoir pas une idée exacte du danger. Tous ont eu leur baptême du feu, la veille, et tous respirent la menace de la nuit. Mais je participe inconsciemment à cette tension de tout le corps, que je devrais si souvent connaître dans les jours qui suivront, cette tension vers la détection d'un danger qu'on devine imminent mais qui reste invisible.

Nos passagers n'arrivent toujours pas. Nous attendons depuis plus d'une heure déjà. Je me trouve à l'arrière, parlant avec les hommes qui servent les canons antiaériens de 37, quand brusquement nous avons l'impression d'un vol très proche et silencieux tel celui d'une énorme chauve-souris. En même temps, le *Cyclone* derrière nous ouvre le feu et le sifflement des bombes suivi aussitôt de l'ébranlement indescriptible de l'explosion déchirent simultanément la tranquillité de la nuit. Autour de moi les servants des 37 ont bondi. Une seconde après les obus traceurs poursuivent l'ombre aérienne d'un bombardier allemand qui se dissipe rapidement dans la nuit. Il est survenu à l'improviste, moteurs calés, et nous l'avons vu trop tard. Une gerbe est montée droite et persévérante à peu de distance du *Cyclone* dont nous devinons la présence à environ cinq cents mètres de nous. D'autres explosions retentissent sur la ville. Les projecteurs rayent l'obscurité, curieux, inquisiteurs, obstinés. Ils se croisent, s'abandonnent, se reprennent sans enthousiasme et sans résultat. L'ennemi se cache dans les nuages bas qui bouchent le ciel ainsi qu'un énorme tampon d'ouate. Les trajectoires tendues et lumineuses des tirs antiaériens zèbrent le ciel en tous sens. La vibration sourde des explosions se succède. Nos passagers n'arrivent toujours pas. Ils accostent avec un remorqueur vers minuit. J'en accompagne quelques-uns au poste « un » qu'on leur a réservé. Il y a des femmes, des hommes, des adolescents, des vieillards, des enfants, des chiens, des chats, et malgré la gravité de l'heure nous ne pouvons nous empêcher de rire. Les « civils » portent à bord le surnom d' « éléphants », et ma foi je ne crois pas qu'il existe une meilleure épithète pour les décrire. Dans la nuit ils butent contre les bittes, se jettent sur les cloisons, manquent de choir à chaque pas. Une jeune femme me demande quel est ce bateau sur lequel ils embarquent.

« Le *Siroco,* madame. »

Son mari tâtonne dans l'ombre, choisissant ses jurons comme il sied à une personne de bonne éducation.

« Ah ! crotte ! »

Elle le hèle dans l'ombre, avec de la joie plein la gorge.

« Oh ! tu sais, Gaston, c'est le *Siroco* ce bateau ! »

Gaston ne répond que par un grognement confus. L'éclatement d'une bombe déchire l'air. Le poste un est éclairé et tous ces pauvres gens en y pénétrant sentent leur oppression s'évanouir avec la lumière. Un sourire radieux baigne leur visage et ils en oublient de regarder à leurs pieds. Or le surbau de la porte s'y trouve justement et fait traîtreusement tomber chaque nouvel arrivant. Un grand jeune homme, à l'allure décidée, vient me dire :

« Nous avons des femmes avec nous, pourriez-vous leur indiquer un local où, en cas de malaise, elles pourront se retirer commodément ? »

Chaque bâtiment de la Marine nationale possède un local appelé « cabine prophylactique », que je me fais un plaisir de laisser à leur disposition. Je ne sais si l'élément féminin en a usé, mais je sais en tout cas que le lendemain matin je retrouvai le grand jeune homme si prévoyant pour les autres affalé sur un caisson, la tête mollement balancée par les mouvements du bateau, le corps secoué de hoquets désespérants. Je n'eus même pas, en le voyant, la cruauté de lui demander comment « les femmes ont supporté le voyage ».

Le retour à Dunkerque se fait sans incidents. Nous sommes à quai au Freycinet 1 le matin du 13 mai et attendons des ordres pour décharger nos passagers. Ceux-ci, dont les visages sont encore douloureusement marqués par les ingratitudes de la nuit, reprennent quelque peu d'assurance avec la clarté du jour. Ils se promènent tout au long du bord dont ils ont pris possession sans formalité et semblent ne regretter qu'une chose : l'absence de fauteuils transatlantiques sur le pont. Certains parlent avec les matelots. Et je surprends l'un d'eux qui, après une conversation de ce genre, resté seul avec un de ses compagnons d'exode, lui dit :

« Ces garçons, tout de même, ils ont un langage ! Ils n'ont à la bouche que des mots comme ceux-là : du ..., Plein le ..., etc. ! »

Il en paraît absolument désolé. Comme nous sommes là sur le pont quelques officiers, parlant des événements de la nuit, l'un de nous, dont le regard est dirigé de l'autre côté du bassin, l'arrête tout à coup et ses yeux se remplissent d'étonnement. Nous suivons la direction de son regard pour en surprendre la cause. Chacun se frotte les yeux pour être sûr qu'il n'est pas le jouet d'une hallucination. Là-bas se trouve la *Diligente*, vieil aviso de la dernière guerre et, l'arrière sur sa passerelle, le capot sur la plage avant, se tient un superbe camion peint en rouge, surchargé de lettres énormes qui doivent vanter en hollandais l'excellence de certains fromages.

L'explication nous vient de l'équipage. Cette nuit, une bombe est tombée près d'elle sur le quai, à Flessingue, le camion se trouvait là et le souffle l'a déposé dans la position incommode qu'il occupe à présent. Ils ont appareillé et sont revenus ici avec le camion sur leur passerelle. Singulier voyage. Une des jeunes femmes qui se trouvent là, étonnée autant que nous de cet étrange attelage, mais n'ayant pas entendu l'explication qui vient de nous en être donnée, s'écrie :

« Ces Allemands tout de même, pousser l'audace jusqu'à envoyer des camions en parachute sur les bateaux ! »

Le lieutenant de vaisseau Quéau se tourne vers elle et très galamment, avec ce sourire infiniment spirituel qu'il sait prendre, lui dit :

« Madame, en dehors de votre beauté, il faut encore s'incliner devant votre très belle imagination. »

Vers huit heures du matin, avec des cris de soulagement et sans aucun regret pour notre hospitalité, nos passagers quittent le bord. Il n'y a guère qu'un petit chien délicieusement aboyant qui, ayant trouvé dans la chienne du poste des maîtres une excellente compagne de jeux, refuse de suivre sa maîtresse ; celle-ci, ignorant son désespoir, le prend sous son bras, tandis que notre Folette le regarde partir la queue basse et le regard triste. Par la suite, elle ne retrouvera jamais complètement son entrain.

La journée du 13 s'écoule calmement. Le soir nous passons en rade pour y mouiller. Vers les dix heures, le bombardement commence. Dunkerque s'illumine dans la nuit à la clarté rougeâtre des bombes incendiaires. Nous sommes tous sur le pont les mains dans les poches et regardons au bout de quelques minutes les projecteurs se concentrer au-dessus de nous et les bateaux sur rade commencer le feu de la DCA. Nous entendons le ronronnement des moteurs allemands sans voir les appareils. Ceux-ci lancent un grand nombre de ces petites lampes soutenues par un parachute et qui tombent très lentement, éclairant vivement et sur un grand rayon ce qui se trouve au-dessous d'elles. La nuit qui est sombre en est illuminée. Les ombres des torpilleurs au mouillage se dessinent toutes noires et les bombes commencent à tomber. Nous sentons vibrer la coque sous nos pieds. Pas un bâtiment n'est atteint. Vers minuit je monte dans ma chambre. J'ai le bonheur d'avoir juste en face de ma porte une mitrailleuse de 13/2. Elle me réveille vers deux heures du matin par un feu violent. Je sors juste à temps pour voir fuir dans la clarté de la lune qui s'est levée un appareil ennemi. Je me réveille de bonne heure le lendemain matin. J'apprends que nous allons partir pour Douvres afin d'y conduire les officiers de l'Amirauté hollandaise réfugiés depuis la veille à Dunkerque. Ils arrivent vers onze heures environ. Et ce sont eux qui nous racontent durant le voyage l'étrange aventure du général Mittelhauser.

Quelques jours avant, il a été conduit avec son état-major à Flessingue, où il doit assurer auprès du GQG hollandais le rôle de conseiller militaire. Dès son arrivée, il a demandé à être reçu par le général commandant en chef des armées hollandaises. Après l'avoir fait attendre assez longtemps, on lui dit que le général ne peut le recevoir. Mais durant cette attente, il a l'impression, à la façon dont on le surveille, que quelque chose de louche se trame autour de lui. Il sort et tombe en pleine bataille de rues entre Hollandais pro- et antinazis. Il fait même, nous dit-on, le coup de feu avec son revolver d'ordonnance. C'est ainsi qu'en grand uniforme le général Mittelhauser et son état-major parviennent à l'Amirauté hollandaise. Là on les reçoit fort gentiment. On leur dit qu'ils ont bien fait de fuir le GQG où l'on est en train de traiter la reddition de l'armée et où on les destine comme otage. En plus, comme l'Amirauté doit abandonner Flessingue le soir même, on lui demande s'il veut suivre. Il accepte. Un torpilleur stoppé en mer doit être rejoint au milieu de la nuit et emmènera tout le monde en Angleterre. C'est ainsi que l'Amirauté hollandaise et le général Mittelhauser accompagné de son état-major se trouvent dans une barque de pêche vers une heure du matin au large de Flessingue, attendant un torpilleur qui ne vient pas. L'amiral prend alors la décision de revenir à Dunkerque à la voile et c'est de cette façon qu'ils font leur entrée dans le port deux jours après.

Le 14 à la fin de la matinée, nous appareillons donc pour mazouter à Douvres. Voyage sans histoire. Retour le lendemain matin. Nous mazoutons à Dunkerque et terminons en rade la journée du 15. La nuit, nouveau bombardement.

La journée du 16 se passe dans l'attente. Des bruits courent que nous allons pénétrer dans l'Escaut pour exécuter des bombardements terrestres. L'équipage est assez nerveux. L'ancre de détroit est mise à poste. Mouillés sur rade, nous attendons. L'après-midi semble interminable. Nous n'avons pas envie de lire. Les romans policiers eux-mêmes perdent leur intérêt. Je descends au carré. Devant un bock de bière, bien des questions y sont mises au point. Nous n'avons pas grand désir de jouer. Au temps de nos convois vers Casablanca, nous disputions des parties interminables de mah-jong. Il n'en est plus question à présent. Tout au plus jouons-nous au « diamino » que l'aumônier nous a apporté quelques jours avant de monter dans le Nord. Morel triche toujours autant, avec cette désinvolture qui désarme et qui fait rire. L'ingénieur est toujours aussi malchanceux et entêté. Le midship mécanicien se laisse poursuivre par une chance opiniâtre. Flament lit, Delacour, l'enseigne de transmission, dort. Cacheux fait de l'espagnol. Aucun de nous en tout cas ne veut penser. C'est d'ailleurs totalement inutile pour vivre. Parfois je monte sur le pont et, accoudé à la rambarde de la plage arrière, je m'amuse à contempler l'évitage changeant des deux torpilleurs, en rade. En effet, de la division, seul le *Siroco* et le *Cyclone* sont là. Le *Mistral* est encore à Brest. Que devient-il ? Et ce carénage que nous devions faire en mai ? Le bruit n'a-t-il pas couru que le *Cyclone* devait caréner à partir du 15 mai et nous, aussitôt après ? Certains prétendent qu'il n'en est plus question, que c'est un point secondaire. D'autres au contraire certifient que l'ordre tient encore. Quelques alertes réunissent par instants tout le monde sur le pont. Alors ces visages sont tournés vers le ciel, à la recherche du petit point grisâtre redoutable et trompeur. Parfois retentissent les coups précipités des mitrailleuses. Les petits flocons argentés des obus de la DCA terrestre viennent s'accrocher au plafond uniformément bleu du ciel. Le bruit étouffé du canon nous parvient retardé. On blague avec l'équipage. On pose quelques devinettes. Mais le temps a la vie dure. Il y a une légère houle. La mer clapote contre la coque en pensant à autre chose. Devant Malo-les-Bains, les deux mâts de la *Floride* qui a sauté sur une mine magnétique font un peu d'écume blanche autour d'eux.

Enfin, vers le soir, un événement nouveau survient ; nous embarquons un pilote. C'est un brave homme, haut en couleur, rond et taciturne, et qui ne parle que pour extérioriser son fort accent belge. Il logera à mon infirmerie où un lit reste libre. Je le conduis à ses appartements. J'en profite pour lui soutirer quelques renseignements. Il est embarqué comme pilote de l'Escaut. C'est donc vrai que nous allons pénétrer son cours. Il s'empresse de me dire qu'il n'est pour rien dans son embarquement et que, s'il ne tenait qu'à lui, il resterait à Dunkerque. Je le crois aisément. Il m'assure ne rien connaître au cours de l'Escaut et n'avoir jamais navigué sur un fleuve. Cela me console. Nous descendons dîner. La présence de notre hôte met un peu d'animation. Je dis bien sa présence, car lui-même n'ouvre la bouche que pour satisfaire son solide appétit. Alors que nous attaquons une choucroute garnie, fait irruption au carré un petit homme exubérant, pilote aussi, mais n'ayant de commun avec le premier que la profession. Intarissable, il nous submerge d'histoires guerrières. Il est patron d'un remorqueur dénommé le *Trapu* et raconte sur un ton tranquille les aventures les plus ahurissantes. Il conserve pour les dire un air si angélique qu'il nous fait exploser d'une gaieté folle, laquelle, d'ailleurs, l'étonne un peu. Mais, poliment, il se met bientôt au diapason et, quelques digestifs aidant, il est prêt à partir avec nous au pôle Nord si nous devons y trouver la flotte allemande au grand complet et lui infliger une défaite retentissante. Malheureusement, alors que nous sommes prêts à tenter les plus folles équipées, un ordre nous arrive de débarquer nos passagers de quelques heures. Pour être franc, je dois dire que, l'un comme l'autre, ils acceptent cette nouvelle sans désespoir. Nous devions revoir le commandant du *Trapu* la veille de notre dernier voyage. Il était très calme sur sa passerelle et nous remorqua jusqu'au quai d'embarquement des troupes. Qu'est-il devenu ?

Le soir du 16 mai, après qu'une embarcation est venue reprendre nos deux pilotes, l'ordre d'appareiller nous parvient. Les officiers questionnent le second pour connaître le but de notre voyage. L'équipage questionne les officiers. Les tuyaux les plus invraisemblables courent, sortis on ne sait d'où. En fait on ne sait rien. Seul le commandant doit être au courant ; en effet quelques minutes après notre départ, il demande tous les officiers sur la passerelle. Lorsque nous sommes tous réunis en cercle autour de lui, l'œil interrogateur, il commence :

« Messieurs, on signale que les torpilleurs allemands ont pris la mer. On nous envoie à leur recherche. Nous avons quelques chances de les rencontrer. Cette nuit donc, notre chef de division, le *Cyclone*, nous donne l'ordre de rester au poste de combat. Vous, Quéau..., » et il continue à donner ses instructions.

La nouvelle se répand rapidement parmi l'équipage et elle est accueillie avec joie. Ça au moins, c'est le jeu : bateau de guerre, nous allons faire ce pourquoi nous sommes faits, au lieu de nous utiliser sans gloire pour transporter des « civils », comme un vulgaire paquebot. Un torpilleur a son quant-à-soi. À chacun son travail. Avant de monter au chiffre (car sur les torpilleurs le médecin traduit beaucoup plus de télégrammes qu'il ne pose de points de suture), je circule parmi l'équipage. Les hommes m'interpellent :

« Alors monsieur le Médecin, vous les avez fourbis vos grands couteaux ? Si j'ai quelque chose, moi, je préfère que vous utilisiez les petits. Ils ont l'air moins méchants. »

Je leur demande en passant s'ils sont contents.

« C'est pas qu'on soit tellement gais de se faire casser la gu... Mais les boches ne connaissent pas assez le *Siroco*, on leur apprendra à le mieux connaître.

– Vous avez vu ces cochons-là, ça fait la quatrième fois qu'ils se vantent de nous avoir coulés. C'est pas encore aujourd'hui qui-z-auront sa carcasse au yacht !

– Même qu'on se balade avec T-62 en lettres grandes

comme ça sur la coque, comme pour les narguer, et qu'ils n'en ont pas encore effacé la peinture. C'est des vieilles bailles, hein, des bateaux comme celui-là. Mais avec des types comme maître Morel au canon, je suis tranquille qu'on aura fait but avant seulement qu'ils nous aient vus. »

Le moral est encore bon.

La nuit est maintenant complètement tombée. La mer très calme balance mollement ses bouées lumineuses de distance en distance. Nous voguons à dix-huit nœuds entre les bancs des Flandres. Notre sillage ébranle parfois une bouée à cloche, dont le tintement un peu lugubre nous accompagne ensuite assez longtemps dans la nuit.

Sur la passerelle, je retrouve Quéfeulou, second maître timonier qui a toujours une histoire à me raconter. Comme il est interdit d'y fumer, car la lueur de la cigarette très visible pourrait nous trahir, je le vois d'heure en heure pénétrer dans le « PC trans » où je me trouve et allumer une cigarette à l'aide de son inséparable briquet à amadou. Le PC transmission est, sur les torpilleurs, une petite chambre située à l'arrière de la passerelle, faisant le pendant à la chambre de veille du commandant, grande comme la moitié d'un compartiment de chemin de fer à peine, où s'élaborent en particulier la traduction des messages de TSF reçus et le chiffrement de ceux qu'on envoie. C'est là qu'à la mer s'écoule la majeure partie de mon existence. Lorsque l'afflux des télégrammes me le permet, je sors sur la passerelle. Là on respire un peu. On y distingue des ombres immobiles dans la nuit. Celle de l'homme de barre répétant par instants les ordres brefs de l'officier de quart, celle de l'homme de quart au Martini [1], immobiles contre la rambarde, celle des timoniers attentifs. Parfois de la passerelle supérieure, par porte-voix, les hommes de quart à la veille signalent : « Un feu quatre quarts bâbord, une épave deux quarts tribord. » Celles-ci, et pourtant nous ne sommes encore que le 16 mai,

1. Martini : dispositif placé sur la passerelle et servant à la communication avec le service machine.

commencent déjà à devenir nombreuses et parsèment les bancs de leurs carcasses éventrées et de leurs mâts implorants. Elles ajoutent au danger de la navigation, car toutes ne sont pas signalées avec exactitude, et par les nuits obscures on appréhende toujours d'en voir surgir une brusquement sous l'étrave, jalouse de voir passer près d'elle une coque encore étanche.

La nuit s'écoule, lente à notre impatience. Les premières lueurs d'un jour qui promet d'être lumineux commencent à dorer le ciel et bientôt nous pouvons contempler nos traits tirés par une nuit sans sommeil venant s'ajouter à d'autres nuits sans sommeil. Vers six heures nous recevons un télégramme chargeant le *Cyclone*, le *Siroco*, le *Frondeur* et le *Fougueux* de la mission suivante : il s'agit pour chaque torpilleur de pénétrer, l'un après l'autre, dans l'Escaut jusqu'à une hauteur suffisante pour apercevoir la jetée reliant l'île de Walcheren à la terre. Dans cette île sont repliées des divisions françaises. Les Allemands avancent et, passant sur la jetée, essayent avec de nombreuses colonnes motorisées de détruire ces divisions. Déjà les deux rives du fleuve sont entre leurs mains. L'un après l'autre nous devons aller bombarber cette jetée, la détruire. Notre tir doit durer au moins une heure de façon à gêner l'assaillant. Nous devons passer deuxièmes dans cette joute d'artillerie, le *Cyclone* ouvrant le feu le premier. Dès que l'ordre est reçu, nous le voyons en effet pénétrer dans le long estuaire du fleuve. Puis nous l'entendons tirer, la sourde répercussion des coups parvient jusqu'à nous.

Nous sommes tous un peu nerveux. Nul n'ignore le danger de l'entreprise et, bien que le message reçu nous ait formellement promis la protection de la chasse française durant l'exécution de notre tir, personne ne peut prévoir le déroulement qui lui sera réservé. Nous aurions été chargés de cette mission, huit jours plus tard, chacun de nous aurait souri de la bénignité de l'entreprise. Mais ce matin du 17 mai, les contacts que nous avons eus avec les avions allemands ont suffi à nous les faire craindre, sans avoir encore eu le temps de nous y accoutumer. Et puis il est un fait, c'est qu'un bateau de guerre est une boîte à munitions avec ses grenades à l'arrière, ses torpilles au milieu et ses soutes à munitions à l'avant, une boîte à munitions toute prête à sauter, et qu'au combat cette idée et ses conséquences se présentent parfois bien involontairement à l'esprit. Il fait un très joli soleil printanier lorsque à dix heures du matin le *Siroco* s'engage dans l'embouchure de l'Escaut. Les regards d'une grande partie de l'équipage ne sont point dirigés vers les rives verdoyantes et plates du fleuve, mais vers le ciel d'un bleu si tendre qu'il est impossible d'imaginer qu'il nous veuille du mal. Chacun au fond de son cœur souhaite voir arriver les ailes françaises et redoute (oh! sans le dire probablement!) les bombardiers à croix noire. Le but étant reconnu, le tir commence. Nous sommes accompagnés d'un torpilleur de la DCA anglais, un « escort-vessel », comme on les appelle, et cela nous réconforte. Le pauvre! Si nous avions su que deux jours après il devait disparaître, coulé par une bombe ennemie! La chasse française arrive vers dix heures dix. Un sourire circule sur tout le bord, un sourire qu'on se repasse en se regardant comme le baiser de paix des diacres aux messes solennelles. Morel pendant ce temps continue son tir avec précision. La jetée vole en éclats, les arbres se dispersent en pièces détachées. Le bruit du canon, l'odeur de la poudre, l'ébranlement du souffle, tout cela nous excite, et alors qu'à dix heures notre respiration à tous est courte et superficielle, à onze heures nous respirons largement, calmement, profondément. Nous ne devons tirer suivant l'ordre reçu qu'une heure durant. Mais il aurait été vraiment peu élégant de partir à la minute « top », comme quelqu'un qui n'en demande pas plus. Non, il nous reste encore des munitions; la chasse est partie peut-être, mais notre dignité ne l'est pas, et dix minutes encore nous restons là, tirant à toute volée, par la gueule fumante de nos 130. Et je surprends un petit timonier seul dans un coin de la passerelle les poings serrés et qui, les yeux dirigés vers le but, murmure entre ses dents :

« Allez, vas-y. Prends celui-là dans la gu... en attendant, et allez donc! »

Lorsque vers les onze heures et quart nous quittons ce lieu de résidence passager, personne cependant ne formule le regret de ne pas y rester plus longtemps. Comme je descends dans ma chambre faire un peu de toilette alors que nous faisons route vers Dunkerque, je rencontre Derwoot, quartier-maître fusilier, qui tend vers moi des bras surchargés d'objets hétéroclites en me disant :

« Monsieur le Médecin, j'ai recueilli ces objets qui vous appartiennent au moment où, projetés en dehors de votre chambre, ils allaient tomber à la mer. Voilà votre traversin, une casquette, une chaussure, un encrier et une brosse à dents. Allez voir votre chambre, j'ai l'impression que le tir l'a mise en désordre. » Je le remercie. Un groupe admiratif se tient devant la porte de ma chambre. J'entends des exclamations :

« Oh! dis donc! maître Morel, qu'est-ce qui-y-a mis à la chambre du docteur! Le charpentier va avoir un sacré boulot! Ah! dis, vise le plumard. »

Je reconnais l'accent faubourien de Le Baron, matelot mécanicien.

« Et le radiateur électrique, et le ventilateur! »

Mon arrivée est saluée d'un silence amusé, bien que compatissant. La pièce deux a tiré presque à bout de course vers l'arrière sur tribord, le canon se trouvant à trois ou quatre mètres de ma chambre. Le souffle m'a crevé un hublot, arraché le montant de la porte, abattu mes étagères, emporté ma table pliante, etc. Il y a de ces tableaux dont la tristesse et l'amertume sont indescriptibles. Ma chambre en est un. Depuis ce jour, je ne suis retourné me reposer sur mon lit que la nuit du 30 au 31 mai. Une nuit dont nous reparlerons bientôt.

Nous descendons manger en deux services, l'un étant de quart quand l'autre se restaure. C'est de bon appétit, car nous avons l'impression d'avoir terminé quelque chose, et chacun espère passer la nuit suivante bien tranquillement, bien calmement à Dunkerque. Au début de l'après-midi, je monte sur la passerelle supérieure. Assis sur les bois de lit (autrement dit les hamacs) entassés là pour les préserver des éclats, nous discutons encore de la séance matinale, lorsque l'un des veilleurs signale la présence de torpilleurs français à l'horizon. Bientôt nous distinguons le *Cyclone* et la 11e division de torpilleurs *(Melpomène, Branlebas, Flore)* qui font route inverse de la nôtre. Le petit Broudin, le bébé du bord par sa taille, dit en riant :

« Chacun son tour ; c'est à eux à présent. »

Malheureusement nous voyons bientôt que le *Cyclone* nous fait des signaux dont le sens n'est pas discutable. « Suivez-moi », dit-il, et nous venons nous placer en ligne de file. Il y a avec nous deux « escort-vessels » anglais. Nous reprenons le chemin déjà parcouru. Toute la journée se passe à faire des ronds autour d'un bateau-phare dont la vue commence à nous devenir insupportable, le *Wandelaar*. Avec sa grosse coque pansue, sa tour inélégante et sa couleur vermillon, on a l'impression de l'entendre murmurer, immobile et railleur : « Il court, il court... le furet. » Vers trois heures, plusieurs bombardiers allemands viennent au-dessus de nous. Ils se mettent à nous bombarder en piqué malgré le feu des escort-vessels et celui des torpilleurs français. Les bombes commencent à pleuvoir autour de nous. Puis, ayant vidé leur charge, ils disparaissent au bout d'une demi-heure, n'ayant rien touché. Nous commençons à nous rendre compte du peu de résultats obtenus par la DCA et de ce que notre vitesse et notre facilité d'évolution sont notre seule défense efficace. Aussi, lorsqu'un de ces messieurs s'approche au-dessus de nous, les visages, tous dirigés vers le ciel, le regardent-ils avec anxiété. Quand on le voit brusquement commencer son piqué, un même cri jaillit de toutes les poitrines : « Y pique ! Y pique ! » Le bateau qui est à vingt-cinq nœuds frémit comme une bête de race et, aux cris de « Y pique ! », le commandant de Toulouse-Lautrec très calmement commande vingt-cinq à droite. Alors nous prenons une gîte invraisemblable. Nous nous raccrochons un peu partout sans quitter le ciel du regard et nous voyons deux petites taches marron, luisantes sous le ciel, se détacher de l'avion. Nous suivons leur chute, le souffle court et souvent suspendu, et ne reprenons notre respiration que lorsque les gerbes sont montées toutes droites à quelque distance de nous, comme jaillies des naseaux d'une gigantesque et invisible baleine.

Puis nous sommes relativement tranquilles jusqu'au soir. La cloche résonne bien encore à plusieurs reprises. C'est elle qui appelle les hommes à leur poste de combat. Le klaxon à l'arrière remplit le même office. Thomas, mon maître infirmier (et je puis dire, sans beaucoup me tromper, le meilleur maître infirmier de la marine, car s'il en existe d'aussi bons, il n'en est certainement pas de meilleurs), Thomas donc avec sa grosse voix placide et chantante dit alors en entendant la cloche : « Voilà le père Launay », parce que dans son petit village de l'Anjou, le bedeau qui sonne la cloche s'appelle ainsi. Il dit aussi : « Quel métier ! » en insistant sur le mé de métier. « Ces cochons de boches, ils auront notre peau. Mais si jamais j'en ai un dans mon infirmerie (c'est son rêve le plus cher), je le ligote, le mets dans un sac avec une gueuse au fond, je le fais tremper à la traîne pendant une journée, et à la fin de la journée je coupe le filin retenant le sac pour qu'il aille à la patouille », et en même temps son visage est traversé d'une lueur mauvaise, ce qui, si vous connaissiez Thomas, est aussi ahurissant que de voir un crabe marcher sur une pince.

La nuit tombe lorsque le 17 mai un télégramme nous apprend que nous devons nous rendre à Flessingue pour évacuer les troupes françaises qui se sont repliées là. Comme nous arrivons devant la ville, les attaques furieuses des bombardiers commencent. L'une des premières bombes tombe si près que, me trouvant dans le PC transmission et ne l'ayant pas vue tomber, l'ébranlement formidable du bateau qui geint de toutes parts me fait croire qu'elle nous a touchés, et je m'apprête à aller soigner les blessés éventuels.

Nous sommes tous stoppés sous la lune qui commence à paraître assez tôt dans la nuit. On entend le bourdonnement caractéristique des avions allemands. Puis brusquement c'est le sifflement, l'attente courte et pourtant interminable du choc, et le passage cent mètres au-dessus de nous du bombardier invisible qui a piqué tous moteurs calés, prend sa ressource à ce moment-là. Brrrraou... batatatata, font les mitrailleuses s'interpellant avec les 37 à la parole plus lente et plus sourde.

Et le jeu recommence. Parfois, quelques minutes d'accalmie trop courtes et presque aussi insupportables que le combat, parce qu'on en savoure la menace. Nous nous apprêtons à accoster à Flessingue quand le bruit d'un mitraillage venant de l'appontement nous étonne. Nous savons que le *Branlebas* est parti prendre son chargement humain.

Notre attente dure depuis bientôt deux heures. Nous n'osons trop bouger, car nous sommes en plein milieu d'un champ de mines à orins, de nos mines à nous, mouillées par nous, et quand les attaques aériennes nous laissent quelque liberté d'esprit, nous nous étonnons de ne pas encore en avoir rencontré une. Nous touchons du bois en pensant que nous sommes vraiment chanceux, n'osant trop exprimer cependant cette opinion avant d'être sortis du guêpier où nous nous trouvons. Nous allons accoster lorsqu'un message nous parvient. « *Cyclone, Siroco,* n'accostez pas. Éloignez-vous immédiatement. » Le *Branlebas*, lui, a accosté. Il a été reçu par des rafales de mitrailleuses. Les Allemands nous ont précédés à l'appontement. Flessingue flambe comme une torche et nous apercevons à la lueur de l'incendie les ombres des soldats allemands courant sur les quais.

Nous prenons le large sous un bombardement qui ne cesse que vers les onze heures du soir. Je ne me souviens plus des bateaux atteints ce soir-là. Je sais qu'il y en eut plusieurs dont des torpilleurs anglais. J'ai le plaisir vers minuit de traduire un message nous ordonnant de patrouiller le reste de la nuit et nous annonçant que nous serons relevés le lendemain matin. Nous devons rentrer nous reposer à Dunkerque à huit heures. Je répands la nouvelle qui est accueillie avec une très réelle satisfaction.

Quand Dunkerque nous apparaît au début de la matinée du 18, il y a près de trois jours qu'aucun homme à bord n'a dormi. Aussi, lorsque à l'heure du déjeuner le maître d'hôtel essaie de rassembler les officiers autour d'une table agréablement servie, il n'obtient que quelques grognements difficiles à interpréter. Je suis seul à table où je prends la place du président. Puis je m'en vais dormir dans un lit de l'infirmerie, ma chambre restant toujours inutilisable. A cinq heures, en me réveillant, je constate que nous sommes en alerte et j'apprends que durant toute la journée la reconnaissance allemande a survolé la ville. J'ai l'impression que la nuit qui va venir manquera de calme et en effet, vers les dix heures du soir, alors que les grévistes de la faim viennent à peine de compenser leur abstention du matin, les sirènes (elles sont encore utilisables et utilisées à cette époque) nous arrachent aux digestifs et nous réunissent sur le pont.

Nous sommes à quai au Freycinet 1, le *Cyclone* à couple de nous, sans aucune possibilité d'appareiller. Nous n'avons donc qu'à contempler le spectacle. En quelques minutes, plusieurs centaines de bombes explosives et incendiaires sont tombées. Je suis monté sur la passerelle pour voir de plus haut les points de chute. De l'autre côté du bassin où nous nous trouvons, à cinquante mètres de nous environ, un cargo qui se trouvait à quai a été atteint par des bombes explosives et flambe. A côté de lui, sur le quai, des balles de chanvre ont pris feu. Plusieurs bâtiments du port sont déjà la proie des flammes. Chose curieuse, un grand terrain nu et vide a été couvert de bombes incendiaires : erreur d'objectif de l'aviation allemande sans doute. Or sur la passerelle se trouvent le commandant et un matelot. Ce dernier, voyant ces bombes incendiaires qui brûlent assez régulièrement espacées sur cet espace vide, s'étonne que la défense passive soit si mal faite et laisse aussi brillamment éclairée une étendue comme celle-là. Il croit que nous nous moquons de lui lorsqu'on lui affirme qu'il s'agit de bombes incendiaires et non d'une série de becs de gaz placés en quinconce. Quand nous l'avons – difficilement – convaincu, il trouve le spectacle fort émouvant et me demande si une photographie en donnerait une représentation correcte. Je lui avoue n'avoir aucune expérience sur le sujet. A ce moment précis, les sifflements caractéristiques de la chute de bombes déchirent la nuit au-dessus de nous. Nous nous couchons vivement et, l'explosion s'étant produite une fraction de seconde après, nous sommes littéralement lapidés par elle. Une bombe est tombée sur le quai à vingt mètres sur l'arrière du bâtiment projetant des pierres sur tout le bord. Le lendemain matin un mécanicien du *Cyclone* extraira un pavé volumineux d'une cheminée de notre inséparable compagnon de guerre. La trajectoire qu'il a dû suivre nous laissera rêveurs.

Nous sommes à peine relevés que des cris : « Le docteur, le docteur », parviennent jusqu'à moi. Je bondis sur le pont où l'on m'apprend qu'il y a des blessés à l'entour du point de chute de la bombe. Accompagné de quelques hommes, je saute sur le quai et me dirige vers cet endroit. Il faut pour y parvenir traverser un petit pont qui enjambe un sas. Alors que nous sommes sur le pont, une seconde rafale de bombes tombe à proximité et nous oblige à nous jeter à nouveau à plat ventre. Je rencontre Morel qui revient avec quelques hommes et qui me dit :

« Toubib, je crois que tu n'auras pas grand-chose à faire. »

Quelques secondes plus tard je me penche sur trois corps affreusement mutilés dont deux ont déjà cessé de vivre. Le troisième, les cuisses broyées, ayant une plaie thoracique à travers laquelle l'air se fraie un passage gargouillant, n'a que faire de mes pauvres services. A ce moment un homme s'approche de moi, traînant la jambe, et me dit qu'il est blessé. Je lui donne l'ordre de me suivre et fais mine de revenir à bord. Les hommes qui m'accompagnent, désignant de la main le malheureux corps qui agonise, me disent :

« Docteur, faites quelque chose pour lui, il vit encore. »

Il me faut trois jours pour leur faire comprendre que je ne pouvais rien pour lui. C'est la première révolte contre la mort que je vois à bord. Et ces hommes, qui bien souvent déjà l'ont vue passer très près d'eux, restent plusieurs jours douloureusement impressionnés par ce visage grimaçant qu'ils ne lui connaissaient pas encore. Revenu à bord, j'extrais un éclat de la cuisse de mon blessé et je rejoins sur le pont les autres officiers qui s'y trouvent. Combien de fois durant cette nuit nous jetons-nous à plat ventre sur ce pont, au sifflement des bombes ? Il y a parfois des minutes d'accalmie. Nous essayons alors de plaisanter. J'ai l'impression aujourd'hui que nous devons manquer d'esprit. Pendant ce temps, plusieurs hommes nous ont signalé la présence d'ombres insolites se faufilant sur le quai. Morel demande à l'officier en second l'autorisation d'aller y faire une ronde, accompagné de quelques hommes. Nous les voyons disparaître derrière les tas de marchandises éparses sur le quai. Sa voix résonne : « Halte-là ! » Puis le bruit d'une course sur le pavé. Morel revient au bout d'une demi-heure et nous dit :

« J'ai l'impression qu'il y a quelque chose d'insolite. Il y avait quelqu'un là-bas qui a disparu dans l'ombre à notre approche. Je ne voudrais pas faire de cinquième-colonnomanie. Mais il me semble que nous sommes espionnés. »

Le claquement sec d'un coup de feu part à quelque cent mètres sur l'arrière du bâtiment. Au milieu du vacarme du bombardement nous ne l'aurions pas entendu, mais à ce moment-là nous vivons quelques minutes de tranquillité et, sans y prêter attention, beaucoup d'entre nous le remarquent. Quelque temps après, deux hommes s'approchent de nous et nous disent qu'ils viennent de trouver un homme mort à quelques pas de là. Ils nous demandent s'il ne nous est pas possible de les aider à emmener le corps dans une ambulance. Morel s'offre encore à les accompagner. Il revient quelques minutes après portant le fusil de l'homme, et c'est alors qu'il constate par hasard qu'il contient encore une douille de balle dont le coup est parti. Nous ne saurons jamais ce que signifiait cet incident. Suicide ? Crime ? L'homme était mort d'une balle dans la tête.

La nuit continue, lente, lente à mourir, si j'ose m'exprimer ainsi ! Les projecteurs découvrent par instants le point lumineux d'un avion volant haut. Aussitôt, de tous les coins de l'horizon des milliers de projectiles, souvent lumineux, montent. La DCA lance contre cet ennemi visible une myriade d'étoiles filantes. Mais lui continue sa route, indifférent. Et quand le point de rencontre de tous les projecteurs s'approche de nous, nos têtes se renversent sur nos épaules. Pendant une minute nous attendons anxieux le sifflement annonciateur du danger. Parfois le centre de l'étoile aux grands bras lumineux, après être passé sur nous, s'éloigne. Quelques secondes encore et le bruit déchirant des bombes nous dit qu'elles sont tombées plus ou moins loin du bord. Les conversations interrompues reprennent. D'autres fois, le petit point lumineux et terrible se perd dans l'ombre du ciel. Les projecteurs hésitants fouillent la nuit juste au-dessus de nous et puis, lassés, s'éteignent. Ne va-t-il pas surgir brusquement du ciel cet avion-là, avant que nos armes aient pu l'atteindre ? L'un d'eux, moteurs calés, surgit en rase-mottes au haut de nos mâts. Personne ne l'a vu ni entendu venir. La grande ombre disparaît dans la nuit pourchassée par le feu de nos 37 et des 13/2. Au début du bombardement, le commandant a donné l'ordre à Flament de « dégonfler » ses torpilles. De cette façon, si elles sont percutées par une bombe nous aurons moins de chances de sauter avec elles. Mais le sifflement continu de l'air qui s'échappe ajoute à notre énervement et cela dure trois heures. Il a au moins l'avantage de couvrir en partie durant ce temps le bruit des explosions.

Vers le matin, le bombardement devient moins intense. Les détails, sans intérêt quelques heures auparavant, reprennent alors de l'importance. C'est ainsi que sur le quai près de nous se trouvent un grand nombre de barriques de vin pleines du précieux liquide. Une bombe en a crevé quelques-unes dont le contenu rougit maintenant les pavés. Monsieur l'équipage, à cette vision que commencent à éclairer les premiers rayons de l'aurore, se rend compte de l'étendue du désastre. Du pinard ! Du pinard partout ! Si c'est pas malheureux de voir des choses pareilles ! Il est foutu ! Ah ! les boches, quels salauds !

Mais je connais un quartier-maître (oh ! je ne dirai pas son nom !) qui fait remarquer que certains éclats se sont plantés dans les barriques et que leur extraction ménage des orifices par lesquels il passe suffisamment de vin pour remplir un quart à plusieurs reprises. Il le dit, et ses camarades, après l'avoir regardé, le croient aisément.

Au mois de mai, les aurores sont très froides encore là-haut. La fatigue d'une nuit sans sommeil aidant, nous grelottons tous. Vers six heures du matin un des hommes a une réflexion savoureuse :

« Si on reprenait la mer maintenant pour se reposer un peu ? »

Du repos, j'en prends sur les coussins du carré. Morel m'a expulsé de ma chambre avec ses tirs, et le froid, de l'infirmerie.

Vers dix heures du matin un gai soleil répand sa chaleur bienfaisante sur les désastres de la nuit. Le port flambe toujours. D'énormes panaches de fumée s'échappent de la Chambre de commerce. Nous sommes le dimanche 19 mai. Le lieutenant de vaisseau Quéau et moi descendons sur le quai nous rendre compte de l'effet produit en plein jour par l'éclatement de la bombe tombée à quelques mètres de nous. Sur le sol il y a encore la trace noirâtre et sanglante des trois corps que j'y ai vus pendant la nuit. Un petit soldat de un mètre soixante au plus monte la garde à l'entrée du pont. Il est le seul des cinq hommes qui s'y trouvaient la veille à avoir terminé vivant cette nuit bruyante. Il en garde encore une certaine émotion. En nous voyant il nous dit :

« Vous avez eu de la veine, vous aussi. Mais tenez, venez voir ici. »

A quelques mètres, quelques planches disloquées sont ce qui reste d'une guérite. Il nous montre, collés aux planches encore debout, des morceaux de cervelle et de chair humaine.

« J'avais un camarade là-dedans, nous dit-il, c'est tout ce que j'ai retrouvé de lui. »

A ce moment un homme en civil s'approche de nous et l'interpelle, le regard haineux :

« Dis donc, toi, c'est comme ça que tu montes la garde du pont ? N'importe qui peut passer. C'est parce qu'il y a des officiers que tu te déranges ? »

Le petit soldat reste quelques minutes abasourdi. On lui fait une réflexion pareille, à lui qui se trouve là par un miracle qu'il n'arrive pas à comprendre, à lui dont quatre camarades sont morts pendant la nuit ? Il se détend brusquement et son poing frappe l'homme en plein visage, l'envoyant rouler par terre. Nous nous précipitons sur le soldat pour le maintenir. L'autre s'est relevé et s'avance.

« C'est pas après toi que j'en ai, c'est après ceux-là », dit-il en nous désignant d'un mouvement de menton.

Nous relâchons le petit soldat croyant l'incident terminé. Mais à ces mots il rebondit et étend son adversaire d'un coup de tête dans le creux de l'estomac. Nous sommes décidés cette fois à intervenir vigoureusement. Quéau hèle deux hommes à bord et leur fait signe de venir pour arrêter l'individu qui cherche visiblement à fomenter des troubles. Mais déjà celui-ci s'est relevé et part en disant :

« C'est bon, c'est bon, je n'insiste pas. »

Il fait d'ailleurs aussi bien, car l'un des deux hommes qui arrivent en courant pour se saisir de lui est Trimaud, un petit gaillard qui mesure un mètre quatre-vingt-dix et dont la force herculéenne est proverbiale à bord.

L'après-midi, on nous donne l'ordre d'appareiller pour passer en rade. Mais après nous avoir fait pénétrer dans le sas de l'écluse Tristram, la direction du port s'aperçoit que l'écluse ne fonctionne plus, détériorée par le bombardement de la nuit. De plus, comme c'est un dimanche, les ouvriers refusent de travailler. On nous fait pénétrer à nouveau dans le port. Nous sommes assez près de la Chambre de commerce incendiée et nous restons sur le pont à la regarder se consumer jusqu'à l'heure du dîner. Les pans de murs s'écroulent avec fracas. Les flammes d'un rouge sombre grondent. Une fumée noire et lourde tourbillonne au-dessus de l'édifice en feu. A la tombée du jour des remorqueurs viennent nous changer de place et nous conduire dans un autre bassin. Avertis par la nuit précédente nous attendons celle qui s'approche sans aucune illusion sur la façon dont nous allons l'employer. Comme prévu, vers dix heures, le feu d'artifice commence. Il est identique à celui de la veille. Même densité, même fracas. Quelques faits nouveaux viennent cependant égayer la soirée. Quelqu'un signale tout d'un coup un feu intermittent au sommet d'un hangar à cent mètres de nous. Puis un autre à quelque distance du premier. Ce ne peut être une lueur d'incendie : ces deux hangars sont encore intacts. Et puis ces feux ressemblent bien à celui d'une lampe électrique passant un message en « scott ». Une patrouille commandée par Flament, l'enseigne torpilleur, est envoyée à terre, armée de mousquetons et d'un fusil-mitrailleur. Nous entendons bientôt le bruit d'une fusillade. Du bord les mitrailleuses braquées sur les pignons suspects tirent, lorsque les feux apparaissent par intervalles. Flament revient au bout d'une heure. Lui et sa patrouille ont été accueillis près des hangars par une fusillade nourrie à laquelle ils ont répondu un peu au hasard, ne distinguant pas très bien d'où sont partis les coups. Ils se demandent qui a bien pu tirer sur eux. Ce mystère ne sera jamais élucidé. En tout cas, la danse des loupiotes au sommet des hangars dure toute la nuit et à plusieurs reprises les avions bombardent entre les points qu'elles indiquent ainsi. Cela provoque à bord une crise de cinquième colonnomanie particulièrement aiguë. Le bombardement se termine vers cinq heures du matin et le jour glacial nous trouve encore une fois sains et saufs, mais de plus en plus fatigués.

Quand je pense à ces jours-là, un sentiment domine mon souvenir. C'est celui de l'unité du bord. Je n'ai pas souvenance d'avoir vu un visage triste à mon approche. Ces figures sales et mal rasées restent souriantes malgré tout. Un large cerne assombrit les yeux. Les pommettes sont plus saillantes. Mais les regards sont toujours confiants, amicaux, peut-être un peu plus graves.

« Alors, monsieur le Médecin, vous voulez toujours voir les avions allemands ? me demande-t-on souvent. – S'il suffisait de les regarder avec insistance pour les obliger à s'abattre au sol, je ne demanderais que cela », répliqué-je.

Mais comme ce n'est pas le cas (pourquoi leur mentir, ils ne me croiraient pas), je trouve que deux ou trois jours de repos à Brest seraient assez agréables et j'ajoute en riant :

« Ça nous permettrait de “ casser violemment les dents ” aux petits camarades avant de remonter casser la tête aux boches. »

J'exprime là d'ailleurs un sentiment général. Les braves gosses, combien parmi eux ne devaient jamais revoir Brest, le goulet, la rade et le pont Guédon ! Ils aiment me parler de leur femme et de leurs enfants comme j'aime leur parler des miens. Morel a appris la veille seulement la naissance de son fils, né huit jours auparavant. Nous arrosons cette bonne nouvelle. Il dit en riant :

« Si ça continue, ce sera un vieux corvettard barbu quand nous reviendrons. »

Quelqu'un ajoute :

« Tu as bien de la veine, mon vieux. Ce sont les premières années les plus pénibles dans l'éducation d'un gosse. Ce sont celles où il crie la nuit et fait dans sa culotte. Je suis certain que ta femme préférerait être à ta place en ce moment. »

Le lundi 20 à six heures du matin, on nous fait pénétrer pour la seconde fois dans le sas de l'écluse Tristram. Ce n'est qu'à midi que l'écluse se trouve enfin réparée et qu'on nous laisse sortir. Pendant six heures nous sommes l'objet d'attaques aériennes incessantes, les Allemands souhaitant évidemment couler un bâtiment dans le sas, ce qui aurait pour effet de rendre dès ce moment-là le port inutilisable. Pendant cette interminable attente, bord à bord avec la *Diligente*, l'adresse de nos canonniers permet d'abattre un avion allemand qui arrive sur nous et qui, sous la rafale qui le touche à mort, est obligé d'obliquer vers la mer et de lâcher au hasard ses bombes sur la rade. Un autre est touché dont le sort final nous échappe. Il nous donne l'impression de tomber plus loin vers le nord.

Protégés par la même chance qui nous a toujours servis, nous sortons encore indemnes de ce mauvais pas. Le jour précédent, le *Branlebas*, mouillé sur rade, a été endommagé par une bombe. L'*Adroit* a eu quelques blessés par les éclats d'une bombe qui a éclaté avant de toucher l'eau, à la hauteur de la passerelle.

En passant en rade, nous avons le plaisir de constater l'arrivée du *Mistral* qui, après une transformation qui a eu pour but d'augmenter sa défense antiaérienne, est enfin venu de Brest nous rejoindre à Dunkerque. Cela nous fait un certain plaisir. La 6e division de torpilleurs est au complet, et les fines silhouettes des trois torpilleurs, *Cyclone, Siroco, Mistral,* la « division de fer », comme nous aimons l'appeler en riant lors de nos rencontres au même mouillage, se trouvent rassemblées devant Dunkerque le 20 mai à midi. Nous attendons la sortie hors du port du pétrolier *Niger*, que nous devons convoyer ensemble vers Douvres. Il doit tout d'abord sortir quelques instants après nous. Nous l'attendons en vain. On nous donne l'ordre de nous tenir prêts à appareiller à dix-sept heures. A l'heure du dîner, nous l'attendons encore. Et pourtant d'autres bâtiments ont quitté le port dans l'après-midi : un torpilleur anglais, un pétrolier norvégien, si ma mémoire est bonne, et d'autres encore. Durant cet après-midi qui est assez calme dans l'ensemble, nous avons cependant à subir plusieurs attaques aériennes, en particulier celle d'un avion de nationalité douteuse qui nous fait correctement des signaux de reconnaissance, alors que le feu est déjà ouvert sur lui, et qui, arrivé assez près de nous, en profite pour nous mitrailler au passage. A plusieurs reprises, des bombes éclatent dans la rade, n'atteignant aucun des bâtiments qui s'y trouvent mouillés. Le ciel est d'un bleu si pur que nos regards se fatiguent à le scruter sans arrêt. Les avions semblent se mélanger à lui et ne nous deviennent visibles qu'à une distance relativement faible. L'un d'eux est atteint, semble-t-il, par les obus de la DCA terrestre et, suivi d'un long panache de fumée blanche, paraît avoir mille peines à s'échapper.

Le soir, nous avons à peine fini de dîner qu'un bombardement furieux commence. Le *Niger* n'apparaît toujours pas. Des bombes tombent encore à faible distance du bord et c'est parmi le fracas du bombardement, à la lueur infernale des incendies, sous une lune précoce et pleine, que la masse imposante du *Niger*, toute luisante sous cette clarté, sort pesamment du port de Dunkerque. Les réservoirs à mazout du port ont été atteints. De courtes flammes d'un rouge sombre s'en échappent, surmontées d'une énorme fumée, lourde et grasse. Chacun de nous a l'impression très nette que le *Niger* ne pourra pas aller loin dans cette bataille. Il se met à naviguer vers le sud, déplaçant à huit nœuds sa masse pesante. Les trois torpilleurs lui font une escorte vigilante, le protégeant du feu de leurs armes antiaériennes. Mais que faire lorsque vingt, trente ou quarante avions bourdonnent au-dessus de vous dans une nuit si claire que vous avez l'impression d'être plus visible qu'en plein jour, alors qu'eux ne se révèlent que par le bourdonnement de leurs moteurs ?

Une bombe tombe par tribord du *Niger*, puis par bâbord. Une autre tombe entre lui et nous. Il navigue littéralement entre les gerbes qui s'élèvent de toutes parts sur son chemin.

Puis ce qui semble inévitable survient enfin. Une bombe l'atteint au niveau d'un tank à mazout et une immense gerbe de feu jaillit au-dessus du bateau. Le spectacle d'un pétrolier incendié est assez dramatique, la nuit surtout. Je n'oublierai jamais ce tableau des huit mille tonnes de mazout du *Niger* dévorées par le feu. En quelques minutes le bâtiment tout entier, à l'exception de l'avant, est la proie des flammes. Il va s'échouer a cinq cents mètres plus loin, en sortant du chenal, et sa large forme noire surmontée par le brasier de l'incendie dont nous entendons le grondement et qui illumine la mer d'une lueur sanglante s'est enfin immobilisée. Nous stoppons à quelque distance et nous nous occupons à mettre les embarcations à la mer pour sauver les survivants. Mais les avions allemands n'ont pas abandonné la partie. Immobiles sur la mer, éclairés par la lune et par la lumière immense de l'incendie, nous sommes une cible remarquable. En quelques instants les gerbes montent autour de nous, précédées de l'éclatement dont frémit notre mince coque. Deux surtout manquent de mettre fin cette nuit-là à la carrière déjà glorieuse du *Siroco*. L'une tombe en effet à moins de dix mètres du bord, par tribord arrière, et l'autre à très faible distance à bâbord. Le lendemain matin, tous les hommes présents sur le pont près du rouf machine constatent que leurs casques et leurs vêtements sont couverts de cette substance noire provenant de l'éclatement des bombes et qui s'est répandue en pluie sur eux. Le bord est criblé d'éclats. Il n'y a aucun blessé. On vient me prévenir de prendre la première embarcation mise à la mer pour aller recueillir à leur bord les blessés du *Niger*. Mais à ce moment-là on crie : « Un homme à la mer. » Dans la nuit on croit d'abord qu'il s'agit de l'un de chez nous. On comprend quelques minutes plus tard qu'il s'agit d'un homme du *Niger*. L'embarcation est mise immédiatement à l'eau et part à la recherche du corps qui vient d'être aperçu poussé par un fort courant qui l'éloigne de nous. Elle revient après plusieurs minutes de recherche infructueuse. On lui donne l'ordre de se diriger immédiatement vers le pétrolier en feu. Déjà une de ses embarcations arrive chargée de survivants parmi lesquels j'ai le plaisir de reconnaître mon camarade, le docteur Marjou. Le sauvetage continue. Tout à coup le cri monte. Un sillage devant, c'est une torpille qui vient sur nous.

La vedette ennemie dont elle est partie est aperçue mais, rapide, s'éclipse dans la nuit. Trompée d'ailleurs par nos « moustaches », c'est-à-dire par l'imitation faite à la peinture, de chaque côté de l'étrave, du panache d'écume que produit un torpilleur qui fend l'eau à grande vitesse, elle croit que nous avançons alors que nous sommes stoppés. Cette erreur nous sauve. On retrouve le lendemain la torpille allemande échouée sur la plage de Gravelines. Le mazout qui est échappé des tanks crevés fait sous le vent, autour du pétrolier, une large nappe de feu à la surface de la mer. Bientôt il paraît d'après le nombre de rescapés recueillis par chaque torpilleur qu'il ne doit plus rester grand monde sur le bâtiment en feu. Seuls le commandant et son second sont restés, voulant, avant de quitter le bord, détruire leurs documents secrets. Il faut que notre chef de division, le commandant de Portzamparc, leur intime l'ordre d'abandonner le bateau. Notre officier en second ayant fait armer une baleinière, il va avec quelques hommes les chercher. L'attente est longue. La ronde ennemie au-dessus de nous s'est cependant calmée, faute de bombes, semble-t-il. Tout de même il est inutile de prolonger sans raison notre station dans cet endroit si peu hospitalier. Nous repartons enfin pour Douvres où nous arrivons sans autres incidents. Les rescapés sont débarqués le lendemain matin. C'est le 21 mai.

Cette journée du 21 et celle du 22 sont passées en rade des Dunes. C'est le premier repos après douze jours de combats journaliers. Le temps est beau, assez chaud même durant l'après-midi, et, allongés un peu partout, les hommes dorment à poings fermés. Nous éprouvons une impression de sécurité que nous avions oubliée depuis longtemps, et pour la première fois depuis notre arrivée dans le Pas-de-Calais, nous pouvons nous déshabiller pour dormir. Ah! cette sensation du contact des draps sur la peau!

Le 21 au soir, nous retournons à Douvres mazouter et faire des vivres. Nous accostons une citerne. Le *Mistral* vient se mettre à couple de nous. C'est l'occasion de reprendre contact avec les officiers de ce bâtiment et de nous communiquer nos impressions, chose que nous n'avons pas encore pu faire. Eux qui nous ont rejoints depuis quelques jours seulement n'ont pas subi l'entraînement progressif auquel nous sommes soumis depuis le 10 mai. Nous pouvons ainsi leur décrire avec détails les engagements auxquels ils n'ont pas pris part. L'aumônier de flottille, l'excellent abbé Castel, vient faire un tour à bord. Il est toujours animé de cette gaieté presque enfantine qui le rend si sympathique. Nous sommes revenus en rade des Dunes à la nuit.

Nous appareillons le 23 au soir pour Boulogne et patrouillons toute la nuit. Combien d'alertes subissons-nous cette nuit-là ? A chaque instant le porte-voix de la passerelle de veille signale : « Un bruit d'avion au-dessus de nous. » Un contre-torpilleur tout proche, le *Chacal* ou le *Jaguar*, est bombardé. Je me souviens, la nuit n'est pas encore complète que nous nous demandons quel est ce long nuage noir et immobile qui couvre l'horizon. En approchant nous reconnaissons un pétrolier en flammes. L'air est empesté sur des milles à la ronde par l'odeur âcre du mazout qui brûle. Et la fumée impénétrable, à peine déplacée par le vent, nous cache la côte française.

A huit heures du matin le 24 mai, nous sommes en vue du port de Boulogne. Le *Cyclone* nous donne l'ordre d'aller reconnaître la côte jusqu'à Berck-Plage. Nous la suivons à faible allure les yeux braqués sur le rivage. Sur le sable nous apercevons des groupes de fuyards, des femmes, des enfants, qui nous font de grands gestes désespérés. En dehors de cela, rien d'anormal. Les Allemands ne sont pas loin cependant, car un groupe de Latécoère, se dirigeant vers le sud, subit le feu de la DCA allemande. L'un d'eux s'écarte de sa route et vient tourner autour de nous. Il nous signale en scott : « Les Allemands sont entre Samer et Boulogne. » Nous rebroussons chemin vers huit heures sur un ordre du *Cyclone* qui dit : « Ralliez-moi. » En route nous arraisonnons un cargo. C'est un anglais. Nous rencontrons un petit voilier, rempli jusqu'aux plats-bords de fuyards qui nous disent avoir vu les Allemands, avec leurs tanks à Samer le matin même. Plus loin, c'est un petit cotre abandonné que la houle légère guide à son gré. De retour devant Boulogne nous constatons que le *Cyclone* a ouvert le feu. Un ordre nous parvient de tirer sur le fort d'Alprecht tombé aux mains des Allemands. Le camp de Boulogne a été évacué sur un ordre téléphonique non contrôlé d'origine allemande. Le commandant de Lestrange a été envoyé pour en assurer la défense in extremis.

Une batterie terrestre tire sur nous. Les coups qui ne manquent pas de précision nous encadrent. Nous répondons avec violence. La batterie ennemie se tait rapidement. Quelques minutes après, d'autres batteries nous prennent à partie. Un obus passe entre les deux cheminées et tombe à bâbord à quinze mètres environ. Nous n'avons qu'un blessé léger par un éclat au menton. Nous mettons en avant deux cents tours, exécutons quelques ronds dans l'eau. Le tir de la batterie allemande s'en trouve déréglé. Quelques minutes après, retour à notre point de départ et reprise du tir. Nous sommes à quelques milles de la côte, parallèlement à elle. Sont présents sur les lieux, ce matin du 24 mai, *Cyclone, Siroco, Mistral* et deux torpilleurs anglais. Bientôt nous sommes rejoints par *Jaguar* et *Chacal*. La RAF nous survole d'une façon assez continue, ce qui nous met à l'aise. Les batteries côtières sont coriaces et nous encadrent fréquemment, nous obligeant à évoluer pour dérégler leur tir. Nos objectifs sont les forts d'Alprecht et de la Crèche. Vers midi, nous apercevons des tanks allemands sur la colline qui surplombe la mer. Morel prend un malin plaisir à les choisir pour cible. La première salve est de cent mètres, trop courte. Avant la seconde ils ont disparu à l'abri du repli de terrain qui borde la mer. Les deux torpilleurs anglais entrent l'un après l'autre dans le port de Boulogne avec beaucoup de cran et sous grand pavois. Les malles avaient déjà essayé d'y pénétrer en vain. On les entend décharger leurs pièces dont on aperçoit seulement l'éclair des salves. Ils ressortent en feu.

Un vieil avion anglais vient nous survoler. Il paraît un instant, ce qui nous semble invraisemblable, vouloir se poser à la surface de la mer, puis reprend de la hauteur, et l'on voit tout à coup le pilote sauter en parachute, laissant son avion s'abîmer à quelque distance. Le *Cyclone* envoie une embarcation repêcher l'homme. Nous apprenons qu'il vient prévenir que le GQG de la RAF en France est totalement encerclé. Je ne sais quelle suite fut donnée à cette nouvelle ce matin-là. Je m'affaire au PC transmission, débordé par les télégrammes qui me parviennent à la cadence de trois par minute. Je sors par instants examiner la situation quand une batterie entêtée nous canarde avec trop d'insistance. Nous nous excitons progressivement. Nous tirons déjà depuis trois heures à une cadence très lente. L'ébranlement de nos salves et l'odeur de la poudre augmentent notre excitation. Les tirs allemands se font plus rares vers midi. Les nôtres semblent avoir beaucoup d'efficacité. Nous recevons l'ordre de concentrer nos tirs sur Outreau. Les gerbes bondissent sur le sol, excitant l'équipage au combat. Les canonniers n'ont jamais servi leurs pièces avec autant d'ardeur. Un message nous apprend que des divisions françaises motorisées contre-attaquent par le nord sur Boulogne. Cela donne à tout le monde un coup de fouet. Vers deux heures, nouveau tir allemand assez précis qui nous oblige à évoluer à grande vitesse. Les coups tombent très près dans notre sillage. Nous y répondons très efficacement. La journée touche à son déclin. Il est six heures. Les batteries allemandes se sont tues. Nous avons l'impression de régner en vainqueurs. Bon travail durant cette journée. Sur les faces amaigries et noircies par la poudre, un sourire de contentement a pris place. On parle même d'aller dîner. Nous avons été rejoints vers cinq heures par l'*Orage*, le *Fougueux* et le *Frondeur* ; ceux-ci, impatients de tirer, ouvrent le feu dès qu'ils sont à distance de combat. Malheureusement le *Cyclone* leur enjoint de ne tirer que lorsque l'ordre leur en sera donné. A six heures du soir donc, toute la flotte est stoppée devant Boulogne attendant des ordres.

Tout à coup surgissent du nord trente-quatre bombardiers. Notre premier réflexe est de crier « Hourra ! » pour les Anglais qui nous ont si bien protégés durant la journée et qui vont sans doute maintenant bombarder l'ennemi. Stupéfaction. Les bombardiers piquent sur nous et les bombes en quelques secondes peuplent le ciel de leurs sifflements. Les gerbes montent tout autour de nous. L'*Orage* est déjà en feu. Le *Frondeur* et le *Fougueux* sont touchés. Nous nous élançons aussi vite que possible. Et bientôt tous les torpilleurs bondissant à vingt-huit nœuds décrivent des arabesques du plus gracieux effet. Comme l'on voit le poulailler effarouché à l'approche d'un oiseau de proie, ainsi la flotte du Pas-de-Calais essaie de tromper par ses évolutions l'ennemi qui fond sur elle. Bientôt il semble que le calme soit revenu. L'*Orage*, stoppé, explose par intervalles. Ses soutes à munitions de l'avant sont touchées. Une bombe est tombée sur la pièce deux, l'autre sur le PC transmission. Mon camarade Poitevin a été tué. Le *Chasseur 5* accoste le bâtiment en flammes et recueille un bon nombre de survivants.

Nous stoppons pour prendre à bord ceux qui se sont jetés à la mer ou qui y sont projetés par l'explosion. Le retour offensif des bombardiers nous oblige à abandonner nos embarcations pour évoluer à nouveau. L'armement de notre baleinière en profite pour recueillir de superbes poissons tués par les bombes et qui flottent à la surface de l'eau par milliers. Quand ils reviennent à bord avec quelques rescapés, ils ne sont pas peu fiers de nous montrer une superbe morue qui a bien un mètre de longueur. On centralise sur le *Siroco* les rescapés de l'*Orage*, les blessés et les autres. J'ai fort à faire. Je coupe. Je pique. Je taille jusqu'à la nuit. Je demande au commandant s'il est possible de revenir à vingt-cinq nœuds à Cherbourg pour opérer à temps un blessé de l'abdomen. Occupé dans mon infirmerie, je ne m'aperçois pas que nous sommes encore canardés par des batteries côtières et qu'un coup tombe à moins de dix mètres dans notre sillage. Le 25 mai, je débarque mes blessés. Nous embarquons des munitions.

Nous sommes heureux de retrouver Cherbourg où nous avons caréné au début de l'année. Le *Mistral* se met à couple de nous. Nous apprenons par les journaux que le bateau et notre commandant sont cités à l'ordre de la nation pour « opération devant Flessingue ». Ne serons-nous pas cités une autre fois encore pour opérations devant Boulogne ?

Le dimanche 26 mai, messe sur le *Cyclone*. Le soir, tous les officiers du *Mistral* viennent à bord (y compris l'aumônier) prendre le café. Le « tonus » après ces deux jours de repos est revenu. Nous voulons chasser de notre pensée l'idée que d'autres épreuves plus dures encore nous attendent. Nous chantons tous en chœur des chansons de marins et de médecins. L'aumônier nous étonne par son entrain. Et fort avant dans la nuit quand il nous quitte, l'air à demi sérieux, il nous dit :

« Il faut que je reste à cette guerre parce que, avec vos chansons grivoises, que je reprends en chœur, si je sors vivant de la bagarre, mon salut sera fortement compromis. »

Pauvre abbé Castel. Son sort à cette minute était-il déjà écrit ? La nuit où le *Niger* avait sombré et l'avant-veille devant Boulogne, seul dans un coin du bord, il bénissait la mer et absolvait ceux qui mouraient. Un soir à Douvres, il m'avait parlé de la beauté du sacrifice, accepté avec joie. Et j'avais senti l'inutilité de la bataille pour la vie. J'avais brusquement compris combien tous nos pauvres intérêts journaliers avaient peu d'importance en face du don de notre vie, sans murmure et sans regret, à quelque chose de plus grand que nous. Cet abandon à la volonté divine, cette agonie qui devait durer vingt et un jours, elle nous a rendus meilleurs, elle a dissous notre égoïsme. Et je suis sûr que cela ne fut pas une des moindres peines de ceux qui revinrent que de retrouver à leur retour la petitesse et l'égoïsme vainqueurs, chez ceux qu'ils avaient quittés un mois auparavant et qui n'avaient pas subi leur lente transformation dans le creuset de la bataille. Et maintenant où la vie m'a repris avec ses bassesses, ses jalousies, ses mensonges, je regrette parfois l'air pur qui soufflait là-haut.

Le 27 mai à cinq heures du soir, nous appareillons pour Douvres. Nous y arrivons dans la nuit. Le lendemain matin 28 mai au début de la matinée, nous recevons l'ordre d'aller à la recherche de l'épave du *Chacal* abandonnée au large du cap Gris-Nez et qui continue à dériver. La 6e division appareille. Nous arrivons devant Boulogne avec l'intention de suivre la côte vers le nord à la rencontre de l'épave que nous avons mission de couler au canon. Nous sommes à plusieurs milles de la côte que l'alerte est déjà donnée à terre et que les batteries allemandes tirent sur nous. Nous évitons les coups en évoluant rapidement. Les coups continuent à pleuvoir avec, il faut le reconnaître, une certaine précision. L'épave reste invisible. Sous l'avalanche de fer qui tombe autour de nous, nous essayons en vain de découvrir quelque chose qui lui ressemble. L'ordre qui nous envoie spécifie : « N'essayez pas d'engager le combat avec les batteries côtières. » Évidemment, mais tout de même il est bien difficile de se faire bombarder placidement sans répondre. Nous ouvrons le feu. Le tir allemand n'en devient que plus nourri. A plusieurs reprises, nous manquons d'être atteints par leurs projectiles. Aussi, après une heure de recherches infructueuses, le commandant de Portzamparc donne-t-il l'ordre à sa division de retourner à Douvres. L'épave du *Chacal* a dû déjà être coulée. Nous sommes poursuivis par les coups des batteries côtières jusqu'à une distance de dix-huit mille mètres ! Le reste de la journée se passe en rade des Dunes. Le soir, nous allons mazouter à Douvres.

Adroit, Chacal, Jaguar, Frondeur, Fougueux, Orage, Niger, que de bateaux déjà hors de combat ! A quand notre tour ? Nous ne pouvons y échapper. L'équipage s'en rend bien compte à présent. Tout le monde le comprend. Nous sommes poursuivis par une chance inexplicable sans doute, mais il arrivera une minute où cet édifice tremblant de chances accumulées s'effondrera. C'est impossible autrement.

Le 29 mai, nous appareillons à la fin de la matinée pour Dunkerque – *Cyclone, Siroco, Mistral*. La route est fréquentée, des centaines de bateaux de toute espèce la parcourent, transportant des troupes anglaises. Nous avons remarqué que celles-ci évacuent depuis plusieurs jours déjà. Il fait très beau. Nous empruntons la route du Nord. Il existe en effet tout le long des côtes françaises et belges des champs de mines qui empêchent de suivre la ligne droite pour aller de Douvres à Dunkerque. Nous sommes obligés de remonter jusqu'à la hauteur d'Ostende environ et de redescendre ensuite parallèlement à la côte. En passant devant Zeebrugge, vers deux heures, une batterie allemande canonne un convoi anglais que protège un torpilleur. Celui-ci déploie un écran de fumée entre son convoi et la terre, derrière lequel nous nous engageons. Mais les Allemands ayant sans doute télémétré cet écran et tirant un peu long, les coups tombent à proximité de nous. Ils augmentent encore de précision dès que nous nous dégageons du manteau protecteur. Par l'éclair des coups la batterie s'est dévoilée. Les trois torpilleurs la prennent pour cible. Elle se trouve près d'un appontement et nous constatons que nos coups arrivent au but. La batterie se tait.

Dunkerque se découvre au loin, noire sous le ciel bleu. La fumée des incendies couvre la côte à l'horizon. Le canon tonne. Dans quelques instants nous allons rire. Quand nous arrivons en rade, nous remarquons que toute la plage de Malo-les-Bains (et même toute la côte beaucoup plus au nord) est couverte de troupes anglaises qui réembarquent.

La jetée sud aussi appartient aux Anglais qui viennent y chercher leurs hommes. Le *Cyclone* et nous pénétrons dans l'avant-port. Le *Mistral* reste derrière. Puis le *Cyclone* se met à quai. Nous demandons des ordres pour prendre un poste de mouillage. Le remorqueur, le *Trapu*, vient nous prendre et nous conduire vers la jetée sud. Là-haut, les chasseurs anglais, bien reconnaissables avec une aile blanche et une aile noire, livrent combat aux chasseurs allemands. On les voit qui font des pirouettes impressionnantes qu'accompagne le tir rapide et bref de leurs mitrailleuses. Nous arrivons à la jetée sud. Le *Mistral* a déjà pris poste à quai. Nous venons nous placer bord à bord, à couple. Les troupes à embarquer ne sont pas là. On envoie quelqu'un les chercher. Le ciel se peuple brusquement d'une quantité de bombardiers allemands telle que nous n'avions jamais rien vu de pareil. Les bombes tombent un peu partout. On ne respire plus de l'air mais des sifflements et des explosions. Les Anglais sont spécialement visés. Ils forment un groupe sur l'autre jetée, plus important que le nôtre. Plusieurs bombes étaient déjà tombées autour d'eux quand brusquement une vingtaine de bombardiers allemands se dirigent vers eux. Les chasseurs anglais continuent toujours la bataille quelque mille mètres au-dessus de nous. Notre DCA tire sans arrêt. Celle du port semble réserver des munitions devenues rares. Tout cela crève les tympans et déchire l'air d'un vacarme ahurissant. Les bombardiers approchent et commencent à tourner en rond autour des Anglais, décrivant des orbes continues. C'est un véritable carrousel. En passant au-dessus des bâtiments ils lâchent leurs bombes. Le feu antiaérien est pourtant d'une densité effrayante. Les Allemands ne volent pas à plus de cent mètres et semblent s'en moquer. En quelques minutes ils coulent deux torpilleurs anglais, deux malles anglaises et deux chalutiers, le tout dans un rayon de cinq cents mètres. Sur la jetée, c'est un carnage épouvantable parmi les troupes qui embarquent et qui sont massées là en attendant leur tour. Puis ils viennent sur nous. Même technique, les bombes explosent autour de nous. Mais il était écrit que ce jour-là encore nous serions saufs. Une bombe tombe sur l'appontement large de cinq mètres à peine auquel le *Mistral* est accosté. Une autre explose dans la vase à peu près au même endroit par le travers du *Mistral*. Sur le coup nous ne voyons rien. Une pluie de boue submerge les deux bords. Morel sur la plage avant ne s'est pas couché aux sifflements. Il est resté droit et calme. Ses hommes ont couru se mettre à l'abri des canons de 130. Une seconde après, lorsqu'ils lèvent les yeux, ils le voient, debout, tout noir et ruisselant de boue. Il est souriant et leur dit :

« Quels froussards vous faites, tout de même ! »

Des cris ont jailli sur le *Mistral*. Il y a des morts et des blessés. Le médecin de première classe, Aubert, médecin de bord, me fait demander de venir l'aider. Le commandant Laverne qui commande le *Mistral* est blessé. Il mourra quelques jours plus tard en Angleterre des suites de sa blessure. Aubert s'en occupe tandis qu'enjambant la rambarde, je passe à bord de notre malheureux compagnon de combat soigner les hommes qui sont touchés. Quatre sont morts : plusieurs sont blessés plus ou moins gravement. Je pare au plus pressé, pose quelques garrots, fais des pansements sommaires et reviens sur le *Siroco* qui, pendant ce temps, ayant fait le plein de soldats, se prépare à appareiller. Le *Mistral* nous suit d'ailleurs car, ayant subi des avaries assez graves, il doit rentrer en réparation au plus tôt. Le *Cyclone* est déjà parti. Nous sommes encore poursuivis quelques instants par les avions allemands qui nous bombardent. Puis le calme revient. La journée a été rude. Des bâtiments ayant pénétré dans l'avant-port de Dunkerque pendant que nous nous y trouvions, le *Cyclone* et nous sommes les seuls à en sortir indemnes. Les Anglais ont été coulés, le *Mistral* fortement avarié. Mais cette fois, cela ne fait pas l'ombre d'un doute, ce sera pour le lendemain. Nous en parlons aux officiers de l'armée que nous avons embarqués. Ils sont heureux d'être sortis sains et saufs de cet « enfer ». Ils nous plaignent gentiment comme quelqu'un qui considère maintenant la chose d'assez loin. Ils ajoutent même des encouragements.

« Mais ça ira, vous verrez ; vous en sortirez indemnes et couverts de gloire. » Alors malicieusement nous essayons de jeter le trouble dans leurs âmes.

« Ce n'est pas encore fini pour vous ; vous verrez, nous ne sommes pas à Douvres. » Mais la mer est extraordinairement calme, ils n'ont pas le mal de mer et de ce fait se sentent à peu près invulnérables. Nous arrivons à Douvres vers dix heures. Personne ne sera débarqué avant le lendemain matin. Après avoir mouillé, le bateau s'endort. On n'entend plus que les ronflements des hommes, affalés à même le pont. Le *Mistral*, après avoir pris les ordres du chef de division, fait route sur Cherbourg.

Le lendemain 30 mai, nous débarquons nos troupes à Douvres et nous revenons en rade des Dunes dans la matinée. Vers une heure de l'après-midi nous recevons l'ordre d'appareiller pour Dunkerque. Le *Cyclone* qui présente une légère avarie de coque reste pour réparer. Nous partons seuls. Vers cinq heures je traduis un télégramme de la *Bourrasque* qui vient à quelques milles devant nous de sauter sur une mine et qui demande du secours. Peu après nous apprenons que le *Foudroyant* s'est porté sur les lieux. Après le *Mistral*, la *Bourrasque*. La série continue. A ce moment même, nous sommes attaqués par un avion allemand, lequel pris en chasse par trois chasseurs français croisant dans les parages largue ses bombes avec une certaine vivacité et s'empresse de fuir. Les bombes explosent à une centaine de mètres de nous. Nous arrivons devant Dunkerque vers six heures du soir sous un ciel de fin du monde, alourdi par l'opaque fumée des incendies. Sur la plage de Malo-les-Bains se succèdent les embarquements anglais. La ville apparaît à peu près détruite. Les Allemands sont à ses portes. Le ciel semble vouloir crouler sur nous. Lorsque le bâtiment se présente pour passer le goulet à vingt mètres de l'étrave, un véritable tir de barrage nous interdit l'entrée du port. Nous avons juste le temps de mettre toute à droite et, après avoir décrit un large cercle, nous pénétrons sans dommages. A peine avions-nous passé que de nouvelles gerbes jaillissent derrière nous. La chance nous sourit toujours. L'embarquement s'opère avec rapidité. Les troupes sont là qui nous attendent. Elles embarquent dans un ordre parfait en ligne sur trois rangs. Le bombardement est moins intense que la veille. Les officiers sont rassemblés vers le carré, à l'arrière. Huit cents hommes sont entassés dans les postes d'équipage et sur le pont. Le malheureux bateau est plein à craquer. Nous nous éloignons sans encombre. A mesure que la distance grandit qui nous sépare de Dunkerque, nous respirons plus librement. Nous sommes encore une fois sortis indemnes. Combien de temps l'incroyable, la miraculeuse chance va-t-elle nous sourire ainsi ? Le ciel est toujours aussi pesant, aussi impénétrable.

Bruit d'avions au-dessus de nous, cette litanie reprend, monotone. L'avion semble s'éloigner. On arrive à n'y plus prêter qu'une attention restreinte. La nuit tombe, à peine martelée par le triste appel des bouées sonores qui jalonnent notre route de loin en loin.

« Attention la veille !

– La veille écoute.

– Veillez bien les épaves devant. »

Elles sont partout muettes, désolées. Une bande d'écume consolatrice les entoure. Coques éventrées, grands mâts désespérés qui pointent, implorants, vers le ciel. Combien de corps reposent là, ignorés, inconnus, et dont certains yeux attendent encore, quelque part, le retour. Il ne reste plus parfois, de ces navires perdus, qu'une grande tache sombre qui teinte encore la mer ; la mer qui les a déjà effacés du monde et s'étale hypocrite et indifférente au-dessus d'eux. « Voilà le sort qui t'attend, semble-t-elle dire, fier bateau tout gonflé de tes victoires. »

Le *Siroco* cependant silencieux coupe la mer. Celle-ci lui fait un berceau étincelant d'écume. La mer n'a jamais été aussi phosphorescente que ce soir. Elle choque ce désir que l'on éprouve de vouloir passer inaperçu, de se mêler à la nuit protectrice. Elle semble nous montrer, nous désigner, elle semble dire : « Le voyez-vous qui s'échappe encore, qui va encore une fois triompher. »

Un bruit d'avions au-dessus de nous.

« A soixante tours », dit le commandant.

Le bateau glisse lentement et devient aussi moins visible. Le sillage ne se voit plus qu'à peine.

L'avion semble s'éloigner.

« A cent quatre-vingts tours », dit le commandant.

Le jeu de cache-cache continue. Ils nous voient. Nous les entendons. Nous croisons le *Cyclone* qui se dirige vers Dunkerque. Il est une heure du matin. Il est accompagné de la *Melpomène*, de la *Flore* et de quelques chalutiers. Nous avons la chance, nous, de revenir. Mais ce n'est que reculer pour mieux sauter, mieux sauter à la « patouille », suivant l'expression imagée. Il y a un capitaine d'artillerie qui tout à l'heure me disait en souriant :

« Maintenant, vous êtes parés; je suis à bord; il ne peut donc rien nous arriver de fâcheux.

– Touchez du bois.

– Inutile. Le sort ne peut vraiment rien contre moi. S'il pouvait quelque chose, il l'aurait fait pendant la dernière guerre que j'ai faite en entier sans une blessure. Il l'aurait fait durant ce mois que je viens de passer et pendant lequel j'aurais dû mourir cent fois.

– Vous êtes bien téméraire...

– Attention passerelle.

– Passerelle écoute. »

Un bruit d'avion au-dessus de nous. Une seconde à peine. Puis un cri :

« Commandant, deux sillages devant!

– Deux cents tours en arrière!

– Commandant, deux sillages derrière! »

Et c'est immédiatement l'explosion formidable. La

secousse ahurissante durant laquelle le dos courbé, le cœur serré, nous subissons une avalanche de boulons, de tôles, de débris variés. Le bateau oscille sur lui-même deux ou trois fois, puis il se stabilise et court encore sur son erre. Les cris ont jailli simultanément sur l'arrière. Sur tribord, tout au bout du bateau là-bas, une flamme jette une lueur rougeâtre et vacillante sur la mer. Ce début d'incendie s'éteindra heureusement sous le jet d'un collecteur de vapeur à quinze kilos que l'explosion a crevé. Sans quoi nous étions condamnés à griller vivants, car il se serait certainement communiqué à la nappe immense de mazout qui va recouvrir la mer. L'équipage est très calme, presque soulagé. Voilà vingt jours et vingt nuits qu'il appréhende cette minute, qu'il la devine inévitable. Elle est là. Il faut la vivre ou la mourir. Rien de plus. Les dès sont jetés. Il y a bien un jeune matelot secrétaire, un enfant de dix-neuf ans, qui, enfermé dans le poste central, les nerfs vidés, cache sa tête dans ses bras et hurle des paroles sans suite. Il est devenu fou. Folie passagère sous le coup d'une émotion brutale, mais qui disparaîtra après un mois de repos. Personne n'a envie de rire certes, mais les minutes sont rapides et bousculées, et personne n'a le temps de penser. Le navire « étale ». Le commandant réunit les officiers sur la passerelle.

« Quéau, dit-il.

– Il doit être mort, commandant. Il venait de descendre à l'arrière et l'arrière est emporté.

– Morel, vous êtes le plus ancien, vous assumerez les fonctions du second.

– Le Toux, comment sont les machines ?

– La cloison qui les sépare de l'arrière n'a pas cédé. Les arbres sont tordus. Remorqués, nous pouvons encore rentrer à Douvres. »

A ce moment une explosion ou plutôt trois explosions successives font encore trembler le bateau, jaillir des débris d'acier et de tôles, et monter une immense gerbe de mazout qui retombe en pluie sur nous, nous pénétrant jusqu'aux os.

L'obscurité est totale ; on voit seulement des ombres qui se meuvent au hasard. Du pont montent les cris d'effroi des hommes, les cris de souffrance des blessés. Qu'est-il arrivé ? Trois gerbes sont montées tout autour de nous. Est-ce une bombe qui nous a touchés ? Les grenades ont-elles explosé ? Ou les soutes à 37 ont-elles sauté ?

« Un bâtiment à bâbord par le travers !

– Une lampe torche, dit le commandant.

– Delacour, transmettez un SOS.

– Le bâtiment fait l'aperçu.

– Noyez les soutes à munitions de l'avant ! »

Tout cela n'a pas demandé deux minutes. Brusquement, le bateau s'incline. Qu'y a-t-il ? Il s'incline sur tribord lentement, posément, progressivement. Cependant il n'y a pas de houle. Va-t-il s'arrêter ? En bas sur le pont, parmi les cris d'épouvante, quelques claquements secs. Certains soldats, ne sachant pas nager, pris de panique, voyant qu'ils sont perdus, se suicident avec leur revolver. La gîte s'accentue toujours. Minutes épouvantables. Va-t-il se rétablir, reprendre son assiette ? Le mouvement s'accélère à mesure qu'il se précise. Je m'accroche au bord de la passerelle. Inutile, il faut fuir. J'enjambe le rebord. Le bateau est maintenant couché sur l'eau, horizontal comme une bête frappée à mort qui va mourir. Son mouvement de rotation hésite un instant. Je me suis laissé glisser sur le dos en pente douce. Je voudrais atteindre la coque. Je tombe entre les étais qui vont de la passerelle à la teugue. Je m'y accroche avec désespoir. J'essaie de me rétablir sur eux. Je suis lourd, tout habillé. Ma ceinture de sauvetage gêne mes mouvements. Une seconde, deux secondes, trois. Le bâtiment a repris sa giration. La plage avant s'élève, s'élève au-dessus de moi. Jamais je ne pourrai atteindre la coque. Elle va m'emprisonner sous elle. Il n'y a plus rien à faire. C'est fini. Le bateau s'enfonce en même temps. L'eau monte. Elle atteint ma ceinture lentement, lentement, puis les épaules. Et puis un grand remous... Et puis la nuit. Un bouillonnement furieux à mes oreilles où résonnent encore les cris d'épouvante de la dernière seconde. Je m'abandonne les yeux fermés, avec une vague idée : « Cela devait arriver ; c'est fini. » Brusquement, je sens sur mon visage le contact de l'air. Les yeux s'ouvrent. Il n'y a plus de bateau sur la mer. Si, l'extrême pointe de l'étrave ne veut pas mourir encore. Elle disparaît lentement, à regret, dans un mouvement uniforme et doux. Il n'y a plus de *Siroco*. Il n'y a plus rien, que des hommes, des hommes qui hurlent, des bras qui se tendent, et la nuit. Je suis sur le dos, encore épuisé ; je nage doucement.

A ma droite, un groupe d'une dizaine d'hommes, une véritable grappe humaine dont peut-être un seul sait nager, se débat dans l'eau noirâtre ; ils disparaîtront tous. Je suis brusquement saisi par le cou. Un bras m'enserre désespérément. Deux autres font le tour de mon thorax. Je sens mes pieds encerclés, paralysés par des mains qui s'agrippent. Je hurle :

« Lâchez-moi, nous coulerons tous ! »

Mais peuvent-ils m'entendre seulement ? Je disparais avec ceux qui s'accrochent à moi. Je reviens, par un vigoureux coup de reins, en surface. J'ai à peine le temps d'aspirer un peu d'air frais qu'ils m'entraînent à nouveau. J'essaie de délacer les bras qui m'enlacent. Je n'y parviens pas. Je m'abandonne. Les autres ne bougent plus non plus. Ils sont sous moi, dans mon dos, complètement immergés. Je me rends compte qu'ils doivent être évanouis. Celui qui me tenait les pieds m'a lâché déjà. J'arrive à desserrer l'étreinte des deux autres avec le reste de force que j'ai pu conserver. Heureusement ma ceinture de sauvetage m'aide énormément à me soutenir. Enfin libre, n'agissant plus que par réflexe, je nage dans la direction du bâtiment aperçu quelques secondes avant le chavirement du *Siroco*. Il était par bâbord. J'en aperçois l'ombre enfin. Un fort courant me porte vers lui. Dans l'eau, à chaque instant, mes mains rencontrent des masses rondes et dures. Mes jambes en se détendant butent dans des masses molles qui flottent entre deux eaux. Ce sont des têtes d'hommes noyés et des corps... A mesure que la distance qui me sépare du bâtiment sauveur diminue, l'eau se couvre d'une épaisse couche gluante, visqueuse, odorante. Le mazout! Le courant le porte dans la même direction que moi. Je ne suis plus qu'à vingt mètres du bord, mais une foule d'hommes est là dont on ne voit que des têtes émergeant de l'eau. Ils hurlent tous désespérément, se battent pour approcher plus près de la coque. Nos sauveteurs ont mis une embarcation à la mer. Elle s'est aussitôt renversée sous le poids des assaillants. Du pont, des marins anglais jettent à l'eau des filins d'acier. Un homme s'agrippe! Il émerge déjà plus qu'à moitié. Le voilà tout entier hors de l'eau. A ce moment des bras enserrent ses jambes. C'est une grappe de trois hommes maintenant que ceux du bord avec des « han ! » d'effort essaient de déhaler. Mais le premier, celui qui tient le filin, n'en peut plus. Il cède et tous retombent à la mer. La scène se reproduit vingt fois peut-être. Quelques-uns plus heureux atteignent le pont et s'écroulent épuisés.

Dans l'eau noire et visqueuse, les hommes, après un dernier cri, sinistre, éraillé, coulent et disparaissent en grand nombre. Ils ne sont plus que quelques-uns, qui flottent encore. Je puis approcher enfin. Devant moi contre la coque, je vois une échelle de pilote. Je suis sauvé! Mes mains s'accrochent. Mes bras se contractent... Ridiculement. Je ne parviens même pas à sortir mes épaules de l'eau et l'échelle dans l'eau n'atteint pas mes pieds. Après deux ou trois efforts, je n'insiste pas. Il faut que ceux qui sont là-haut m'arrachent de cette eau et vite, car mes forces atteignent leur extrême limite. Un filin passe à ma portée. Je m'y accroche. On me soulève. Je n'ai plus que les jambes immergées. Mais le filin glisse sur mon coude. Je glisse. Mes doigts glissent ; tout glisse. Je retombe dans l'eau. Le mazout pénètre dans mes narines, dans ma bouche. Ce mazout qui rend tout glissant, qui me fait glisser lentement vers la défaite finale après avoir entrevu la délivrance. Nouveaux essais infructueux. Je n'en puis plus. Près de moi un radeau qui a dû emmener jusque-là quelques hommes qui ne connaissent pas leur bonheur. Je m'y tiens quelques instants. Je reprends des forces et je reviens vers le filin qui m'attend toujours le long de la coque. Il serait facile de mourir. Pourquoi s'entêter à vouloir vivre ? Il n'y aurait qu'à dire non. Je suis glacé, inconscient, mécanique. J'ai la vague impression que cet essai sera le dernier. Après lui, inutile de continuer à lutter. Puisque tout glisse, il me sera facile de me laisser glisser aussi, doucement.

Cette fois j'ai pris le filin d'une autre façon. Mes doigts s'agrippent désespérément. Ma tête arrive au ras du pont. L'ascension devient plus lente. Aurai-je la force, la volonté de tenir jusqu'au bout ? Je le veux avec désespoir pourtant. Je monte encore un peu... encore un peu. Mes doigts vont me lâcher. Ils ont déjà glissé. Le filin m'échappe lentement, très lentement des doigts. Mais je suis assis sur le plat-bord. Des bras me prennent, me soulèvent et me déposent sur le pont. C'est fini. Je ne vois plus rien. Je ne puis plus faire un seul mouvement. Mes bras ne bougent plus. Ma pensée non plus. Il n'y a plus rien.

Je me retrouve dans une baille d'eau chaude. Le Baron m'exhorte de son accent parisien et par des tapes vigoureuses sur les omoplates. On m'aide à me soulever ; mes jambes sont molles, si molles. Elles ne peuvent plus me porter. Il faudra bien une heure avant que je puisse marcher, trébuchant. Tout noir de mazout encore, malgré l'eau chaude qui coule à flots et le savon. Il y a un blessé. Ce n'est pas grave, une plaie du cuir chevelu. D'ailleurs je ne puis rien y faire. Aucun matériel médical à bord. Si, un peu de morphine. Cela suffit à soulager. On me traîne au carré. Nouveau stage dans la baignoire des officiers. Whisky. Café chaud. Whisky encore. On compte ceux qui restent. Peu nombreux. Il y avait un autre bâtiment sur les lieux : peut-être a-t-il recueilli un certain nombre de rescapés aussi. Nous dormons.

Joli mois de mai, quand reviendras-tu?...

Le 1er juin, arrivée à Douvres. Dans la nuit, le *Widgeon*, (c'est le nom du sloop anglais qui nous a recueillis) a grenadé un sous-marin. Pas entendu. Sur les quais de Douvres, nous traînons des visages encore noirs de mazout, des cheveux huileux et des corps enroulés dans des couvertures de laine à la façon (on ne pourrait mieux dire) d'un baigneur qui sort du bain. Dans un hangar nous trouvons l'essentiel d'un habillement sommaire, qui nous transforme en soldats de Sa Majesté. Des groupes se forment ou essaient de dénombrer ceux qui manquent. Puis c'est un voyage interminable vers Southampton. Nous arrivons dans cette ville le 1er au soir et l'on nous fait passer la nuit dans les bois sous la tente. Chacun raconte son histoire.

Il y a Kervella, quartier-maître canonnier de la pièce trois, qui fut projeté à l'eau par l'explosion des torpilles, alors que tous ceux qui l'entouraient étaient tués net, et qui revint à bord en s'agrippant au garde-hélice, quelques instants avant que l'arrière du bateau ne disparaisse.

Il y a Perigaud qui certes est celui d'entre nous qui revient de plus loin. Il était dans les soutes arrière, au-dessous des appartements du commandant au moment de l'explosion des torpilles. Il voulut remonter. De l'échelle du commandant, il ne restait que quelques morceaux de métal tordu. Il les utilise cependant pour remonter jusqu'au pont au niveau du rouf arrière. Là, voulant se relever, sa tête frappe contre une cloison dure. C'est le toit du rouf, affaissé par l'explosion; il se glisse entre le pont et le toit, en rampant, jette un coup d'œil en passant à la descente des officiers. Le feu y crépite, il ne s'attarde pas (c'est assez compréhensible) et atteint l'air libre au moment où l'arrière s'enfonce dans les flots!

Et puis l'on parle de tous ceux qui sont sûrement morts. Letourneur, le midship mécanicien. Il était assis sur un cochonnet à l'arrière et racontait des histoires à son équipe de sécurité. Ceux-là ont dû tous y rester.

Il y a l'officier en second Quéau. Deux minutes avant, il

avait dit : « Je descends me reposer un peu dans ma chambre. Pour ce soir nous sommes parés. » Il y a l'aumônier qui avait emprunté la chambre de l'ingénieur, celui-ci ne voulant pas dormir.

Il y a Morel. Qu'est-il devenu ? Il avait atteint le *Widgeon*. Il était épuisé. Deux hommes le soutenaient qui, brusquement, l'ayant lâché quelques instants, ne l'ont plus vu.

Il y a tous ceux de l'arrière. Nos bons maîtres d'hôtel, les servants de la pièce quatre. Nous sommes quatre-vingt-six sauvés par le *Widgeon* et une cinquantaine de soldats en plus sur huit cents. Où sont les autres ?

Il faudra attendre d'être de retour à Cherbourg où nous dépose le 3 au matin le transport belge, *Princesse Marie-José* pour retrouver les autres rescapés. Ils sont peu nombreux. Une quinzaine en tout, dont mon infirmier. Sa figure s'éclaire d'un large sourire lorsqu'il m'aperçoit sain et sauf. J'ai dû aussi avoir un large sourire en le revoyant.

En tout nous sommes une centaine. Il doit y avoir soixante-dix disparus dans l'équipage. Les soldats sont à peine cent sur huit cents d'embarqués à Dunkerque. Les malheureux ont payé le plus lourd tribut. Quarante-cinq de leurs officiers étaient rassemblés au carré à l'arrière. Un seul, parce qu'il était monté prendre le frais sur le pont, est sorti vivant du naufrage. Nous apprenons avec joie que notre commandant est sauf. Il fut découvert évanoui par un quartier-maître torpilleur, Habasque, cramponné lui-même à une épave. Et qui, ne l'ayant pas tout d'abord reconnu, lui assura, accompagnant sa parole d'une vigoureuse tape dans le dos, qu'ils arriveraient bien tous les deux à se « dém...der ».

Il éprouva une certaine émotion rétrospective quand il s'aperçut qu'il était en compagnie de son commandant, commandant qui en quelques heures avait conquis la confiance d'un équipage qui le connaissait à peine, lorsque, par ses qualités manœuvrières, le 11 mai, il avait déjoué l'attaque d'un bombardier allemand s'acharnant sur le

Siroco, une heure durant. Depuis il avait glorieusement commandé le bâtiment pendant vingt longs jours de bataille presque jusqu'aux derniers jours de l'évacuation de Dunkerque. Seul le *Foudroyant* avait coulé après nous. Le *Cyclone* avait eu son avant arraché par une torpille lors du voyage qu'il accomplissait quand nous l'avions rencontré se dirigeant vers Dunkerque, alors que nous en revenions pour la dernière fois.

Le 4 juin au soir, le charbonnier *Dalila* où nous avions été réunis aux rescapés de la *Bourrasque* entrait dans la rade de Brest. Une réception émouvante nous était réservée, et lorsque l'amiral devant cette poignée d'hommes aux faces amaigries, aux barbes trop longues, à l'accoutrement bizarre, se fut écrié : « Marins de la flotte du Pas-de-Calais, la France est fière de vous », je suis sûr que tous ces loqueteux, arrachés par miracle à la mort, tous étaient prêts à revivre l'épopée qu'ils avaient traversée avec le même enthousiasme grave et confiant dans le destin de leur patrie.

Mais le destin lui fut contraire.

CONSCIENCE, OÙ ES-TU ?

Les méthodes modernes d'anesthésie sans perte de « conscience » nous ont amenés à poser le problème de façon un peu différente de celles habituellement et classiquement exprimées. La combinaison d'un neuroleptique et d'un analgésique : anesthésie potentialisée [1] ou neuroleptanalgésie, permet d'observer souvent des malades capables de subir une intervention majeure et de répondre pendant l'intervention à des ordres simples (ouvrez la bouche, fermez les yeux). Ils semblent donc conscients et analgésiés. Interrogés quelques heures après l'intervention, ils n'en ont aucun souvenir. On peut alors se demander si la réponse motrice aux ordres simples qu'ils ont été capables d'effectuer pendant l'action pharmacologique peut être appelée « état de conscience ».

Je me souviens d'un jour, au début de notre utilisation de ce type d'anesthésie « sans anesthésique » entre 1950 et 1954 où, avec P. Huguenard dans le service du professeur Sénèque à l'hôpital de Vaugirard, une malade subissait une hystérectomie totale sous une telle préparation. La malade était intubée après pulvérisation de la glotte à la procaïne et respirait calmement les yeux grands ouverts. L'abdomen l'était aussi largement, des champs évitant que les anses intestinales envahissent le petit bassin et des écarteurs exposant celui-ci aux mains des opérateurs. L'intervention était déjà bien avancée quand la malade, fermant fortement la

1. H. Laborit, *l'Anesthésie facilitée par les synergies médicamenteuses*, 1 vol., Paris, Masson et Cie, 1950.

bouche, coinça son tube trachéal entre ses dents. La circulation de l'air vers les poumons s'en trouva évidemment interrompue et la malade se mit à pousser, provoquant la colère justifiée du chirurgien encombré par les anses intestinales. P. Huguenard tenta aussitôt de placer un ouvre-bouche entre les dents serrées, mais l'articulé dentaire de la malade étant impeccable, il n'y parvint pas. La malade pendant ce temps s'asphyxiait. P. Huguenard, fortement angoissé (on le comprend, car c'était là un exemple typique d'inhibition de l'action), se mit à « hurler » :

« Mais nom de Dieu, madame, ouvrez la bouche ! »

Ce que la malade s'empressa de faire, sans pour autant reprendre sa respiration. Alors que nous étions prêts à la ventiler artificiellement, P. Huguenard tonitrua à nouveau :

« Nom de Dieu, madame, mais respirez ! »

Ce que l'interpellée se mit à faire aussitôt. Je ne sais si les deux jurons blasphématoires avaient été indispensables à ce retour à une ventilation normale. Mais interrogée le lendemain, cette jeune femme n'avait aucun souvenir de l'incident, ni des ordres qui lui avaient été intimés, ni de notre angoisse évidemment. Ce cas me fit comprendre cependant que l'on peut présenter un comportement apparemment conscient, répondre même à des ordres oraux simples, sans être ce qu'il est convenu d'appeler « conscient ».

En effet, un état de conscience nécessite évidemment la « notion de schéma corporel ». Le nouveau-né enfermé dans son « moi-tout » ne peut vraisemblablement pas être qualifié de conscient, même éveillé, car il n'a pas encore, par une expérience motrice sur l'environnement, combinée à l'expérience intéroceptive, réalisé une image de lui-même séparée du monde extérieur. Nous savons la façon progressive dont on admet aujourd'hui que s'établit chez l'enfant, par étapes successives, la confluence de l'activité fonctionnelle des voies sensitives à partir de canaux sensoriels différents et la discrimination sensorielle temporelle et spatiale. Un état de conscience nécessite aussi d'être rapporté à une expérience de soi dans le temps, donc à un besoin des processus de « mémoire », car la conscience est d'abord la conscience de la pérennité des schémas corporels dans le temps. Il a besoin d'un « état d'éveil » permettant une confrontation constante des stimuli actuels avec l'expérience des stimuli passés. La mise expérimentale en état de privation sensorielle provoque rapidement l'endormissement, la perte de conscience. Processus de mémoire et motivation feront appel au système limbique et à l'hypothalamus. L'éveil dépendra de la stimulation de la « formation réticulaire ascendante ». Mais nous savons que tout acte réflexe ou automatique est généralement inconscient. Il semble même que ce soit là sa principale utilité, car il libère le système focalisateur de l'attention tout en permettant l'accomplissement de l'action. C'est l'avantage du « métier », des habitudes de toutes sortes. Ils feront appel à l' « apprentissage » et il est bon de noter que celui-ci est nécessaire à l'obtention d'un « métier ». Nous connaissons le rôle du système limbique dans les processus d'apprentissage et de mémoire. Ce ne sont donc pas eux qui pourront permettre isolément un phénomène de conscience.

Inversement, un comportement strictement aléatoire, imprévisible autrement que statistiquement, exigerait l'absence de mémoire de telle sorte que la réponse du système nerveux aux variations de l'environnement serait chaquc fois différente puisqu'une situation ne se reproduit jamais. Ce comportement serait aussi inconscient, puisque la conscience est d'abord celle de la durée de l'individu dans le temps, qui est fonction de la mémoire et d'abord de la mémoire de l'unité et de la pérennité du sujet qui mémorise les variations survenues dans l'environnement, et ses relations dynamiques avec elles.

La conscience paraît donc être en définitive un phénomène résultant de l'impossibilité où se trouve un individu neurophysiologiquement et idéalement normal d'être inconscient, c'est-à-dire de répondre par l'un ou par l'autre de ces comportements ou entièrement automatiques ou entièrement aléatoires. Le fait que la mémoire et son expérience, innée comme acquise, l'entraînent à répondre par voie automatique donc inconsciente, a pour support tout son système sous-cortical et cortical, essentiellement son paléocéphale qu'il a en commun avec les autres espèces animales. Le langage ne change rien à l'affaire : il n'est qu'un moyen de stimulation supplémentaire, plus complexe, un deuxième système de signalisation (Pavlov) capable d'enrichir son comportement sans pour autant le rendre plus conscient. Le principe de « stimulus-réponse » est donc incapable de fournir une interprétation du phénomène de conscience.

Les systèmes associatifs, en revanche, ne peuvent se concevoir isolés des précédents, puisqu'ils n'auraient rien à associer, n'ayant rien mémorisé. Mais si nous tentons d'imaginer qu'ils puissent associer au hasard des éléments mémorisés sans relations entre eux, sans relations temporelles en particulier nécessaires à la notion de pérennité du sujet qui agit, ce fonctionnement serait évidemment inconscient. C'est en définitive parce qu'il est capable de répondre de façon originale à un problème posé par l'environnement, problème auquel il pourrait répondre de façon réflexe ou automatique, que l'homme est conscient. Il sera donc d'autant plus conscient qu'il est conscient de ses automatismes et de ses pulsions, et qu'il trouve à s'en libérer par sa fonction imaginaire. On peut penser aussi qu'il risque d'être d'autant plus conscient que ses pulsions fondamentales seront plus puissamment antagonisées par les interdits sociaux qui lui créent ses automatismes. Mais le plus souvent ce conflit sans solution est si douloureux (système du SIA) que l'individu préfère l'enfouir dans son inconscient, le refouler. Névroses et psychoses trouvent sans doute là une source importante.

La conscience se révèle ainsi comme la conséquence du fonctionnement le plus complet, le plus intégré de toutes les aires et fonctions cérébrales. L'animal sera donc d'autant plus conscient qu'il sera moins soumis aux automatismes inconscients, ce qui devrait être le propre de l'espèce humaine.

Cela nous pousse à décrire deux types différents de processus conscients : l'un que nous appellerions volontiers la « conscience concrète », l'autre la « conscience abstraite ». La conscience concrète serait celle que possède l'enfant avant le langage mais après acquisition du schéma corporel. Le monde dans lequel il se meut est alors peuplé d' « images » qui en sont le reflet. Ces images résultent elles-mêmes de l'association corticale des caractéristiques d'un objet, caractéristiques déjà décomposées en de multiples éléments séparés, comme l'étude de l'activité du système visuel par exemple l'a montré. Mais ces caractéristiques sont elles-mêmes de nombreuses sortes, visuelles, tactiles, auditives, osmiques, gustatives, voyageant dans nos voies sensorielles par des canaux divers et aboutissant dans des neurones corticaux différents. L'action permettra progressivement de mettre en jeu les neurones associatifs dont les traces mémorisées aboutiront à la notion d'objet. Il s'agit là d'un apprentissage, le premier sans doute. L'animal est soumis aux mêmes exigences. Mais les systèmes associatifs de l'enfant déjà plus développés que ceux de l'animal pourront travailler sur ces images pour créer de nouvelles structures imaginaires, qu'il pourra confronter avec les automatismes, les « habitudes » qu'il a aussi acquises par apprentissage. Celles-ci pourront déjà exprimer des conflits entre pulsions et interdits socioculturels ou imposés par la « réalité » expérimentale (toute action étant une expérimentation), dès que les systèmes associatifs peuvent imaginer une stratégie originale de l'action, dont l'animal ne serait pas capable du fait de systèmes associatifs spécifiquement moins développés. Un certain niveau de conscience doit alors en résulter. La part sociale de cet état de conscience se résume à ce moment dans l'origine sociale des automatismes acquis, l'origine sociale du « règlement de manœuvre ». Mais l'animal domestique par exemple est également soumis par l'homme à ce type d'automatismes sans pour autant présenter les caractéristiques de la conscience enfantine. Dès qu'apparaît le langage, une certaine distance peut être prise par rapport à l'objet, et cette acquisition est évidemment d'origine purement sociale. Son apprentissage dépend de l'entourage humain et ce langage gouvernera essentiellement les rapports interhumains. La conscience liée à l'existence et à l'utilisation du langage sera une « conscience abstraite » propre à l'homme. Les processus associatifs manipuleront alors non seulement des images, mais des mots, dont chacun peut répondre à de nombreuses images différentes, le mot n'étant pas en rapport biunivoque avec l'objet. Les structures imaginaires, les relations susceptibles d'être établies entre les mots, suivant une syntaxe précise, atteindront une richesse considérable dont la conscience concrète était incapable. Mais cela veut dire aussi que les automatismes qui peuvent résulter de ces associations langagières, dont fait partie le langage lui-même d'ailleurs, bien que structuré d'abord par la relation au milieu, demeureront le plus souvent dans le domaine de l'inconscient. Depuis la naissance, dans le système nerveux humain vont ainsi s'établir des structures inconscientes, liées au langage, qui dépendront de structures préexistantes ; l'inconscient est alors constitué par ces structures abstraites superposées. La conscience que l'on peut appeler présente, immédiate, ignore évidemment la dynamique ayant présidé à l'établissement de ces structures superposées. L'école pavlovienne a appelé le langage le « deuxième système de signalisation ». Le terme de « signalisation » exprime l'idée que des relations existent entre l'excitation et l'information qu'elle véhicule concernant un ensemble qui ne se limite pas à elle seulement.

Confondre vigilance et conscience alors que pourtant la première est nécessaire à la seconde est également inacceptable. Nous parlons d'animaux à l'état vigil et non point conscient. Nous avons signalé notre étonnement lors de la réalisation de nos premières « anesthésies potentialisées » (neuroleptanalgésie). Quand un pianiste de concert passe plusieurs semaines à répéter un même trait, il le fait pour automatiser dans son système nerveux les multiples mécanismes aboutissant aux mouvements complexes de ses doigts de telle façon que ces mécanismes deviennent « inconscients » parce que parfaitement automatisés. Cet automatisme lui permet alors de focaliser son attention sur des sonorités par exemple qui font la richesse de son interprétation et nous font pénétrer dans son imaginaire et le nouveau niveau de conscience que celui-ci permet. Dans les deux états ce pianiste était cependant vigilant, mais son niveau de conscience n'était pas le même, car ses automatismes inconscients n'étaient pas eux-mêmes identiques. Son deuxième état de conscience s'était enrichi de tous les automatismes inconscients qu'il avait acquis entre-temps.

L'inconscient est pour nous le réservoir essentiel dans lequel puise l'action car il comprend les motivations fondamentales et les apprentissages socioculturels, les automatismes. C'est enfin un élément indispensable pour parvenir à la conscience qui n'est alors que le résultat d'un conflit à un niveau d'organisation supplémentaire entre le déterminisme des automatismes et l' « aléatoirc » (entre guillemets, car il serait mieux de dire la combinatoire) de l'imaginaire.

L'action orientée vers un but est constituée par une succession d'actes moteurs, éléments de l'ensemble moteur global. L'action finalisée représente un continuum d'états moteurs qui n'atteignent pas tous le même niveau de la conscience. Les éléments constituant une conduite motrice sont le plus souvent des automatismes inconscients et seule l'action globale est consciente. Mais au début, le plus souvent, chaque chaînon élémentaire de celle-ci exige un processus de conscience et ce n'est que leur passage au niveau des automatismes inconscients qui permet à l'activité globale consciente d'acquérir par la suite rapidité et efficacité, à tel point que si l'attention se fixe ensuite sur un des éléments automatisés de l'action globale, celle-ci risque de devenir moins adaptée, moins précise et moins efficace. Le rôle du cervelet dans cette mémoire motrice – la constitution de ces automatismes moteurs, l'habileté conquise dans les jeux, les techniques professionnelles ou autres, les performances animales, la parole, le discours, la danse, le chant, etc. – paraît être fondamental.

D'autre part, un comportement adapté ne peut se résumer à la succession stimulus-réponse. Il doit exister une succession de mécanismes internes concourant au résultat final de l'action. Chacun de ces mécanismes sera sans cesse comparé au but à atteindre suivant un plan représentatif, un programme dans lequel à chaque instant le résultat partiel est corrigé en fonction du but à atteindre. Dans ces activités, la conscience n'est pas nécessaire. En revanche, si pour atteindre ce but l'activité associative est capable d'utiliser plusieurs schémas d'automatismes acquis, et de se représenter les avantages et les inconvénients pour le plaisir ou la survie de l'emploi ou de la combinaison de tel ou tel de ces automatismes ou de certains fragments d'entre eux, le comportement deviendrait pour nous, à ce moment-là, conscient. Un système associatif développé est pour cela nécessaire.

***

Le langage est vraisemblablement une acquisition relativement récente de l'homme, dont J. Jaynes [1] a même tenté audacieusement de dater l'évolution. D'un langage qu'il nomme « accidentel » et lié au stimulus et à sa répercussion émotive, limbique, langage fait d'onomatopées accompagnant un comportement mais provoquant ou ne provoquant pas de réponse chez un autre animal, pouvant être émis même lorsque le sujet est seul, on passe progressivement à

1. J. Jaynes, « The Evolution of Language in the Late Pleistocene », *Origins and Evolution of language and Speech*, conf., held by Anyas. Sept. 1975. Ann. N.Y. Acad. Sci. 1976, 280 : 312-325. S.R. Harnad, éd. Hoost, Steklis and Lancaster.

un langage « intentionnel », émis dans un contexte social et destiné à transformer le comportement d'un autre animal. Or, pour Jaynes, le vocabulaire est fonction du nombre et de la variété des outils. Pour lui, il s'est développé brutalement au début du néolithique, dix mille à huit mille ans avant notre ère, au moment de la fixation au sol, de la multiplication des objets et des premières divisions du travail. L'homme de Neandertal possède un front avec un angle de soixante-cinq degrés (le nôtre est de quatre-vingt-dix degrés), ce qui montre des lobes frontaux incomplètement développés. Leurs crânes montrent aussi que la zone du langage de Broca est encore incomplètement développée, que la scissure de Sylvius est très large, suggérant des aires associatives de Wernicke pour le langage encore très primitives.

Le début du néolithique, qui vit la fixation de groupes humains au sol avec la naissance de l'agriculture et de l'élevage, s'est accompagné de la division progressive des fonctions dans l'organisme social en train de se constituer. La communication entre les éléments individuels de la collectivité, devenue nécessaire à l'action efficace de ce nouvel ensemble par rapport à l'environnement en vue de l'amélioration des conditions de sa survie, exigeait un enrichissement progressif des signaux, et leur combinaison suivant des règles grammaticales. Ce fut le rôle du langage. De toute façon, il est sans doute possible d'écrire avec Robinson [1] : « Le langage humain dépend normalement de deux systèmes plutôt que d'un. Le premier et phylogénétiquement le plus ancien est localisé dans le système limbique : il est bilatéral sans dominance hémisphérique, antérieur au développement des primates et en relation étroite avec des facteurs émotionnels, motivationnels et végétatifs. Il n'est capable que de transmettre des signaux d'un contenu informationnel restreint.

1. B.W. Robinson, « Anatomical and Physiological Contrast between Human and Other Primate Vocalisations », *Perspectives in Human Evolution*, Nashburn S. L. et Dolhinov P. éd., New York, Holt Rinehart and Winston Inc., 1972.

Le second système s'ajoute au premier, surtout développé chez l'homme; il est néocortical, latéralisé, et normalement dominant dans l'hémisphère gauche. Il ne provient pas du vieux système mais d'un tissu nouveau, en particulier les aires néocorticales associatives... Ce système apparaît en parallèle avec l'ancien, le domine, et relègue le vieux système dans un rôle subordonné. »

*
* *

On conçoit la difficulté que l'on rencontre à définir et préciser le phénomène de conscience et de l'inconscient, du fait de l'interaction des facteurs qui ont conduit à l'être humain. Celui-ci est effectivement un animal social. Mais de nombreuses espèces le sont aussi. Peut-on leur accorder la faculté de « conscience » telle que nous en faisons l'expérience chez nous-mêmes, par introspection, et chez les autres par leurs comportements ? Un enfant sauvage qui a grandi en dehors de tout contact humain, retrouvé entre cinq et dix ans d'âge, ne devient jamais un homme, car la plasticité du système nerveux au cours des premiers mois a disparu. Un certain nombre de connexions synaptiques ne se réaliseront plus. C'est le problème de l'environnement banalisé, opposé à l'environnement enrichi, qui permet à l'animal adulte de résoudre plus vite et plus efficacement des problèmes de labyrinthe. C'est celui du chaton élevé dans une cage à barreaux verticaux qui ne verra plus et ne pourra jamais plus voir au bout de quelques semaines des barreaux horizontaux. En cela Freud avait sans doute raison d'insister sur l'importance des premières années de la vie de l'enfant. Mais chez l'homme, la conscience est d'abord la conscience abstraite, celle liée au langage. Nous venons de voir qu'elle s'est établie sans doute progressivement au cours des derniers millénaires, en relation avec des transformations biochimiques, neurophysiologiques et anatomiques, elles-mêmes résultant de ses rapports avec l'environnement. Cette auto-organisation dépend du langage qui a permis la transmission de l'expérience de génération en génération, le « *time-binding* [1] », ce dont les animaux sont incapables.

Mais ce langage provient sans doute de facteurs environnementaux qui ont obligé une espèce simienne au bipédisme, à la libération de la main, à la transformation de la statique du crâne, à l'évolution de la cavité naso-pharyngée, à l'industrie primitive et à une protection plus efficace à l'égard de l'environnement. La mémoire, largement distribuée à travers les espèces, n'était pas suffisante pour permettre cette évolution. Il fallait l'apparition des systèmes associatifs qui, seuls, ont autorisé la création d'information, capable de transformer le monde de la matière, et le développement de ceux-ci semble bien avoir procédé des facteurs précédents. Malheureusement, ce langage conscient, s'il a permis un développement de l'industrie humaine, la protection de l'espèce, par la découverte des lois physiques et d'un nouveau langage, la mathématique, n'a rien appris jusqu'à une date récente sur la programmation innée et acquise de l'instrument même qui l'autorisait : le système nerveux. C'est que le discours logique n'est qu'une hypothèse de travail, qui exige le contrôle expérimental pour reconnaître sa cohérence avec ce que nous pouvons « abstraire » de la réalité. Les prétendus « faits objectifs » qui servent généralement de base aux « analyses » logiques ne peuvent être qu'un sous-ensemble de faits abstraits de l'ensemble qui constitue le réel. La collecte de ces faits n'est pas la conséquence du hasard, mais de nos pulsions, de nos automatismes culturels qui nous rendent sourds aux autres faits, qui ne sont pas signifiants pour nous. Or nous sommes persuadés souvent que l'analyse logique à partir des faits objectifs doit nous faire obligatoirement déboucher sur le réel. Ce prétendu réel

1. A. Korzybski, *Science and Sanity*, 1 vol., Lakeville, Conn. USA, The International non Aristotelian Library Publishing Company, 1933.

ne peut cependant être plus qu'une banale hypothèse de travail qui s'effondre bien souvent à l'expérimentation. Cette expérimentation n'a pu être réalisée dans les sciences dites humaines dans l'ignorance où nous étions du fonctionnement de l'instrument, de l'« effecteur » qui réalise l'ensemble des rapports humains, le « système nerveux humain ».

Nous venons de voir que la conscience se bâtit sur l'inconscient. Mais ce dernier étant par définition inconscient, il était difficile de lui attacher quelque crédit, alors que par la logique du discours conscient l'espèce avait pu dominer le monde. Mais c'est l'inconscient qui, sous l'alibi langagier du précédent, a toujours permis à certains individus, à travers les âges, d'imposer leur dominance à leurs contemporains. Comment s'en préserver, si l'on ne connaît pas les mécanismes de sa genèse de façon expérimentale et non plus seulement langagière ?

Ce que nous venons d'écrire rend de plus en plus difficile une distinction précise entre conscient et inconscient. On peut dire que la conscience est faite d'inconscient et le passage de l'une à l'autre est du domaine de l'abstraction langagière. Si l'on se reporte à ce que nous avons dit du phénomène de l'« empreinte », la distinction est encore plus difficile. Qui dira précisément la part prise par elle dans les comportements humains sociaux, dans ce qu'il est convenu d'appeler la culture ? L'inconscient auquel nous avons fait appel dans les pages précédentes, et dont nous avons tenté de préciser les mécanismes et le contenu, n'envisageait que les automatismes acquis à partir de l'établissement du schéma corporel, automatismes moteurs, conceptuels et linguistiques, indispensables à l'efficacité de l'action. Mais si l'on songe qu'avant l'établissement du schéma corporel, avant qu'apparaisse la conscience d'être dans un environnement qui n'est pas « moi », à l'époque où l'enfant est encore enfermé dans son « moi-tout », la mémoire est déjà fonctionnelle puisque c'est elle qui permettra de sortir du « moi-tout » et d'établir le schéma corporel, alors on comprend que peuvent surgir dans le champ de la conscience, quand celui-ci est constitué, des souvenirs que le sujet sera incapable de rapporter à son « moi ». Ces souvenirs surgiront comme venus « d'ailleurs », d'un fond commun ancestral ou d'un monde mythique et transcendantal, impliqué au sujet et subi par lui, sans possibilité de réponse logique dans une action efficace. Quoi de plus angoissant puisque l'angoisse naît de l'inhibition de l'action ? Pour nous, nous sommes conduits à limiter la notion de « fantasmes ou phantasmes » conscients ou inconscients (la distinction devient dans ce cas secondaire) à ce type de souvenirs, surgissant de l'empreinte, sans qu'il soit nécessaire de faire appel à la scène primitive ni à la transmission héréditaire des caractères acquis, notion pour le moins discutable. Cette définition restrictive du fantasme, et qui lui conserve pourtant une richesse inexprimable, a du moins l'avantage de limiter l'utilisation du terme aujourd'hui utilisé pour exprimer n'importe quoi, pourvu que ce soit une émanation de l'inconscient, ce qui a pour conséquence de le rendre inutilisable, à partir du moment où l'on réalise qu'il est pratiquement impossible de préciser les limites entre conscient et inconscient. On peut souhaiter que le terme perde de la vogue qu'il a acquise dans le discours de nos contemporains, à la logique duquel il fournit une cheville quand justement ce discours manquc dc logique.

L'inconscient compris comme ce qui est refoulé par la conscience trouverait son origine dans le fait que la pulsion hypothalamique (ou l'automatisme acquis qui permettrait son expression), entrant en conflit avec un autre automatisme plus impératif pour la survie, ne trouverait pas de solution imaginaire permettant de passer à l'acte non programmé et non puni. Les réseaux neuronaux mis en jeu dans ce processus d'« attente en tension » attendent la levée de l'inhibition qui ne vient pas. C'est en quelque sorte l'aspect négatif du refoulement. Mais il semble bien que l'on puisse lui ajouter un aspect positif qui se rapproche de ce que l'école freudienne a appelé « refoulement originaire » et qui pour nous ne serait alors que secondaire et plus élaboré. Dans ce cas, la solution imaginaire permettant l'action est bien trouvée, mais les conséquences prévues de l'action seraient si dangereuses que cette solution ne peut être utilisée. Elle va rejoindre dans les connexions neuronales le pool des faits mémorisés sans utilisation pratique, si ce n'est dans les différents subterfuges qui permettent de lui donner la parole sous un masque d'emprunt non interprété par la socioculture et donc non interdit : en d'autres termes, sous le masque des processus névrotiques ou de l'imagerie onirique. Le premier type de refoulement serait celui d'un besoin fondamental ou acquis. Le second celui d'un désir comme nous avons défini celui-ci. Mais l'inconscient ne peut pas être que cela, c'est-à-dire la somme des automatismes antagonistes et des désirs interdits. Il est d'abord l'ensemble des faits mémorisés et ayant atteint un automatisme fragmentaire suffisamment efficace pour qu'il soit possible d'utiliser chaque fragment dans une construction d'ensemble toujours nouvelle. Chaque fragment demeure processus de conscience aussi longtemps qu'il n'a pas trouvé sa place stable dans le stock des réseaux neuronaux en interrelation associative. Lorsqu'il l'a trouvée, il passe dans le domaine inconscient pour être utilisé dans une structure originale consciente à la confection de laquelle il contribue. C'est pourquoi la conscience nous paraît se bâtir de seconde en seconde sur l'inconscient qui s'accumule et « n'être jamais ni tout à fait la même ni tout à fait une autre », comme la femme dont rêvait Verlaine, « cette femme qui m'aime et me comprend », expression consciente de son désir narcissique inconscient.

Et c'est en cela que l'inconscient représente un « instrument redoutable », indispensable à l'être conscient, mais dont le danger réside « non pas tant dans son contenu refoulé », mais au contraire dans ce qui, conforme au principe de réalité autorisé, souvent même récompensé, a été mémorisé et automatisé, et ne sera jamais plus remis en question parce que l'on ignore jusqu'à sa présence, ce qui est le propre de l'inconscient évidemment.

L'individu bâtit ainsi ce qu'il est convenu d'appeler sa personnalité, construction qui se fige de plus en plus avec les années, sur un bric-à-brac de jugements de valeur, un amoncellement de préjugés indispensables à sa survie dans le cadre culturel où il est né et a grandi, fondations rigides, automatiques et inconscientes de son être conscient. Si une seule pierre parfois de cet édifice est endommagée, l'ensemble de sa construction consciente risque de s'écrouler. L'angoisse qui en résulte exige d'être traitée par l'action et celle-ci ne reculera pas devant le meurtre, la guerre ou le génocide pour l'apaiser.

Ainsi, ce n'est pas l'inconscient refoulé qui empêche de croire à notre liberté, mais au contraire cet inconscient autorisé, d'autant plus riche qu'il est récompensé par le principe de réalité culturel et qu'il se fixe définitivement dans un discours logique lequel lui fournit un accoutrement qui le fait ressembler à la vérité.

Le « déplacement » dangereux, le fait que l'intérêt pulsionnel porté à une représentation est capable de se détacher d'elle, pour passer sur d'autres auxquelles elle est reliée par une chaîne associative, ce n'est pas dans la névrose ou dans le rêve qu'il faut le craindre. C'est dans la vie courante où toutes les sociocultures ont utilisé ce processus inconscient pour obtenir de l'individu par récompenses et punitions une soumission à l'ordre hiérarchique.

On peut en dire autant de presque tout ce qu'il est convenu d'appeler les « processus de défense névrotique ». C'est en effet cet inconscient automatique et non pas le refoulé, sur lequel se bâtissent les prétendues valeurs d'un groupe humain, qui utilise la « projection » quand un autre groupe défend des valeurs différentes. Toutes les luttes politiques et internationales, raciales et religieuses, y trouvent leur aliment. Il en est de même de l'« identification » au leader inspiré, de l'isolation, de l'annulation, etc.

Ainsi compris, l'inconscient nous paraît bien avoir deux faces complémentaires : l'une est la face cachée, refoulée, parce que non conforme au principe d'une quelconque réalité ; l'autre est la face visible, qui se promène au grand jour, favorisée, félicitée, encouragée, récompensée par tous les principes des réalités. « Tout le monde » peut la voir, mais personne ne la regarde, car elle parle en utilisant un discours logique, si bien que « tout le monde » l'appelle la conscience.

J'appellerais bien cet inconscient inconscient collectif, malheureusement il ne possède de collectif que ses règles d'établissement façonnées par le langage et quelques grands schémas associatifs qui remontent sans doute au début du néolithique et peut-être avant et transmis depuis, traditionnellement. Chacun les utilise conformément aux nécessités de sa survie dans le point unique de l'espace-temps où la combinatoire génétique l'a placé. Il vaudrait mieux peut-être l'appeler inconscient spécifique, car il est propre à cette espèce d'individus conscients que sont les hommes. Mais il paraît préférable de l'appeler « inconscient systémique » du fait qu'il résulte de la structure systémique du système nerveux humain et de son expression fonctionnelle, qui participent en le créant au niveau de conscience globale.

***

J'ai déjà exprimé à plusieurs reprises, plus ou moins complètement, cette approche de la conscience et de l'inconscient. Je n'ai pas l'impression d'avoir influencé en quoi que ce soit (c'est le moins qu'on puisse dire !) la pensée contemporaine sur le sujet. Peut-être mon approche est-elle entachée d'une erreur de jugement fondamentale ? Je dois avouer pourtant qu'à la lecture d'un certain nombre de philosophes, psychologues ou psychiatres qui en ont parlé, je n'ai pas trouvé d'interprétation convaincante du problème. C'est peut-être du fait de mon insuffisance de culture ou du fait qu'il n'y a « pire sourd que celui qui ne veut pas entendre ».

LES ÉTATS DE CONSCIENCE DITS « MODIFIÉS »

Depuis des millénaires, les hommes ont utilisé des plantes hallucinogènes ou dites encore psychédéliques. L'étude historique de l'usage des psychotropes montre que ce sont le plus souvent les ethnies les plus défavorisées ou, en leur sein, les classes les plus misérables qui en ont codifié l'emploi. Ce sont avant tout des facteurs socioculturels et économiques qui motivent, règlent ou interdisent cet emploi. Depuis la vague de « toxicomanie » qui a roulé sur le monde occidental à partir de 1960, les études de ces facteurs se sont multipliées.

Ce qui m'intéresse présentement, c'est de comprendre le mécanisme et peut-être ainsi la signification de ces « états de conscience modifiés ». La notion de niveau d'organisation, sans son complément indispensable, celle de servomécanisme, nous fait pénétrer en botanique, chimie, biochimie, pharmacologie, neurophysiologie, éthologie, psychologie, sociologie, économie, anthropologie, ethnologie, politique, religions, etc., et n'apporte alors qu'une vue fragmentaire du problème. Il me semble nécessaire de comprendre comment ces différents niveaux d'approche des états de conscience modifiés s'englobent et se commandent les uns et les autres dans un système global cohérent. Et ce n'est pas en faisant appel à la clef moderne de toutes les serrures problématiques, la cybernétique, que la lumière jaillira. Nous savons qu'un système régulé ne fait rien que de maintenir la valeur d'un effet autour d'une constante. C'est la commande extérieure à ce système régulé, la commande du servomécanisme issue des systèmes englobants, qui va donner toute sa signification dynamique à l'ensemble.

H. von Foerster [1] a pu écrire que le système nerveux ne croit à la réalité que pour les modèles intérieurs confirmés par les autres. La conscience consiste à « savoir avec ». Nous avons vu que de nombreuses espèces animales autres que l'espèce humaine vivent en société, et je ne suis pas opposé à leur accorder une certaine conscience, mais pas celle que nous avons tenté, dans le chapitre précédent, d'interpréter chez l'homme.

Nous serons d'accord aussi avec Lilly [2] qui dit que nous nous créons un modèle d'univers dans notre système nerveux. Mais pour lui, il n'y aurait aucune limite à ce qu'un individu ou qu'un ensemble d'individus par consensus peuvent imaginer ou croire. Or sa seule limite fondamentale, essentielle, c'est évidemment pour nous le contenu de la mémoire, le codage par l'expérience des neurones. Un enfant qui vient de naître ne peut rien imaginer parce qu'il n'a encore rien appris. Mais de la mémoire (ou des mémoires), de ses bases biochimiques et neurophysiologiques, on ne parle jamais.

L'Univers ne me paraît pas ainsi une construction arbitraire dans un continuum infini de constructions possibles. Cette idée n'est valable, et de façon limitée, que pour la structure d'un seul niveau d'organisation qui dépend du nombre d'éléments utilisables pour l'établissement de cette structure. Elle ne l'est plus quand ce niveau se trouve englobé dans un autre, car alors il faut que la « construction arbitraire » puisse fonctionner avec la construction également arbitraire du niveau englobant. Seules certaines constructions arbitraires du niveau englobé seront efficaces à l'intérieur de certaines constructions arbitraires du niveau

1. H. von Foerster, *Observing Systems*, Seaside : Intersystems publications, 1982.

2. J. Lilly *Programming and Metaprogramming in the Human Biocomputer*, New York, Bantam Books, 1968.

englobant, etc., ce qui semble limiter les possibilités d'« arbitraire ».

Cela me permet de résumer la notion d'objectivité abordée précédemment et de préciser le relativisme que j'ai exprimé à cette occasion. En effet ce relativisme est valable pour un seul niveau d'organisation. Mais il paraît cependant limité par la cohérence fonctionnelle nécessaire entre les structures (avec un petit s) abstraites et qui sont successivement englobées. Cette cohérence fonctionnelle ne fournit pas une étiquette de « réalité » à la structure globale du niveau d'organisation auquel on s'arrête, mais du moins un caractère d'efficacité temporaire. Chaque niveau englobant « asservit » les niveaux englobés et diminue leur degré de liberté.

Ainsi pour nous, toute activité « psychique », qu'elle soit raisonnable ou psychédélique, met en jeu forcément une mémoire, donc une trace matérielle, dans certains neurones, d'expériences sensorielles dont l'association avec d'autres voies neuronales ayant conservé la trace, la mémoire, d'autres expériences sensorielles peut donner naissance à des structures associatives nouvelles. Celles-ci n'ont alors aucune relation directe de cause à effet avec ce que la sensorialité présente nous donne d'une réalité, qui n'est elle-même qu'un sous-ensemble « abstrait » d'une réalité inconnue et qui le restera. La réalité psychique peut alors n'avoir aucune référence objectale dans l'univers. C'est une construction imaginaire, mais construite avec des éléments mémorisés, des voies neuronales codées par l'expérience antérieure.

Sans pouvoir en apporter de preuves expérimentales, on peut penser alors que les hallucinogènes, en intervenant sur l'activité de certaines voies neuronales, par l'intermédiaire d'une action sur des récepteurs membranaires puis des seconds messagers, agissant sur le métabolisme de certaines aires neuronales, sont capables de favoriser des associations originales. Elles risquent d'être d'autant plus riches que le capital stocké par les mémoires est plus important et varié, la rigidité des automatismes moins aliénante et la motivation plus forte à fuir une sensorialité directe peu gratifiante.

On retrouve ainsi dans ce schéma, qui mériterait un beaucoup plus long développement, les différents niveaux d'organisation depuis la molécule jusqu'aux rapports sociaux. Ceux-ci semblent bien en définitive constituer le système englobant tous les autres. Mais il faut comprendre que ce sont tous les autres inversement qui commandent à la structure du niveau socio-économico-culturel, car celui-ci résulte du fonctionnement du système nerveux humain en situation sociale.

Nous serons donc en accord avec ceux qui considèrent que l'expérience hallucinogène a pour caractéristique principale les modifications sensorielles qu'elle entraîne [1]. Elle s'accompagne en effet du maintien de la vigilance, de la conservation de la mémoire, donc de l'expérience vécue antérieure. Mais alors il est difficile de préciser le lien entre les distorsions sensorielles et l'utilisation des faits mémorisés, car il semble que les premières influencent profondément l'association s'exerçant sur les seconds. Bien que l'on connaisse par ailleurs de nombreux faits concernant les médiateurs mis en jeu, il est encore difficile de leur trouver une corrélation neurophysiologique et comportementale.

De toute façon, au cours de la première phase de l'expérience hallucinogène, les perturbations sensorielles entraînent la perte des repères somatiques et environnementaux. Ceux-ci sont présents puisque la vigilance est toujours là, mais les troubles sensoriels ne leur permettent plus de jouer un rôle de repères. Au cours de la deuxième phase de l'expérience hallucinogène, « le cerveau utilise les instruments qui lui restent, la mémoire et la vigilance, pour compenser ce déficit, et c'est la

1. J.-P. Valla, « Aperçu descriptif de l'effet des hallucinogènes », *l'Usage des drogues et la toxicomanie*, dir. P. Brisson, Montréal, Gaëtan Morin éditeur, 1988, p. 63-76.

conscience de soi (et non de quelque chose) qui devient le point de repère central des individus[1] ».

On comprend que cette expérience a pu être souvent comparée à la schizophrénie. Cependant, si l'on tient à faire ce rapprochement, c'est de la première phase de l'expérience hallucinogène qu'il faudrait rapprocher la schizophrénie, car tout semble se passer comme si la schizophrénie était incapable d'utiliser sa conscience de soi comme point de repère.

Quant aux raisons socioculturelles qui ont conduit à l'emploi contemporain des hallucinogènes et à la toxicomanie, nous retrouvons pour l'individu la fuite d'un monde de compétition économique implacable qui le place dans un état d'inhibition de l'action dont le suicide et la toxicomanie (qui n'est d'ailleurs bien souvent qu'une forme de suicide) sont pour lui les seuls moyens de se libérer et d'agir.

Mais dans un monde régi par les lois du marché, le monde du libéralisme pur et dur, qui a bien montré son efficacité quand on le compare à un communisme qui s'est effondré, dans ce monde, une loi domine : celle de l'offre et de la demande.

On découvre alors, englobant le niveau de l'individu plongé dans un monde insupportable qu'il essaie de fuir, celui des grands intérêts économiques et politico-économiques, par ce que les pays producteurs de drogues sont parmi les plus pauvres et les plus misérables du monde. Leur production agricole non toxique a vu son prix, réglé par les États industrialisés, s'effondrer, ne permettant plus à leur population de survivre. Alors la tentation est grande de produire des drogues toxiques mais hautement rentables sur le marché international, où la demande s'envole du fait d'une ambiance sociale difficile à supporter pour beaucoup, dans ces pays où les lois du marché font que leurs citoyens ont pourtant tout pour être heureux, c'est connu.

1. *Ibid.*

Ce que je viens de rédiger, ce sont des banalités. Sur le plan politique, on sait bien que les USA ont créé le concept d'un narcoterrorisme intimement lié avec le communisme qui l'aurait inventé pour déstabiliser des régions, en particulier en Amérique latine, d'obédience économique et politique américaine. Mais en poussant la caricature et la fiction un peu plus loin encore, on en arrive à se poser la question de savoir si le commerce des drogues, le blanchiment si simple de l'argent « sale », ne seraient pas entretenus par certains États eux-mêmes pour éliminer, par le moyen de la drogue, une population inutile, non productive, donc indésirable. La lutte contre la drogue constitue aussi pour ces États, par le renforcement des effectifs de police, un contrôle plus intime des individus dans leur vie privée, et ce contrôle apparaît beaucoup plus rigoureux sur la demande que sur l'offre. Mais là sans doute suis-je en train de commencer à écrire le canevas d'un roman de science-fiction policier.

Nous avons rapproché dans ce paragraphe les drogues hallucinogènes, des drogues toxiques de façon plus générale, sans nous étendre sur cette dernière distinction importante. Pourtant nous pouvons dire que, dans tous les cas, ce sont avant tout des moyens de fuite du déplaisir ayant abouti à l'inhibition de l'action. Cette fuite enlève au toxicomane l'envie de lutter et même de trouver une source de plaisir moins dangereuse mais aussi moins immédiatement efficace. Il devient inutile au maintien de la structure socio-économique d'une société productiviste et doit donc être éliminé. C'est pourquoi les lois sont généralement coercitives à leur égard, sans que soit jamais envisagée la possibilité d'instauration d'un type nouveau de rapports sociaux, qui ne seraient pas uniquement établis sur la compétitivité économique.

ÉCRITURE ET CONNAISSANCES *

* Conférence prononcée au congrès du 8 décembre 1990 à Palerme sur « Les destins de l'écriture, aujourd'hui ».

En participant à la réalisation du film d'Alain Resnais : *Mon oncle d'Amérique*, je me suis aperçu que l'audiovisuel, du moins dans le désir d'être apprécié du plus grand nombre, était incapable d'exprimer un concept abstrait. De nombreuses images de ce film ne peuvent d'ailleurs être comprises que si l'on a lu certains de mes livres. Pour prendre un exemple trivial, comment l'audiovisuel peut-il exprimer simplement une des formules banalisées d'Einstein : $E = mc^2$? Certains critiques dits sérieux ont stigmatisé le film de Resnais en disant que j'étais « béhavioriste », ce qui n'est plus à la mode aujourd'hui. Mais que peut le cinéma, sinon montrer des comportements *(behavior)*. C'est le cinéma qui est béhavioriste, car on me fera la gentillesse de croire que j'ai quelques notions concernant les différences entre un cerveau de rat et un cerveau d'homme. La force de l'audiovisuel vient du fait qu'il touche directement à l'affectivité. Mais le livre garde encore de belles années d'existence devant lui. C'est un objet que l'on touche, sur lequel on peut écrire, souligner, revenir sur certains passages que l'on a insuffisamment compris et qui s'expliquent plus tard en poursuivant la lecture. Même si l'évolution prévisible de la technique permet de prévoir le moment où tous les livres pourront être mis en mémoire sur cassette, les hommes de connaissance n'abandonneront que difficilement cet objet qu'ils aiment, le livre.

Il est important sans doute de constater que l'écriture a répondu à deux besoins de l'homme : garder inscrits dans une mémoire durable et sûre les faits éphémères, labiles, et que la parole ne transmet souvent qu'en les déformant, et faire circuler un message non seulement d'homme à homme à travers l'espace, mais de génération en génération à travers le temps.

Pourtant, si l'écriture ne constitue que le signifiant d'un message, son support, ce dernier est porteur d'une sémantique d'un signifié. Il est d'ailleurs curieux de constater que la plus vieille écriture du monde, présente à Ourouk en Sumer (3200 ans av. J.-C.), appelée à devenir l'écriture cunéiforme, pictographique, fut inventée pour permettre la comptabilité des richesses accumulées par ces peuples néolithiques. Les Sumériens lancèrent des colons marchands vers le nord en Syrie, en Iran et vers l'Égypte, qui très rapidement dépassa le modèle sumérien, avec l'écriture hiéroglyphique (3100 av. J.-C.). Celle-ci fut mise au service d'une idéologie monarchique, celle des pharaons, de leurs dynasties successives, de la religion d'État. Les premières écritures du monde ont ainsi été motivées par le commerce, la religion et le pouvoir institutionnalisé. C'est donc grâce à ces écritures et aux chercheurs qui ont réussi à les déchiffrer que la connaissance de ce que pouvait être la vie productive, législative, religieuse et politique de ces anciens peuples, est parvenue jusqu'à nous. Les messages, sans avoir été conçus pour cela, ont, grâce à elles, traversé les générations. C'est sans doute là un des premiers liens que nous devons signaler entre écriture et connaissance. Un pas important fut franchi dans la transmission des messages avec l'apparition de l'alphabet phénicien, d'où dériveront le grec, puis le latin.

Or, du fait de l'activité créatrice du cerveau humain, les connaissances s'accumulèrent au cours des siècles, concernant les lois gouvernant le monde où l'espèce était plongée. Comment auraient-elles passé d'une génération à l'autre et pu s'accumuler sans l'écriture. On a l'habitude de faire coïncider cette diffusion des connaissances, tant sur le plan horizontal, celui du présent, que vertical, celui de l'histoire, avec l'avènement de l'imprimerie, et en Europe d'attribuer la découverte de celle-ci à Gutenberg. Or il faut savoir que l'on imprimait en Chine dès le milieu du VIe siècle.

Voilà, considérablement schématisée, l'histoire du signifiant. Mais qu'en fut-il du signifié ? Autrement dit, que communique-t-on dans un message ? Là encore, il semble que l'on puisse distinguer d'abord la propagation horizontale d'un message écrit concernant le présent. Compte tenu de l'accélération considérable des découvertes au cours des derniers siècles, l'écriture a permis leur diffusion rapide entre les hommes, propagation qui fut un facteur important de l'enrichissement des connaissances et de nouvelles découvertes – découvertes concernant les lois qui, par niveau d'organisation, des particules élémentaires à l'astrophysique d'une part, des particules élémentaires à la biologie d'autre part, gouvernent le monde où nous vivons. Quels que soient les modes de transmission des messages considérablement accélérés au cours des dernières décennies, c'est toujours finalement à l'écriture qu'ils aboutiront, autant pour le décodage que pour la mise en mémoire.

Or de plus en plus, du fait de la dépendance économique dans laquelle se trouve inscrite l'écriture, puisque la plupart des activités humaines contemporaines ont pour motivation la vente et la production des marchandises, à partir d'une technologie bondissante, le contenu du message transmis sera une structure abstraite concernant une activité strictement professionnelle. Les connaissances qu'elle transmettra se limiteront, en se « recyclant » journellement, à des connaissances utilitaires dans une économie de marché. Les sciences dites humaines elles-mêmes – psychologie, sociologie, économie et politique –, pour ne citer qu'elles, se verront enfermées dans le cadre de la compétition économique. L'homme contemporain se trouve ainsi séparé de son passé, de son histoire, aussi bien scientifique que littéraire, musicale, artistique, et en un mot culturelle dans son ensemble. Il se trouve isolé en cette fin du XXe siècle, car l'écriture ne lui sert plus, sur le plan vertical de l'histoire, à se joindre aux générations précédentes, depuis que quelque chose qui ressemble à un homme se tient debout sur cette planète. Il est ignorant des rudiments mêmes de la longue évolution, à partir des premières unités vivantes dans l'océan primitif, qui a conduit jusqu'à lui. C'est un orphelin de la connaissance. Il n'a qu'une connaissance immédiate, présente, de la somme des connaissances technologiques, sans plus savoir d'où elles viennent, comment elles se sont établies.

On voit le trouble qui nous envahit quand on veut parler de « Écriture et connaissances ». De quelle connaissance s'agit-il ? Quel est le contenu du message transmis par l'écriture ? De quel signifié parle-t-on ? Sans même aborder la notion d'interdisciplinarité, fort à la mode, et que l'écriture pourrait faciliter, nous devons remarquer qu'il s'agit généralement d'une interdisciplinarité entre disciplines scientifiques contemporaines qui n'essaient pas de situer beaucoup mieux l'homme d'aujourd'hui dans un espace historique humain, planétaire et cosmique.

Il n'est peut-être pas tellement osé de dire que l'écriture exprime le plus souvent l'histoire d'un peuple, ce qu'il est convenu d'appeler sa culture. On ne peut nier même que les écritures des peuples méditerranéens, alors que l'écriture arabe pourtant ignore les voyelles, constituent un fond commun aux peuples de cette région du monde où l'écriture est née, que la façon dont s'enchaînent les éléments du signifiant impose à la pensée de ces peuples une structure commune et que cette pensée, à partir de l'écriture, s'est glissée dans l'ensemble de leurs comportements, artistiques ou scientifiques même. L'art n'est-il pas lié à l'écriture et celle-ci n'est-elle pas, dès le début, la symbolisation artistique de l'objet ? N'est-elle pas un art par elle-même tant dans son signifiant que dans son signifié ? Son danger vient sans doute qu'en passant du signe, en relation biunivoque avec l'objet, au symbole, dans lequel chacun met sa propre expérience du monde, la communication devient du même coup beaucoup moins précise. C'est le jeu des poètes qui, comme le préconisait Verlaine dans son *Art poétique*, devraient aimer « la chanson grise où l'indécis au précis se joint », de nous fournir des signifiants susceptibles d'éveiller en chacun de nous des images ou des sentiments puissants et variés suivant notre propre histoire, celle de notre mémoire individuelle.

Et c'est pourquoi, chez ceux qu'il est convenu d'appeler les scientifiques, l'effort est généralement fait de réduire la signification du mot, après entente conventionnelle, à un seul objet. Ainsi les protocoles exposés peuvent être repris par d'autres qui doivent retrouver les mêmes résultats. L'écriture est alors le véhicule d'un signifié moins riche mais plus précis.

Il me semble aujourd'hui difficile d'imaginer comment la prépondérance croissante des techniques audiovisuelles va transformer, ce qui est probable, la pensée et le comportement de l'homme de demain.

Par ailleurs, puisque l'écriture demeure un moyen de communication entre les hommes, ainsi qu'une mémoire efficace de leur histoire, de leurs mœurs, de leurs connaissances du moment, plutôt qu'une langue universelle, une écriture universelle est-elle possible ? Leibniz s'aperçut qu'elle existait déjà et que c'était l'écriture chinoise. Tout caractère chinois peut être interprété dans n'importe quelle autre langue. C'est, suivant le sinologue suédois Bikalgren, un « espéranto pour les yeux ». Pourvu que les Chinois n'abandonnent pas leurs idéogrammes, pour les romaniser ou les anglo-saxonniser !

Enfin, nous n'avons pas parlé de l'écriture mathématique, qui paraît être déjà une écriture universelle. Mais il faut reconnaître que le public capable de l'interpréter est sans doute plus restreint encore que celui des mandarins chinois et qu'elle a bien souvent besoin d'être assistée par l'une des innombrables langues écrites, dispersées à travers la planète.

Pour en terminer avec l'essentiel de ce que nous voudrions

dire concernant le signifié, le contenu sémantique de l'écriture jusqu'ici paraît n'avoir transmis que la connaissance des lois qui gouvernent le monde physique, et avec les philosophes et les psychologues, ce que l'introspection ou le béhaviorisme peuvent nous apprendre du monde qui vit en nous. Or l'écriture a besoin d'un cerveau humain pour l'écrire, et ce n'est que depuis trois ou quatre décennies à peine qu'une approche par niveau d'organisation, de la molécule aux comportements en situation sociale, a commencé à se réaliser. La biologie comportementale est très jeune bien qu'en croissance rapide. Ne peut-on présager que l'écriture trouvera en elle sa source, sa raison d'être, ce que cachent toujours la sémantique qu'elle véhicule et les facteurs qui ont été à l'origine de sa réussite, comme des dangers qui la guettent. Fille un peu trop unique de l'hémisphère gauche, analytique, il me semble qu'elle doit se méfier de la revanche de l'hémisphère droit qu'elle n'a pas toujours su utiliser de façon complémentaire, et que l'audiovisuel, simplificateur, est en train de conquérir en exclusivité.

***

Je vais sans doute passer pour un vieillard rétrograde aux yeux de beaucoup. Mais les quelque trente livres et les innombrables articles que j'ai à mon actif, je les ai tous écrits à la main. Le mouvement pulsionnel qui s'établit entre le bras, la main, la feuille blanche et la pensée me paraît indispensable à l'expression précise de celle-ci. Je n'ai jamais pu me soumettre à la « machine à écrire » avec laquelle cette dynamique disparaît. N'est-ce pas elle qui fait dire qu'une écriture est belle, harmonieuse, et par laquelle les graphologues prétendent découvrir l'essentiel du caractère d'un individu ? Avec le développement de l'ordinateur et du traitement de texte, voilà une profession, la graphologie, qui va connaître un chômage croissant. Je sais bien que lorsqu'on dit qu'une écriture est belle, c'est souvent du style que l'on veut parler. Mais vous avez remarqué aussi qu'une écriture se transforme au cours de la vie. Ne serait-ce pas parce qu'elle reflète un peu les connaissances accumulées ? C'est là encore une façon de répondre au thème proposé : « Écriture et connaissances ».

SI LE FRANÇAIS M'ÉTAIT CONTÉ *

* Conférence prononcée à Québec en novembre 1987.

UN PASSÉ

Ce serait une longue et tortueuse histoire. Au début étaient les Gaulois; mais ceux-ci étaient déjà des envahisseurs qui, venus d'Allemagne de l'Ouest et de la Gaule du Nord-Est, avaient envahi en deux vagues successives et aussi progressivement la totalité de la Gaule en se heurtant aux Ligures, aux Ibères, et en s'enrichissant culturellement au cours de leur expansion vers la Méditerranée et le Proche-Orient du contact avec les civilisations du bassin méditerranéen. C'est assez récemment que l'on s'est aperçu que cette période, qui va de l'âge du bronze à celui du fer et s'écoule de mille cinq cents ans avant notre ère jusqu'à la conquête romaine (51 av. J.-C.), fut pour ces peuples une période artistiquement évoluée et créatrice. De cette période, la langue a conservé beaucoup plus de racines qu'on ne pouvait le supposer encore récemment.

Mais le français est avant tout une langue latine, une langue « romane ». Il ne s'agit pas exactement du latin que j'ai appris pendant six ans au lycée, mais du latin populaire, la langue parlée dans la partie occidentale de l'Empire romain. Cependant les études dites classiques que l'on abandonne aujourd'hui, telles que ma génération a pu les suivre, permettent, je dirais presque inconsciemment, de donner aux mots une histoire et d'utiliser le mot juste en sachant d'où il vient, du fait que son contenu sémantique s'enrichit de cette histoire et n'est pas réduit à son contenu contemporain.

Donc, à partir de la conquête de la Gaule par César, la langue devient à prédominance romaine, devient la langue du dominant. Mais les invasions barbares balayent la cohérence géographique de ce bas latin et dispersent le gallo-romain en de multiples dialectes régionaux, dont on peut distinguer assez vite deux courants principaux : une langue d'oïl, le francien, relativement envahi de racines germaniques, au nord de la Loire ; une langue d'oc au sud, encore très liée au gallo-romain. Pendant huit siècles (les plus anciens documents qui nous soient parvenus sont les « serments de Strasbourg »), le latin des premiers colonisateurs s'est considérablement transformé, mais on ignore presque totalement comment cette transformation eut lieu. L'unification progressive réalisée par les rois de France assura la suprématie du francien, et l'on voit déjà apparaître la liaison de la langue au pouvoir politique.

Mais au Xe et au XIIIe siècle, la féodalité guerrière et campagnarde s'installe puis disparaît. La langue, du fait de l'extrême division des sols et des pouvoirs politiques, s'effrite en de multiples dialectes, autour de petites cours, élaborant l'amour courtois où la femme que l'on tente de séduire sans jamais la posséder est la représentation terrestre de la divinité. Les œuvres littéraires sont provinciales et la littérature est florissante dans le Midi. Mais la langue occitane dépérira après la croisade contre les Albigeois, où le pouvoir politique parisien central s'associera avec le pouvoir religieux romain pour unifier politiquement et linguistiquement l'Hexagone. Les universités commencent à établir leur renommée, et le francien est consacré, peut-on dire, avec en 1276 le *Roman de la rose*.

Cet ancien français a revêtu plusieurs aspects : le langage des clercs encore fortement imprégné de latin qui deviendra celui de l'administration, unifiée progressivement, et une langue littéraire parlée dans le domaine d'oïl, mais envahie suivant les régions de termes dialectaux. On peut dire qu'aujourd'hui encore les différents patois sont les descendants de cette dernière.

Le français médiéval exprime les activités humaines de l'époque, la guerre et les activités rurales. A partir du roman commun, des origines gauloises et des apports germaniques, le lexique est riche, mais ne s'enrichit pas par emprunts. La notion de français n'est pas encore née. En revanche, les suffixes sont très nombreux et varient suivant les dialectes. L'accent tonique, très fort en latin, réduit rapidement des mots à une ou deux syllabes caractéristiques. Il faut demander aux linguistes spécialisés de décrire la façon dont le francien évolua vers le français moderne du Xᵉ au XXᵉ siècle.

François Iᵉʳ en 1539, avec le renforcement du pouvoir royal, abolit l'emploi du latin dans les tribunaux. La naissance de l'imprimerie va participer à l'uniformisation de la langue. Le français gagne la médecine, les mathématiques, la philosophie. Du Bellay peut écrire *Défense et illustration de la langue française* et Malherbe (« Enfin Malherbe vint... », avons-nous appris en classe) assure la victoire des modernes sur les anciens par la perfection de sa langue, tournée vers le présent.

Le lexique est considérablement augmenté, d'abord par un emprunt massif de mots latins que l'on francise. Les mots nouveaux qui n'ont pas eu le temps de subir l'érosion phonétique sont plus longs que les anciens. Mais on emprunte aussi au grec, à l'italien, à l'espagnol. Là encore, les linguistes vous en diront beaucoup plus et mieux que je ne saurais le faire.

La réglementation de la langue a été d'abord, à partir du XVIIᵉ siècle, un travail de salon et de cour qui exige l'élégance et la justesse de l'expression. On refuse les termes « réalistes » ou « crus » comme les langages techniques et les néologismes. La langue s'appauvrit et se fixe. Quelques emprunts à l'anglais, par snobisme, se constatent jusqu'à la Révolution. Avec le XVIIIe siècle, on note pourtant un retour aux réalités et le vocabulaire s'enrichit à nouveau, souvent à partir du grec, francisé, et s'introduit dans la langue commune. Les XVIIe et XVIIIe siècles ont fait un effort considérable de mise en ordre de la syntaxe. La phrase devient courte, claire, incisive. Le changement des valeurs amené par la Révolution et l'Empire devait avoir une incidence sur la langue. Le bon usage aristocratique est remplacé par le bon usage bourgeois. La langue populaire va s'infiltrer dans la langue commune. Les patois se francisent sous l'influence de Paris. Les termes de technique administrative, politique et juridique s'étendent au peuple. La Convention veut institutionnaliser la langue et fait la guerre aux patois. Dans les campagnes, les sujets deviennent bilingues et surtout la généralisation du français est devenue une marque de l'égalité. Encore très récemment, nos instituteurs apprenaient aux petits Noirs du Sénégal que leurs ancêtres étaient les Gaulois, alors qu'au même moment on interdisait l'emploi du gaélique aux Bretons.

A partir de 1880, les lois de Jules Ferry instituent l'école primaire obligatoire et laïque. C'est ainsi que l'on peut écrire le français en cette fin du XXe siècle comme en 1850. Il existe même un certain snobisme du « beau parler » et du « bien écrire ». Celui qui ne s'y conforme pas s'exclut de la classe non plus aristocratique mais bourgeoise, classe devenue dominante. Sur le plan littéraire cependant, on a l'impression que la recherche de l'originalité a conduit jusqu'au roman moderne, qui se distingue moins par le choix des sujets que par la dislocation de la langue. Mais si l'on peut même utiliser l'argot, on ne peut sans déchoir dire : « Au revoir, m'sieurs dames ». Le brassage des couches sociales, par le service militaire obligatoire, le syndicalisme donnant la parole à la classe ouvrière, les partis politiques, le développement de la presse et de l'audiovisuel font que la correction de la langue est de plus en plus ignorée. La vulgarisation des résultats de la recherche scientifique qui s'emballe fait passer souvent les mots du jargon spécialisé dans celui du jargon coutumier.

Les notions que j'ai pu réunir dans la première partie de ce chapitre constituent le squelette d'un long article de l'*Encyclopaedia Universalis* ayant pour titre « Française (langue) », auquel celui qui veut en savoir plus pourra se reporter. On y discute longuement de l'esthétique du français, de la « clarté » française et des secrets du « beau langage ». Je voudrais aborder maintenant un aspect plus personnel de ce que j'ai à dire sur le sujet et que mon métier de biologiste et de comportementaliste me fait proposer à votre jugement.

UN PRÉSENT

La façon dont une ethnie s'adapte à son environnement géoclimatique, à travers les innombrables mélanges de population depuis le néolithique, s'exprime dans ce qu'il est convenu d'appeler une « culture », supportée par un langage. Le langage du marin et sa culture ne sont pas ceux du montagnard ou du paysan de la plaine. C'est sans doute là un des premiers facteurs d'apparition des patois, sur un fond commun plus ancien, résidu d'une dominance économique et politique antérieure, comme le fut la Pax Romana. La politique centralisatrice, surtout conduite avec l'idéologie dite démocratique de « liberté, égalité, fraternité », a conduit, dans certains cas, en France en particulier, à l'uniformisation étatique et centralisée des cultures et des langages. Vendéen, je porte encore les marques affectives, après deux cents ans, du génocide réalisé sur nous par la Convention. Il est certain en revanche qu'il n'est plus possible pour un ensemble humain de vivre en autarcie. Mais alors pourquoi ne pas laisser ces groupes proposer eux-mêmes la façon dont ils conçoivent les relations culturelles, économiques et politiques avec le système étatique qui les englobe ? Pourquoi leur infliger de l'extérieur une uniformisation coercitive ? Elle ne peut que faire resurgir un régionalisme désuet. Cette égalisation n'exprime d'ailleurs que le règlement de manœuvre d'une hiérarchie de dominance qui, en France, après avoir été celle de l'aristocratie, fut ensuite celle de la bourgeoisie et est devenue, plus récemment encore, celle de la technocratie et de la bureaucratie bourgeoises, caractérisées par leur rapport particulier à l'argent.

On pourrait croire qu'avec la rapidité croissante des moyens de communication, aucune ethnie ne peut aujourd'hui se sentir isolée sur la planète et que seul un facteur politique peut empêcher l'organisation d'un ensemble planétaire, fait de multiples cellules aux caractères et fonctions variés. Dans ce cas, ce ne serait que l'institutionnalisation étatique qui s'opposerait à cette confluence. L'admettre serait ne pas voir que le politique est aujourd'hui entièrement dépendant de l'économique, encore qu'il y fut toujours plus ou moins soumis depuis que, avec le début du néolithique, la notion de propriété s'est établie comme un droit inaliénable, non de l'homme mais du citoyen au milieu des esclaves. Or l'économique est lui-même maintenant entièrement gouverné par la technologie. C'est elle qui permet de faire plus de marchandises en moins de temps et de les vendre au meilleur prix. Leur réussite en ce domaine a fait longtemps adopter le modèle américain, aujourd'hui remplacé par le modèle japonais dans la recherche de la dominance entre États.

Cependant, si pendant longtemps le français fut une langue, sinon « la » langue dominante du fait même d'une technologie plus avancée, véhicule des idéologies et des marchandises de l'époque, depuis il a cédé sa place à l'anglais et, je devrais dire, à l'américain. Il faut comprendre en effet que le laser – ainsi que je l'ai déjà signalé plus haut – avait peu de chances d'être découvert dans la république d'Andorre ou au Liechtenstein, simplement parce que ces ethnies ne sont pas suffisamment nombreuses. Cinquante-cinq millions de Français, à plus forte raison six millions de Québécois, ne peuvent pas, statistiquement, avoir autant de chances de réaliser des percées technologiques en dehors de quelques domaines spécialisés, que deux cent trente millions d'Américains. Mais les populations de l'Europe de l'Est n'ont pas non plus imposé leur langue, malgré leur percée technique récente, liée aussi au nombre de leurs habitants, car ils sont partis avec du retard dans cette course à la dominance technologique avec ses conséquences économiques.

C'est en ce sens, avant une uniformisation du langage sous la houlette de l'anglais ou du russe (ce qui est peu probable) ou du chinois (qui représente une masse de plus de un milliard d'hommes) par une dominance technologique et économique, que l'idée à la mode de la francophonie peut réunir momentanément des millions d'hommes. Mais cela en attendant que surgisse un langage commun, châtré au départ par l'histoire, par la tour de Babel, par des espaces cloisonnés et différents, par des finalités centrées sur une ethnie contre les autres et non sur l'espèce.

Cependant méfions-nous, mes frères en francophonie ! Regardez comme un Canada anglais, avec son ministre des Affaires extérieures, M. MacDonald (nom que nous n'avons pas encore francisé), a profité récemment de la réunion francophone de Montréal pour faire adopter une prétendue francophonie économique. Vous avez entendu parler du cheval de Troie ? L'énorme marché africain pourra s'ouvrir ainsi, grâce au cheval de la francophonie, aux multinationales américaines. J'étais invité, il y a deux ans, à faire des conférences à Abidjan en Côte-d'Ivoire.

On m'a appris là que les quelques centaines d'ethnies différentes, parlant un langage différent, ne trouvaient leur unité que par l'usage parallèle du français. La politique et l'économie du pays se sont unifiées par ce langage commun. Mais si ce langage est utilisé pour établir la dominance des marchandises anglo-saxonnes, la finalité d'une culture différente retombera dans le tombereau unifié de la vente de marchandises et de la dominance qui en résulte. Vous, Québécois, vous aurez peut-être été le cheval de Washington ou celui d'Ottawa, ce qui revient au même.

Rappelons-nous que l'hégémonie romaine avec son économie et sa langue a disparu sous la pression des Barbares. Linguistiquement, elle a donné naissance aux langues latines, ce qui laisserait supposer que culture et économie ne sont pas entièrement synonymes, et que la barbarie n'est peut-être pas localisée là où l'on croit. Il n'est pas impossible que l'hégémonie américaine disparaisse également, dans un avenir imprévisible. De toute façon, toute économie est fragile et toute dominance qui s'appuie uniquement sur la technologie et l'économie d'exploitation a des chances de disparaître, mais l'hégémonie linguistiquement peut lui survivre et même se généraliser. Dans ce cas, défenseurs ou non de la francophonie, nous devrons nous incliner car la langue anglaise aura alors prouvé qu'elle est un meilleur moyen de communication que les autres.

QUELQUES RÉFLEXIONS POUR FINIR

Qu'est-ce qu'une langue ? C'est d'abord un moyen de communication. C'est aussi une mémoire conservant l'histoire et les acquis du passé. Que fait-on lorsque l'on communique ? On établit des rapports humains dans un espace particulier et à une époque de l'histoire de l'homme. Cela se réalise en faisant appel, le plus souvent inconsciemment, à l'histoire du groupe humain auquel un individu appartient, et la langue contient cette mémoire inconsciente qui envahit tout individu, même le plus illettré. Chacun de nous possède dans son cerveau une certaine représentation, unique, du monde, et le langage lui permet de réaliser un modèle de cette représentation, dans son infinie variété. Il le communique aux autres par le langage, de façon à les influencer dans leur comportement au mieux de son propre intérêt. C'est ainsi que se sont constituées les sociétés, les nations. Pour cela, il faut évidemment que le récepteur utilise le même langage que l'émetteur.

Si le modèle porté par le langage n'est qu'une représentation technologique et que la seule finalité de l'émetteur, individu ou groupe, est de mieux vendre sa marchandise, un langage technologique assez simpliste peut être suffisant. Dans ce cas, nous l'avons dit, les États dominants par leur technologie verront leur langue dominer la planète. L'enseignement lui-même se réduira à un apprentissage technologique plus ou moins élaboré, plus ou moins abstrait. L'engineering, le marketing, le timing envahiront le discours et la pensée, et l'ordinateur sera roi.

En revanche, je trouve qu'il n'est pas juste de tenter de franciser des termes liés à des innovations techniques venues d'ailleurs. Une découverte ou le plus souvent une simple innovation est entourée d'une histoire, et c'est un vol de vouloir l'en dépouiller en changeant le mot qui l'exprime. J'ai commis moi-même quelques rares néologismes qui ont été acceptés par le langage anglo-saxon sans crise de conscience. Il faut reconnaître que, langage actuellement dominant, il n'a pas à craindre l'envahissement linguistique. Il n'en est pas de même quand un mot ou une expression exprime une notion séculaire ayant son équivalent français. Il n'y a pas de raison alors d'utiliser le mot anglais.

D'autre part, une langue vivante, comme un organisme, assimile, et dans notre français contemporain le plus orthodoxe, de nombreux mots viennent non seulement du latin ou du grec, mais de l'arabe, du russe, du turc même, ce qui ne choque personne car on l'a aujourd'hui oublié. Il ne faut pas qu'une langue, je pense, ressemble à une économie qui, incapable de subir la concurrence étrangère, se protège par des barrières douanières. Les deux ne tardent pas à en mourir. Mais c'est pour cela que la créativité sous toutes ses formes doit servir à les imposer comme véhicule de nouveautés. Or puisque ce qu'il est convenu d'appeler le monde occidental est momentanément envahi par la technologie et sa conséquence la plus triviale, la vente des marchandises, une langue doit aussi s'affirmer sur ce terrain-là. C'est en cela que la francophonie peut momentanément réunir un nombre d'hommes suffisant pour imposer ses valeurs et même ses marchandises.

En conclusion, je voudrais insister sur le fait que mon métier m'a enseigné que la langue sert aussi à coder les milliards de neurones d'un cerveau d'homme. C'est à travers la langue qu'une certaine représentation, historique et présente, de l'univers, et de l'univers humain d'abord, s'organise dans un cerveau humain. C'est en cela qu'en défendant une langue, nous défendons avant tout une vision particulière et collective du monde. Il ne s'agit plus alors de se laisser envahir par un lexique, une grammaire et une syntaxe, mais de protéger cette vision du monde de l'idéologie productiviste, véhiculée par une autre langue, de la protéger de la notion darwinienne de compétitivité, de sacralisation du plus fort. Les marchands n'ont pas été chassés du temple, ils sont en train de l'envahir complètement et d'installer leurs boutiques et leurs panneaux publicitaires au plus profond de nos neurones si nous n'y prenons garde. Sans l'entraide planétaire du nord et du sud, de l'est à l'ouest, nous ne pourrons plus bientôt marcher que sur des boîtes de conserve vides. Ce langage imagé n'est pas celui d'un « écolo soixante-huitard ». Il s'exprime aujourd'hui en français, mais pourrait aussi bien s'exprimer en anglais, en russe ou en chinois si les automatismes inconscients d'un comportement de recherche de la dominance n'étaient pas là pour obscurcir notre vision du monde. Mais sachons que la défense de la langue n'est pas suffisante, quand cette vision du monde est celle purement économique du modèle américain ou japonais.

Ces mondes passeront, mais il est des paroles, prononcées à l'époque en araméen, qui ne passeront pas.

LA REMISE EN QUESTION
DE CERTAINS GRANDS PRINCIPES

On parle d'égalité et plus récemment d'égalité des chances. Mais des chances de quoi ? Tout simplement de devenir inégal. Dans une société à tendances égalitaires, tout individu doit avoir la possibilité de dominer les autres, de les dominer, dans les pouvoirs de propriété, de salaire, et dans l'image satisfaite qu'il a de lui-même. Dans une société où la recherche de la dominance est la source de compétitivité qui fait marcher le commerce, qui ne voit que l'égalité, même celle des chances est un vain mot, puisqu'elle débouche sur l'inégalité et les dominances. Comment le dominant peut-il supporter que l'on conteste sa dominance et l'image idéale que ce type de société lui a donnée de lui-même, et comment le dominé peut-il continuer à supporter de l'être, à supporter l'image péjorative que la même société lui a donnée de lui-même ?

Le domaine des grandes théories scientifiques n'est pas épargné. Il semble même fournir des bases indiscutables à la compétitivité puisque le darwinisme et son enfant, le néo-darwinisme, nous apprennent que toute l'évolution s'est faite par la lutte pour la vie permettant la survie du plus fort ou plus discrètement du mieux « adapté ». Adapté à quoi sur le plan sociologique contemporain ? A un milieu créé par les hommes. On aurait pu, avec autant de faits scientifiques indiscutables que des hommes éminents, dont Kropotkine, ont rassemblés, dire que l'évolution n'a été possible que par l'« entraide ». L'exemple de la symbiose des mitochondries et des formes anaérobiotiques primitives ainsi que le passage des êtres unicellulaires aux êtres pluricellulaires, où la spécialisation des tâches s'est réalisée, suffiraient à montrer l'importance de l'entraide et non de la compétitivité dans le cours de l'évolution [1]. Il est vrai que chaque fois qu'un nouveau niveau d'organisation a été atteint, la compétitivité et la lutte pour la vie reprirent le dessus. Au stade auquel est parvenue l'espèce humaine et pour ne pas courir à sa perte, il serait peut-être utile de préférer la première à la seconde. D'ailleurs au sein des espèces, la prédation compétitive se fait entre espèces et se trouve régulée. Seule l'espèce humaine a mis au point des techniques évoluées de meurtres, de guerres, de génocides et de tortures intraspécifiques.

Après ce que nous avons schématisé de la formation d'une personnalité humaine, ce qu'on nomme « liberté », est-ce autre chose, pour un individu, que la possibilité de faire aboutir son projet, c'est-à-dire l'expression motrice et langagière de ses déterminismes, sans que le projet de l'autre vienne le contrecarrer ? Il semble que ce soit une donnée immédiate de la conscience, puisque l'ignorance des déterminismes, des lois, des structures complexes en rétroaction dynamique, établis par niveau d'organisation au sein des organismes vivants, nous fait croire en elle. Combien de millions d'hommes sont morts pour elle ? Mais ce que nous savons déjà de ces mécanismes complexes qui, de la molécule au comportement humain en situation sociale, animent notre système nerveux devrait nous rendre prudents. Ce sont eux qui dirigent notre attention, nos motivations à penser et agir, qui fournissent le support matériel de la mémoire et de l'apprentissage. Ce sont eux les fondements biochimiques et neurophysiologiques de notre affectivité, de nos envies simplistes, comme de notre imaginaire créateur. Des mots comme pulsions, désirs, courage, virilité, honneur, devoir, justice, démocratie, amour, altruisme, désintéressement, etc.

---

1. Nous avons proposé (H. Laborit, *la Nouvelle Grille*, *op. cit.*, p. 46-50) que la symbiose joue un rôle plus important que les mutations dans le cours de l'évolution.

qui sont des mots assassins, le resteront, si on ne découvre pas leur signification profonde sur des bases expérimentales, à chaque niveau phylogénique et ontogénique. La liberté pour nous n'est guère plus sans doute que la possibilité pour un cerveau humain, motivé inconsciemment par la conservation de sa structure organique, de son bien-être, de son plaisir, motivation contrôlée par l'apprentissage également inconscient des lois culturelles lui infligeant l'application d'un règlement de manœuvre avec récompense ou punition, de pouvoir parfois, si ces automatismes ne sont pas trop contraignants et si l'on sait qu'ils existent, ce qui permet de s'en méfier, d'imaginer grâce à l'expérience déterminée par le vécu antérieur inconscient une solution nouvelle aux problèmes anciens. On comprend ainsi que, pour imaginer, il faut être motivé (si le problème ne vous intéresse pas, vous n'imaginerez rien à son sujet). Il faut avoir mémorisé et ne pas être entièrement automatisé.

En dehors de cela, la notion de liberté nous paraît dangereuse. Elle débouche en effet sur la notion de « mérite » qui doit être récompensé. Or qui ne voit que ce mérite est celui du conformisme aux lois institutionnalisées par les structures hiérarchiques de dominance ? Elle débouche aussi sur la notion de « responsabilité ». Et l'on sait que ce sont les patrons et les cadres qui sont responsables. L'ouvrier n'est pas libre, donc non responsable, et ne mérite qu'exceptionnellement d'être récompensé, par une ascension hiérarchique, de sa soumission à la finalité productiviste d'une société marchande. Mais surtout la notion de liberté est dangereuse parce qu'elle aboutit à l'intolérance et à l'agressivité. Détenant forcément la vérité et l'ayant choisie librement, si l'autre n'est pas de votre avis, s'il a choisi librement l'erreur et s'oppose à la réalisation de votre vérité, vous devez le tuer. La liberté constitue un alibi logique aux meurtres, aux tortures, aux guerres, aux génocides.

Enfin, il faudrait savoir où et quand commence cette liberté, puisque la liberté fondamentale, qui devrait être celle de naître ou de pas naître, dès le départ nous est enlevée. Par le hasard ou le plaisir de deux individus, vos parents, vous devez ensuite vous soumettre aux aléas d'une vie heureuse ou malheureuse, mais que vous n'avez pas demandée « librement ». Alors ? Mais certains iront jusqu'à vous dire que si vous êtes né, c'est que vous l'avez bien voulu. Votre esprit éternel a percuté l'œuf fécondé dont il est devenu locataire en quelque sorte.

Qu'en est-il de la volonté ? Est-elle autre chose que le reflet de la puissance de la motivation ? Nous venons de voir que celle-ci est profondément déterminée. Mais quand nous parlons de déterminisme, il ne s'agit plus du déterminisme linéaire, de causalité simpliste qui n'est au fond qu'un jugement de valeur comme un autre. Il s'agit momentanément d'un déterminisme beaucoup plus complexe, que les mathématiciens découvrent aujourd'hui à l'origine du chaos. Les « attracteurs étranges » semblent remettre en question la notion de déterminisme en reculant d'autant notre incompréhension de la causalité.

TOLÉRANCE ET INTOLÉRANCE

Après ce qui vient d'être schématisé, on conçoit qu'il est à peine utile de distinguer des intolérances, religieuses ou politiques. En effet nous avons dit ce que l'on peut penser des idéologies, compte tenu de ce que nous commençons à savoir de l'homme. Elles ne peuvent être qu'un sous-ensemble des relations que l'on croit être l'ensemble des relations. Elles donnent naissance à la notion de vérité, qu'elle soit révélée ou découverte. Cette notion devient elle-même très suspecte. Même la méthode expérimentale, la plus fiable parce que reproductible par quiconque suivant un protocole précis et fournissant les mêmes résultats de façon statistiquement significative, n'a pas la prétention de découvrir la vérité, mais un sous-ensemble très déformé du réel – réel que nous ne connaîtrons jamais. Cette méthode a du moins le mérite d'être source d'humilité et de ne pas confondre une hypothèse de travail, si cohérente et harmonieuse qu'elle puisse être, avec un résultat acquis. Les plus belles constructions imaginaires s'effondrent souvent sous le poids de l'expérimentation. Le discours logique n'est pas un modèle de la réalité. Que nos hommes politiques se le disent et sachons-le en les écoutant.

Ces notions devraient être un facteur suffisant pour engendrer la tolérance. La notion de niveaux d'organisation, jamais prise en compte, devrait également jeter le doute sur les vérités émises par des spécialistes. Mais ces experts y perdraient un des moyens d'établir leur dominance. Il suffit de constater avec quelle violence langagière et quel mépris envers l'autre, qui ose envahir leur territoire, ils défendent la propriété de celui-ci. C'est qu'il ne s'agit pas d'un territoire spatial, mais d'apprentissage focalisé, d'une image idéale d'eux-mêmes que l'on ose déformer, et d'un pouvoir qui dépasse largement leur savoir et leur savoir-faire, pour envahir les échelles sociales, de récompenses et de salaires.

Cela nous amène à dire que la notion de « racisme » nous paraît dépasser de beaucoup la notion imaginaire de « race ». N'est-ce pas déjà du racisme quand à l'intérieur du groupe une compétition s'engage entre les sous-groupes, forcément hétérogènes, qui le constituent : compétition pour le travail, les fonctions, le pouvoir économique, administratif ou politique, l'espace, etc. Le dominant qui croit très généralement que les qualités qui lui ont permis la dominance sont innées ne considère-t-il pas plus ou moins consciemment l'autre, le dominé, comme étant d'une race inférieure ? La notion de race reconnue aujourd'hui comme ridiculement fausse n'intervient que pour fournir une étiquette au rejet de la différence, et un support à l'image narcissique de soi-même.

Tout groupe humain qui s'isole, qui restreint ses relations avec ceux qui l'entourent, quels que soient les innombrables facteurs, surtout socio-économiques, qui sont à l'origine de cette sporulation, crée son propre racisme et donne naissance à un racisme « anti ». Inutile alors de chercher à qui revient la « faute ». Seul un discours animé par le racisme pro ou anti fournira une explication puérile de l'enchaînement linéaire des responsabilités. Mais dans les phénomènes vivants, il n'existe pas de causalité linéaire. Un des facteurs importants cependant de la sporulation d'un groupe social, c'est, comme pour les bactéries, l'hostilité du milieu qui n'admet pas la différence. Celle-ci résulte elle-même de l'image différente que se fait de lui-même ce groupe social, image qui le flatte et qu'il accompagne d'un discours raciste ou culturel.

L'idéologie quelle qu'elle soit va susciter et exalter la fatuité individuelle. L'individu appartient alors à la race ou au peuple élu ou des seigneurs, et même situé au bas de l'échelle sociale dans le groupe auquel il appartient, il se fera une image idéale de lui-même, bien supérieure à celle qu'il aura de celui qui n'appartient pas à ce groupe. Il est prêt à abandonner toutes ses revendications à l'intérieur du groupe pour assouvir son narcissisme individuel grâce à la prétention idéologique du groupe. Les classes sociales et culturelles s'effacent devant l'égalité de la mort au combat. Un discours exalte ce don de la vie individuelle pour quelque chose qui la dépasse, et qui n'est malheureusement que la structure hiérarchique de dominance dans laquelle elle est inscrite. On peut toucher son champ, sa maison, les membres de sa famille, ses amis, mais on ne peut toucher la patrie. D'où la confusion fréquente entre le sentiment national et la structure socio-économique qui réunit les éléments d'une nation. On s'est battu, on a tué et l'on est mort noblement aussi bien pour la France que pour la République. On meurt et l'on vous mobilise pour défendre son drapeau, son roi que l'on peut toucher, mais qui symbolisent l'intouchable, la patrie, dans laquelle tant bien que mal on arrive à vivre, à communiquer grâce au même langage, à se situer hiérarchiquement par rapport aux autres, à s'isoler ou à se réunir. L'ennemi, lui, pille, tue et viole. « Ils viennent jusque dans nos bras égorger nos fils, nos compagnes. » Mais l'ennemi est motivé par la même abstraction patriotique, par le même altruisme restreint apparent. En effet mourir pour des marchandises, pour la conquête des marchés, pour la dominance d'industries nationales à l'extérieur des frontières ou plus simplement pour le maintien au pouvoir de certains individus, eux-mêmes inconscients du pion banal qu'ils représentent sur un échiquier économique terriblement confus, n'a rien de « noble » en soi. L'unité nationale est difficile à réaliser sur des motivations aussi terre à terre. L'intolérance trouve ainsi au niveau des États un discours logique pour mobiliser l'affectivité abstraite de l'individu et le conduire à la mort.

Mais n'en est-il pas de même pour la torture ? Celle-ci est le fait des États, c'est-à-dire de la structure hiérarchique de dominance d'un lieu et d'une époque. Quand la dominance de quelques-uns ne peut se faire accepter du plus grand nombre, qu'elle est sujette à contestations, la torture n'est pas tant un signe d'intolérance du pouvoir que de sa faiblesse. C'est pour éviter le ridicule que ce pouvoir tombe dans le ridicule de cette chose révoltante qu'est la torture.

L'impérialisme, le colonialisme, ne font-ils pas appel aux mêmes facteurs comportementaux que nous avons résumés précédemment ? Certitude de détenir la « vérité » puisqu'elle s'exprime dans l'efficacité technologique. On apporte la science aux peuples en retard dans ce domaine, on leur montre les bienfaits de la technologie. On se donne en modèle puisqu'on arrive en dominant. Le dominé veut prendre le plus souvent le même chemin technologique pour accéder à la dominance. Mais le dominant, s'il ne peut en retirer les bénéfices en matières premières ou en ressources énergétiques qu'il attend, considérera ces hommes comme inférieurs. Pendant longtemps, il s'est même demandé si c'était vraiment des hommes et il en fit des esclaves.

Il nous paraît donc un peu simpliste de croire que l'intolérance disparaîtrait si le plus grand nombre acceptait la différence. Mais ce sont avant tout les processus économiques qui sont à l'origine de l'intolérance. Quand les immigrés réalisent les tâches que le « citoyen » se refuse à faire, ils sont acceptés. Quand le chômage s'accroît, le même immigré devient celui qui prend le travail du citoyen et il doit être rejeté au-delà des frontières. Il s'agit toujours de l'appropriation des objets et des êtres gratifiants au sein d'un espace, le territoire. Alors il faut à tout prix empêcher l'immigré de participer aux structures hiérarchiques, juridiques, administratives, autrement dit sociales, du lieu où il vit. Il n'a que le droit d'y servir et, quand il ne le peut plus, de partir. Là encore, un discours logique focalisera l'affectivité sur la différence, alors que les processus économiques sous-jacents, même s'ils sont pris en compte par ce discours, les feront déboucher sur les « droits » du groupe à défendre sa propriété et son bien-être.

Je n'ose pas parler de la notion de « seuil de tolérance » qui aurait été exprimée par les sociologues sur des bases « scientifiques », c'est-à-dire statistiques. Il fixerait la barre d'« envahissement » d'une ethnie ou d'un groupe étranger dans celui des autochtones à dix pour cent. Cette idée vient de l'école de sociologie de Chicago. Au-dessous, il y aurait coexistence. Au-dessus, dominance numérique rapide de l'étranger et apparition du racisme, de l'intolérance et de la violence. Quand une agglomération s'oppose au passage du prétendu point critique, on peut supposer que c'est déjà par intolérance, car elle se protège en refusant de louer des logements vides aux étrangers. Au contraire, l'« envahissement » rapide résulte de la fuite de la population primitivement dominante laissant des quartiers insalubres à l'occupation étrangère. L'utilisation de cette notion de « seuil de tolérance » a conduit à l'essai de dispersion des immigrés dans plusieurs quartiers, dont les maires, bien souvent, même de gauche, refusent cette immixtion dans leur territoire.

En réalité, on peut penser que la recherche du « bouc émissaire » vient des conditions de vie dégradantes de l'ensemble d'une population, dans l'espace où elle est confinée. Le « seuil de tolérance » à ne pas dépasser ne serait-il pas avant tout celui de la misère ?

LES DROITS DE L'HOMME

Mais d'abord qu'est-ce qu'un homme ? On peut répondre que c'est un être vivant et les amis des bêtes nous diront que tout être vivant a des droits. Qui en a décidé ainsi ? L'homme bien sûr. L'homme décide aussi des droits des autres espèces animales que la sienne et les meilleurs amis des bêtes décideront de faire châtrer leur « cher compagnon » pour qu'il ne souffre pas d'une libido insatisfaite. Quand j'écris « l'homme décide », en réalité, il ne fait qu'obéir aux principes exigeants de son propre bien-être. Il ne pense d'ailleurs pas autre chose, en dehors des discours humanitaires, à l'égard des enfants du Biafra, du Bangladesh, du Sahel ou d'ailleurs, décharnés, mourant de faim, couverts de mouches, qui, comme ses « chers compagnons », n'ont qu'à trouver un bon maître qui les nourrisse, les tienne en laisse et organise chez eux une contraception efficace, car ils ne lui sont d'aucune utilité.

L'homme est donc un être vivant qui a des exigences fondamentales pour vivre : boire, manger et copuler, toutes activités nécessaires à la survie de l'individu et de l'espèce. Il ne s'agit pas de « droit » mais d'une « nécessité ». L'âne de la noria, il faudra bien lui fournir l'avoine et l'eau nécessaires au maintien de sa structure d'âne et à la compensation de l'effort thermodynamique dépensé pour monter l'eau du puits, si l'on veut continuer à bénéficier de sa force de travail. Cet âne n'a aucun droit, mais il rend service à son propriétaire.

Mais cette nécessité n'est satisfaite que si en échange l'individu fournit au groupe social pour le maintien de ses échelles hiérarchiques un certain « travail » participant à la production des marchandises. D'où l'apparition d'un « droit au travail ». On aurait pu aussi bien décider d'un droit à la paresse. Mais la propriété privée ou d'État qui charpente les hiérarchies n'y aurait pas trouvé son compte. Il faut donc parler dans ce cas, non d'un droit de l'homme, mais du droit des dominants à conserver leur dominance. On a appris aux individus peuplant les zones tempérées du globe que leur devoir était de « travailler à la sueur de leur front », et cet automatisme culturel est si bien ancré dans leur système nerveux qu'ils exigent aujourd'hui le droit de faire suer leur front pour la croissance du monde productiviste et le maintien des hiérarchies. Au chômage, ils souffrent de ne pouvoir réaliser l'image que ce monde leur a donnée d'eux-mêmes.

Sur ces besoins fondamentaux, nous avons vu que se greffe l'apprentissage, entrepris dès la naissance, de la façon dont l'individu peut les assouvir. Apprentissage des règles sociales, des récompenses (salaires, promotions sociales, biens de consommation, décorations, pouvoirs) et des punitions si ces règles ne sont pas respectées. Les droits de l'homme ne sont plus alors que les droits de l'ensemble social à maintenir sa structure, quelles qu'en soient les règles d'établissement, à l'est, à l'ouest ou au centre, à droite ou à gauche. L'État, c'est-à-dire la structure hiérarchique (théocratique, aristocratique, bourgeoise, bureaucratique, technocratique, etc.), est omniprésent. On parle du droit des peuples à disposer d'eux-mêmes. Mais qu'est-ce qu'un peuple, une nation ? Sont-ils représentés par autre chose que par un groupe humain établi depuis des millénaires dans un espace géoclimatique particulier et dont le comportement a été façonné par ce cadre, l'ayant conduit à l'établissement d'une culture ? Alors il existe une nation bretonne, basque, corse, occitane, etc. Or, comme il n'est plus pensable pour ces ethnies de vivre en autarcie (ce qui d'ailleurs ferait la preuve chez elles d'une réelle intolérance), il faut bien qu'elles s'intègrent dans un système qui les englobe. Mais pourquoi ne pas les laisser décider elles-mêmes de la modalité des relations économiques, culturelles, politiques qu'elles veulent entretenir avec cette structure abstraite qu'on appelle l'État et qui, nous l'avons vu, n'est guère plus que l'expression institutionnalisée d'une hiérarchie de dominance ? Pourquoi apprendre aux petits Noirs du Sénégal, comme c'était le cas il n'y a pas encore si longtemps, que leurs ancêtres étaient les Gaulois, au moment où l'on interdisait l'emploi du gaélique aux Bretons ? Pourquoi, lorsque la dominance est passée des aristocrates aux bourgeois, a-t-il fallu cinq cent mille morts dans la chouannerie vendéenne, pour lui infliger la liberté, l'égalité, la fraternité ? Cette tolérance n'a-t-elle pas été acceptée en Alsace-Lorraine, où prêtres, pasteurs et rabbins sont payés par l'État ?

Le droit pour l'homme d'exprimer « librement » sa pensée, en d'autres termes de communiquer (mettre en commun) le résultat de ses déterminismes et de son expérience inconsciente du monde, de ses jugements de valeur, de ses préjugés, paraît être un droit qu'il peut être utile de développer si l'on désire permettre l'évolution culturelle de l'espèce par la combinatoire conceptuelle, comme la combinatoire génétique, le mélange des différences génétiques a permis l'évolution biologique. Mais il faudrait surtout que cela ne débouche pas sur l'action fanatique, agressive, dominatrice, sûre de son bon droit et de sa vérité, dont nous avons vu ce que nous pouvons en penser. Comment y parvenir dans l'ignorance de ce qui anime le discours, des mécanismes qui le font naître ? Si le meurtre intraspécifique n'existe pas chez l'animal, c'est sans doute parce qu'il ne parle pas.

Dans le monde présent, les dominances se sont établies sur la puissance des armes et la perfection de la technique, considérées comme le seul progrès, la seule raison d'être de l'espèce. Ceux qui, pour des raisons géoclimatiques millénaires, n'ont pu en profiter, individus, ethnies –, se voient dépouillés du droit à la propriété. Leur seul droit est de se taire ou de tenter de suivre le même chemin que ceux qui les dominent : course aux diplômes, à l'industrialisation. Quand ce chemin leur paraît trop long à parcourir, pris comme tout névrosé dans un système manichéen qui interdit à la pulsion de se réaliser sans enfreindre les lois culturelles, c'est parfois l'explosion agressive, le retour à l'action, même inefficace, puisque leur langage n'est pas entendu : attaques à main armée, prises d'otages, etc. Et la bonne conscience de la société productiviste crie au scandale, appelle à la répression. Mais « il n'est pas de méchants, il n'est que des souffrants », (F. Gregh.).

Dans cet aperçu très schématique, où peuvent bien se situer les « droits de l'homme » ? Son droit le plus strict est de vivre, de vivre sans souffrir. Mais faut-il encore que les autres lui en donnent l'autorisation. Il me semble alors que, aussi longtemps que les matières premières, l'énergie et surtout l'information technique, sans laquelle les deux premières sont inutiles, ne seront pas la propriété de tout homme sur la planète, l'institutionnalisation langagière des droits de l'homme ne lui permettra pas d'assurer son droit à la vie pour lequel il ne devrait avoir rien à fournir en échange. Utopie ? Bien sûr. Mais en dehors d'elle, l'histoire ne fera que reproduire l'institutionnalisation par les individus, les groupes humains, les États dominants, des droits des dominés à le demeurer. Ils leur expliqueront sans doute que c'est pour le bien de l'humanité tout entière et les dominés arriveront bien souvent à le croire en faisant tous leurs efforts pour partager les mêmes droits, ceux de la dominance. C'est quand on l'a perdue que l'on comprend ce qu'est la liberté. C'est vrai. Mais il n'y a pas que des prisons avec des barreaux, il y en a de beaucoup plus subtiles dont il est difficile de s'échapper parce qu'on ne sait pas qu'on y est enfermé. Ce sont les prisons de nos automatismes culturels, qui châtrent les processus d'imagination, sources de la créativité, ramènent l'homme au statut biologique d'un mammifère qui parle et fait des outils, et c'est peut-être parce que l'imaginaire est la clef qui permet de fuir toutes les prisons, que l'homme en bande n'a qu'un souci, celui de le faire disparaître pour maintenir la cohésion hiérarchique du groupe. L'heure n'est pas encore venue où l'ouvrier de la dernière heure aura le « droit » d'être payé comme les autres.

La seule façon d'ouvrir l'information-structure d'un organisme, d'ouvrir l'entité organique individuelle régulée, est de la transformer en servomécanisme, c'est-à-dire de l'inclure dans un niveau d'organisation supérieur, à savoir le groupe social, mais dont la finalité devra être la même que la sienne. Malheureusement, le nouveau niveau d'organisation, le groupe social, devient aussitôt un système fermé dont la finalité sera de maintenir sa structure, et cela contre celles des groupes sociaux environnants, à moins que ces groupes sociaux ne s'associent comme sous-ensembles dans un ensemble plus grand. Mais il faudra une fois encore trouver pour ce nouvel ensemble une finalité identique à celle des sous-ensembles qui le constituent. Tout le malheur de l'homme vient de ce qu'il n'a pas encore trouvé le moyen d'inclure la structure individuelle dans le plus grand ensemble, celui de l'espèce, dont la finalité est la même que la sienne, survivre. Entre ces deux pôles s'interposent les groupes sociaux.

Pour agir, il faut être informé de façon temporairement complète et contradictoire. Il faut savoir que nos prétendus choix sont conditionnés par tous nos automatismes inconscients, notre passé, nos envies refoulées, nos désirs incompris. Savoir pourquoi ils sont relatifs. Ils ne commencent à prendre un sens que si l'action est valable pour l'espèce tout entière (nous préférons le terme d'espèce à celui d'humanité, si galvaudé) et non pour un sous-ensemble de celle-ci, ou pour un gourou, un homme ou un groupe d'hommes providentiels, ou plus simplement pour notre satisfaction narcissique. L'éthique ne peut être que celle de l'espèce.

S'il en était ainsi, jamais une action humaine ne pourrait déboucher sur l'intolérance. Malheureusement, si vous savez, l'autre ne sait pas et profitera de votre non-violence. Alors le droit le plus fondamental de l'homme ne serait-il pas d'être informé avant tout sur ce qui se passe en lui ? Comme il est un point unique de convergence des autres, les vivants et les morts, cela lui permettrait peut-être de les comprendre comme il se comprendrait, et à ses processus imaginaires de progresser vers la création d'un monde humain où les droits de l'homme ne seraient autres que ceux de l'espèce humaine.

Nous pouvons donner l'impression que nous tentons nous aussi de vouloir imposer notre point de vue. Nous ne souhaitons imposer quoi que ce soit, mais nous avons voulu fournir les raisons qui font que nous souhaitons qu'on ne nous impose rien.

Un dernier mot concernant la notion de « consensus » dont on nous rebat les oreilles depuis quelque temps. Ce n'est pas parce que des millions d'individus défendent une erreur qu'elle devient pour autant une vérité, et nous savons avec quelle suspicion il faut accueillir toute affirmation de vérité.

Le général de Gaulle en parlant de l'ONU l'appelait le « machin » parce qu'il n'avait pas de pouvoir coercitif décisionnel. Ces derniers temps il existe, paraît-il, un « consensus » international autour de la dominance américaine qui aboutit à la guerre. Si, comme on voudrait nous le faire croire, il faut en passer par là pour réaliser un « nouvel ordre international », on peut se poser la question de savoir si le « machin » n'était pas préférable. Mais pendant ce temps-là, les comités d'éthique des pays occidentaux vont discuter de l'emploi d'embryons humains dans la recherche, ou de la légitimité de l'euthanasie. Pourquoi pas d'ailleurs, car il s'agit encore d'une question de niveaux d'organisation : à certains niveaux, certains problèmes se posent, mais au niveau des États les guerres sont toujours des guerres justes, et les meurtres en masse d'hommes non plus « potentiels » mais arrivés à maturation des actes de courage et d'abnégation. Après leur échec au Vietnam, il a fallu deux cent mille morts irakiens pour rendre aux Américains leur fierté et restaurer l'image idéale qu'ils se font d'eux-mêmes. C'est ce que les médias nous ont dit et montré, et il faudrait rester calme et admiratif en lisant et en voyant cela !

***

Nous sommes assez loin de la biopédagogie et nous avons pénétré dans le grenier de l'oncle Delphin. Et puis tout est dans tout... et réciproquement, comme nous l'a appris Pierre Dac. Mais c'est justement pour cela qu'il ne faut jamais s'arrêter à un sous-ensemble pour agir, mais considérer les systèmes englobants, par niveau d'organisation. On peut dire que la guerre résulte généralement de cette focalisation sur un événement ou un ensemble d'événements particuliers, où les antagonismes, surtout économiques, s'affrontent. Leur inclusion dans des ensembles englobants, eux-mêmes englobés, permettrait sans doute d'éviter les erreurs de jugement et les désastres humains qui en résultent, toujours au nom du droit et de la justice.

***

Il s'établit, dans un groupe social limité dans l'espace par des frontières, des rapports particuliers entre les individus, grâce à la langue, aux valeurs communes, aux automatismes culturels. Ces rapports sont des rapports hiérarchiques de dominance, institutionnalisés dans des lois étatiques. Quand, dans un État ainsi constitué, une partie importante des individus ne peut plus supporter la dominance d'un moins grand nombre, elle se révolte pour la faire disparaître. Il s'agit d'une révolution. Quand celle-ci parvient à faire disparaître le pouvoir précédent, elle s'empresse d'institutionnaliser dans des lois un type nouveau de rapports sociaux, c'est-à-dire de nouvelles règles d'établissement des dominances. C'est ce qui s'est passé en France quand la bourgeoisie n'a plus supporté la dominance de l'aristocratie. Même si les frontières ne changent pas, à l'intérieur de celles-ci des relations de dominance s'établissent encore, « structures » sociales qui expriment la notion d'État. De nouveaux automatismes culturels mobilisent l'ensemble de la population, automatismes concrétisés par exemple dans des mots : liberté, égalité, fraternité. D'ailleurs au début, ce dernier mot n'a pas été utilisé. Il prit secondairement la place de « propriété », car c'était bien cela l'essentiel. Il fallait reprendre à ceux qui possédaient leurs possessions. Et qui pouvait le faire ? Certainement pas le peuple, surtout constitué de paysans, mais les marchands, les bourgeois. Bien sûr, le peuple a ses représentants qui, en principe, font respecter les institutions, l'État. Mais quand on voit comment on peut manipuler avec des mots l'affectivité des foules, comment on peut avec des mots leur faire croire que l'on réalisera leurs envies, ou même leurs désirs quand elles sont exceptionnellement capables d'imaginer quelque chose de neuf et qui n'a pas encore été réalisé ailleurs, quand on voit combien il est facile d'utiliser l'ignorance à son profit, on se prend à douter d'une démocratie entièrement gouvernée par les lois du marché, par la dominance de l'argent.

De toute façon, les États, et nous venons de voir ce que ce mot représente, sont les seuls à avoir le droit de tuer, nous l'avons déjà constaté. C'est même un honneur de tuer et de se faire tuer pour l'État. Mais comme ce mot n'est pas la source d'un torrent d'affectivité généreuse, car c'est l'État à qui l'on paie des impôts, on lui préfère alors celui de nation ou mieux encore de patrie. Non que celles-ci n'existent pas, mais encore faut-il définir le sens de ces deux mots et savoir que l'on est autorisé à tuer pour eux. On s'apercevra alors que ce n'est pas seulement pour des mots que l'on tue.

Pourtant il faut aussi faire attention à ne pas réduire au niveau de l'organisation des États les facteurs de violence et de guerres « justes ». Les États sont en effet eux-mêmes englobés dans un système comportemental planétaire de recherche de la dominance qui a pris naissance avec la notion de propriété. Supprimer les États comme le voudrait la tendance actuelle des revendications régionalistes qui s'expriment avec violence un peu partout dans le monde ne ferait en réalité que multiplier les États. Alors chaque région, chaque clan, chaque individu même chercherait encore, par la puissance technologique fournissant la dominance économique, à s'approprier l'espace et les richesses du voisin. La notion de niveaux d'organisation nous paraît, là encore, essentielle à utiliser. Ainsi, ce n'est ni l'argent ni la technologie, qui ne sont que des moyens, qui font actuellement le malheur des sociétés humaines, mais seulement la loi darwinienne de la sacralisation du plus fort. Doux Jésus, comment en es-tu arrivé à être anglo-saxon ?

N'étant ni prophète, ni gourou, nous n'avons pas de solutions précises aux problèmes posés. Nous aurions simplement tendance à croire que le processus risquant d'être efficace serait la mise en relation à travers la planète de petits groupes humains non institutionnalisés et ne cherchant surtout pas à le devenir, admettant viscéralement la non-violence, refusant toute idéologie, toute idée toute faite, et reprenant par la base, libérés de toute structure hiérarchique pyramidale, la réalisation d'une société humaine entièrement nouvelle, car jusqu'ici c'est toujours par centralisation et échelles hiérarchiques que les sociétés et les États se sont constitués.

Utopie ? Bien sûr !

* * *

Si l'on en croit nos économistes, seule la croissance peut faire diminuer le chômage, puisque pour produire plus il faudra augmenter le nombre des producteurs. C'est du moins ainsi que nous avons interprété la relation. Mais notons au passage qu'il faudra, dans ce cas, ne pas augmenter le nombre des robots qui n'ont besoin comme « producteurs » que des ingénieurs de haut niveau qui les inventent. Ou bien il faudra un déplacement des échelons de connaissance vers plus d'abstraction dans l'activité professionnelle. C'est sans doute pourquoi on insiste aussi sur la « formation ». Ce déplacement donnerait naissance à un plus grand nombre de techniciens de haut niveau qui pourraient être remplacés en bas de l'échelle par des individus au chômage qui trouveraient alors une activité professionnelle. Il est probable cependant que ce déplacement se ferait sous la forme d'une pyramide et que le remplacement ne serait pas quantitatif, à savoir formation d'un technicien de haut niveau remplacé vers le bas par un chômeur devenant ouvrier technicisé.

Mais croissance de quoi ? De « produits ». Pourtant, produire plus n'a d'intérêt que si parallèlement on peut vendre plus, puisque l'on ne produit que pour vendre et non pour augmenter les stocks ! Si moins de monde est au chômage, on peut penser que les anciens chômeurs peuvent devenir des consommateurs. Cependant, il est peu probable que dans ce cas ils consomment des produits « haut de gamme », comme on dit dans l'industrie automobile. Si les produits bas de gamme se vendent mieux, leur production risque, en revanche, de ne pas faire progresser beaucoup les sciences et les techniques.

Et puis, quand l'État est pauvre en matières premières, pour produire, il faudra les importer. Et que fournira-t-on à l'étranger en échange ? Des produits résultant de techniques plus élaborées. Or les pays industrialisés sont à peu près au même point d'évolution scientifique et technique et n'ont pas toujours l'occasion de trouver hors de leurs frontières des produits résultant d'une technique que les pays étrangers ne possèdent pas eux-mêmes. Mais nous sommes passés là du niveau national au niveau d'organisation international.

Or si les inégalités à l'intérieur d'un État résultent du degré d'abstraction atteint par les individus dans leurs connaissances professionnelles, les rendant d'autant plus rentables dans un système productiviste que le degré d'abstraction de leurs connaissances est plus élevé, les mêmes rapports se retrouvent au niveau d'organisation des États. La dominance économique d'un État sera fondée sur le nombre de brevets qu'il est susceptible d'exploiter et donc sur le nombre de techniciens, d'un haut niveau, capables d'inventer des formes nouvelles de marchandises et la façon plus rapide, plus originale ou plus économique de les produire.

Si ce raisonnement un peu simpliste (mais il faut pardonner à un non-spécialiste de s'être introduit dans un domaine réservé) conserve cependant un soupçon de logique, on s'aperçoit alors que le problème du chômage par exemple déborde largement celui de la croissance et résulte de la dynamique du système libéral dans son ensemble planétaire. Dans ce système, l'établissement des dominances s'établit sur la production et la vente des marchandises. Les seules valeurs qu'il propose sont celles liées à l'argent, seul moyen pour les individus comme pour les États, dans une « guerre économique », de s'en procurer.

D'autre part, si le bonheur de l'homme est lié à la croissance économique, jusqu'où cette croissance peut-elle se poursuivre ? La croissance dépend-elle seulement des objets produits et vendus ? Peut-on imaginer une croissance qui ne serait pas d'objets mais d'idées, de concepts, une croissance liée aux relations et non aux choses, une croissance qui serait libérée de toute compétition économique, une croissance de la connaissance gratuite ?

Et si cette croissance de la connaissance avait comme conséquence secondaire une amélioration de la vie matérielle des hommes, il importerait de se méfier dans la réalisation de cette amélioration qu'elle n'augmente pas la consommation d'énergie non renouvelable, qu'elle n'augmente pas les déchets non recyclables, qu'elle n'accroisse pas les pollutions atmosphériques, maritimes, hydriques, des sols, des forêts, etc.

L'écologie ne devrait-elle pas avoir alors comme finalité première de dire halte à la compétition économique internationale qui nous paraît être la cause fondamentale des pollutions ? Quelques écologistes « de pointe » commencent à exprimer cette idée que nous défendons depuis de nombreuses années. Nous n'avons pas la prétention de croire que nous sommes pour quelque chose dans cette évolution, mais certaines évidences sont en train de s'imposer. Cependant le propos est assez peu convaincant s'il ne s'accompagne pas d'une interprétation biocomportementale du processus et de son évolution historique (voir pages 68 à 84). Cette connaissance est sans doute la seule capable de porter atteinte à un système de recherche de la dominance qui fut la religion dogmatique des sociétés depuis plus de six mille ans.

***

Si la notion d'évolution n'est plus aujourd'hui discutée, l'interprétation de son mécanisme par la théorie darwinienne de l'évolution fondée sur les mutations aléatoires, la survie et la multiplication du plus fort (dit le mieux adapté) est maintenant l'objet de nombreuses critiques. Nous n'avons pas ici l'intention de les analyser, d'autant que certains l'ont fait beaucoup mieux que nous ne saurions le faire [1].

Nous voudrions simplement rappeler que, si certains biologistes invoquent à l'heure présente l'importance des processus de symbiose au lieu des mutations [2], nous avons dit, dès 1974, pourquoi la symbiose nous paraissait plus plausible pour permettre le processus d'évolution que la mutation. Nous écrivions : « Dans une approche ensembliste, on peut dire que le génome représente un ensemble de gènes dont la structure atomique et moléculaire est définie pour une espèce donnée. On peut imaginer qu'une mutation constitue une nouvelle organisation, l'établissement de nouvelles relations entre ces éléments. On conçoit qu'elle puisse donner naissance à une forme organique nouvelle. Par contre, on conçoit mal comment, sans addition de nouveaux éléments à l'ensemble génomique, elle puisse être à l'origine d'une évolution " complexifiante ". Comment, du cerveau simplifié du reptile, elle permettra l'apparition, par addition de nouvelles aires cérébrales (les aires limbiques), du cerveau des mammifères, et comment à partir de ce cerveau corticalisé, elle permettra le développement, l'addition des lobes orbito-frontaux de l'espèce humaine... L'hybridation et la symbiose sont plus faciles à concevoir que la mutation favorable secondairement stabilisée par son efficacité, c'est-à-dire la sélection du milieu [3]... »

Cette interprétation de la dynamique de l'évolution n'a pas qu'un intérêt théorique. En effet, certains sociologues semblant ignorer les niveaux d'organisation entre les gènes et les comportements, confondre également la compétition interspécifique pour la survie, notion très darwinienne, et la compétition meurtrière entre les individus de la même

---

1. M. Denton, *Évolution. Une théorie en crise*, éd. orig. Burnett Books LTD, 1985; Trad fr., Londreys, 1988.
2. C. Mann, « Lynn Margulis : Science's Unruly Earth Mother », *Science*, vol. CCLII, 1991, p. 378-381.
3. H. Laborit, *la Nouvelle Grille, op. cit.*, p. 46-47.

espèce, l'espèce humaine en l'occurrence, ont cru trouver dans la théorie darwinienne une explication non seulement logique mais scientifique à l'établissement dans cette espèce des inégalités et des dominances. N'est-ce pas l'alibi permettant de valoriser la force d'empoigne de la compétition économique, les guerres « justes », les génocides, les tortures et les meurtres en tout genre ? Tous les racismes peuvent s'en inspirer.

Il est vrai que cette opinion ne serait pas celle de Darwin mais de Spencer [1].

1. J. Monod. *Le Hasard et la Nécessité*, Le Seuil, 1970.

QUELQUES RENSEIGNEMENTS SUR UN SUJET À LA MODE : LE STRESS

Je me trouvais, il y a quelques mois, à Montréal. Mme Hans Selye, qui réalisait un ensemble vidéo à la mémoire de son mari en enregistrant les souvenirs de ses principaux amis, m'invita à déjeuner pour que l'équipe s'occupant de fixer ces souvenirs puisse recueillir les miens. Je rappelai qu'à l'occasion de son soixantième anniversaire, ses élèves avaient invité une trentaine de personnalités à passer quelques jours avec lui au mont Tremblant dans les Laurentides. Il y avait là une quinzaine de prix Nobel et quelques autres personnes de moindre importance dont j'étais. Mme Hans Selye me confirma que son mari m'aimait beaucoup et je pus lui dire que cette affection était réciproque, bien que nous ne fussions pas toujours d'un avis concordant. Tout cela pour dire que parmi les nombreux souvenirs que j'ai gardés de mes fréquentes rencontres avec le père du « stress [1] », les premiers remontent au début des années cinquante, quand Selye commença à parcourir le monde pour y présenter, dans les sept langues différentes qu'il parlait couramment, la notion de stress et de syndrome général d'adaptation. Après ses premières conférences à Paris, le milieu médical parisien exprima l'opinion fort juste que le terme de stress était intraduisible en français avec le contenu sémantique qu'y voyait Selye, à savoir l'agression et la réaction organique à l'agression. C'est pourquoi l'un de

1. H. Selye, *A Syndrome Produced by Diverses Noxious Agents. Nature.* Londres, 1936, p. 138.

mes premiers livres parus chez Masson s'intitulait *Réaction organique à l'agression et choc* [1], et que ce n'est que beaucoup plus récemment, lorsque je devins capable de faire la distinction entre « Choc et stress », que je me suis hasardé à réutiliser le terme de stress [2]. Il faut d'ailleurs observer que dans l'utilisation courante qui en est faite par le grand public, le sens du terme s'est rétréci souvent à celui d' « agression », sens que ce dernier mot est bien suffisant à exprimer en français, semble-t-il.

LES MOYENS DITS « DE DÉFENSE »

Mon origine chirurgicale fit que pendant et après la dernière guerre, je me suis intéressé au syndrome de « choc », traumatique ou opératoire. Il me paraissait révoltant que, lorsque l'action opératoire et l'hémostase rigoureuse, combinées à la transfusion, avaient réparé les « lésions », dans certains cas la mort n'en survienne pas moins inexorablement. Très influencé par les travaux de René Leriche, j'acceptais son opinion que les syndromes de choc, sous leurs causalités variées, étaient en définitive l'aboutissement d'une réaction dite « neurovégétative » non contrôlée et de phénomènes vasomoteurs artériolocapillaires. Hans Selye, sans ignorer cet aspect du syndrome mais du fait de son origine endocrinologique, y voyait un processus surtout endocrinien. Dans tous les cas pour ces deux maîtres, la mort était le résultat d'une faillite des « moyens de défense » trop violemment et trop longtemps sollicités, aboutissant à ce que Selye, dans la description de sa réaction d'alarme, définissait comme la phase d' « épuisement » endocrino-végétative. La conséquence thé-

1. H. Laborit, *Réaction organique à l'agression et choc*, Masson et Cie, 1re éd. 1952, 2e éd. 1954.
2. H. Laborit, « Shock e stress », *Enciclopedia Italiana*, vol. VIII, 1989.

rapeutique découlant de cette conception des moyens de défense était de tenter de les réanimer ou du moins de compenser leur défaillance par l'administration avant tout des agents à action vasomotrice que l'on possédait à l'époque : adrénaline, noradrénaline. Cette conclusion paraissait parfaitement logique et je m'y conformai. Je ne fus pas séduit à vrai dire par les résultats, ayant souvent même l'impression de hâter la mort de mes choqués, malgré une restauration très fugace d'une pression artérielle effondrée.

C'est alors que je me posai la question de savoir ce que défendaient ces moyens de défense, attitude qui me fut longtemps reprochée comme purement philosophique et loin des faits concrets. Mais n'était-ce pas une attitude aussi philosophique que de considérer que les moyens de défense, prévus par la bonne nature, défendaient directement notre vie ? En réalité, dès la décennie 1920-1930, Cannon avait déjà proposé la notion que la réaction neurovégétative à l'agression permettait la fuite ou la lutte. Mon raisonnement, dit philosophique, fut de supposer que dans ce cas, si la fuite ou la lutte devenaient impossibles, si l'autonomie motrice par rapport au milieu, en d'autres termes, était inefficace à faire disparaître le processus agressif, donc à assurer la survie, les moyens de défense devenaient inutiles et peut-être même dangereux en prolongeant l'anoxie, due à la vasoconstriction des organes splanchniques. La conséquence thérapeutique était dans ce cas à l'opposé de celle utilisée jusqu'alors : au lieu de favoriser, de maintenir ou de remplacer des moyens de défense défaillants, il était peut-être préférable de les tempérer, voire de les inhiber [1].

Suivant l'exemple de René Leriche, je pratiquais toute ma grosse chirurgie d'exérèse abdominale sous anesthésie locale, avec infiltration des mésos à la procaïne. J'en appréciais bien entendu les résultats. Mais on commençait à savoir que le système nerveux fonctionnait grâce à une médiation

1. H. Laborit, *Réaction organique à l'agression et choc, op. cit.*.

chimique des influx nerveux. Les médiateurs chimiques connus étaient encore fort peu nombreux : acétylcholine, adrénaline et, de façon plus ou moins discutée, l'histamine. Il fallut attendre 1948 avec von Euler pour que l'on distinguât la noradrénaline. La pharmacologie cependant montrait que l'activité de certaines molécules faisait appel à un blocage de l'influx nerveux en s'opposant à l'action de ces médiateurs chimiques déjà connus : atropine et scopolamine, inhibiteurs de l'activité du parasympathique, sympatholytiques comme le Prosympal, ou antihistaminiques comme ceux découverts en France et utilisés dans les affections allergiques comme la prométhazine ou Phénergan [1]. Enfin tout récemment on avait mis en évidence l'action de certaines substances bloquant le passage de l'influx nerveux au niveau des relais ganglionnaires : c'étaient les ganglioplégiques comme le tétraéthylammonium.

Je réalisai alors une expérimentation sur le cobaye soumis à une infiltration des splanchniques, avec de la chrysalbine par exemple, suivant la technique de J. Reilly. Aucun des antagonistes utilisés isolément ne se montra capable d'éviter l'apparition des infarctus viscéraux multiples caractérisant le syndrome d'irritation splanchnique de J. Reilly. En revanche, la combinaison de plusieurs d'entre eux, en particulier un sympatholytique, un parasympatholytique, un antihistaminique combinés, y parvint. J'appelai ces mélanges « cocktails lytiques », et les molécules utilisées étant déjà employées en clinique, je décidai de les administrer à mes malades en préopératoire. Deux faits m'apparurent : le premier est que je pouvais opérer avec un minimum d'anesthésiques classiques puissants mais toxiques. Je publiai en 1949 chez Masson et Cie un petit livre intitulé : *l'Anesthésie facilitée par les synergies médicamenteuses*. Ce type d'anesthésie devint par la suite la « neuroleptanalgésie » combinant ce qui devint un neuroleptique et un analgésique qui, pour moi au

1. H. Laborit et L. Léger, « Utilisation d'un antihistaminique de synthèse en périodes pré- et postopératoires », *La Presse médicale*, 1950, n° 27 : p. 492.

début, fut la péthidine. Elle fut aussi dénommée « anesthésie sans anesthésique ». Un deuxième fait retint mon attention : la simplicité des suites opératoires.

Parmi les éléments des cocktails lytiques se trouvaient des dérivés de la phénothiazine dont la prométhazine (Phénergan) et un antiparkinsonien, la diétazine (Diparcol)[1]. Or ces deux produits provoquaient un état d'« indifférence du malade pour son environnement », tel que nous l'avons décrit et qui fut appelé par la suite « ataraxie ».

En arrivant à Paris en 1951, attaché au Laboratoire de physiologie du Val-de-Grâce, je pris contact avec la maison Rhône-Poulenc-Specia qui suivait l'évolution de notre recherche depuis la Tunisie (Sidi-Abdallah-Bizerte) où j'avais été en service jusque-là, et j'exprimai l'intérêt que je pouvais trouver, en anesthésie-réanimation, dans la possibilité d'utiliser un dérivé de la phénothiazine pouvant présenter les propriétés centrales des précédents, de façon plus intense et plus spécifique. C'est ainsi qu'en 1951 me fut donnée à expérimenter la chlorpromazine, sous le sigle de « potentialisateur 4560 RP », ce qui montrait le rôle pris par notre recherche dans cette découverte.

C'est là que l'influence conceptuelle de Hans Selye intervint encore. En effet, dès le premier article que nous publiâmes sur la chlorpromazine (CPZ) en collaboration avec P. Huguenard et R. Alluaume[2], nous indiquions qu'elle nous semblait devoir être utilisée aussi en psychiatrie, seule ou en combinaison dans des cocktails lytiques. Cette opinion était soutenue par le fait que le syndrome d'alarme décrit par Hans Selye pouvait être provoqué, pour son auteur, par une agression aussi bien physique que psychosociale. Il s'agissait pour lui d'un syndrome « aspécifique », mettant dans tous les cas en jeu l'axe hypothalamo-hypophyso-surrénalien (HPA)

---

1. H. Laborit, « Le Phénothiazinyl-ethyldiéthylamine (2987 RP) en anesthésie ». *La Presse médicale*, 1950, n° 47 : p. 851.
2. H. Laborit, P. Huguenard et R. Alluaume, « Un nouveau stabilisateur végétatif : le 4560 RP », *La Presse médicale*, 1952, tome 60, n° 10 : p. 206-208.

(hypothalamus-pituitary-adrenal). La première observation psychiatrique fut publiée d'ailleurs par les psychiatres du Val-de-Grâce, Hamon, Paraire et Velluz [1], que j'avais réussi à persuader de tenter son emploi. Nous avions cependant dès octobre 1951 convaincu une psychiatre, Cornelia Quarti, de se laisser perfuser du CPZ en présence de deux psychiatres, Chertok [2] et Montassu, d'un anesthésiologiste, Lassner, et de moi-même, de façon à nous fournir une auto-observation de l'action de la drogue sur le psychisme [3]. Par la suite, l'important travail de Delay et Deniker [4] donna à la drogue sa réputation internationale en psychiatrie.

Je n'ai résumé ce long historique que pour montrer comment j'étais passé progressivement de la thérapeutique des états de choc à la clinique psychiatrique. Ce fut l'origine d'ailleurs d'un formidable développement de la neuro-psycho-pharmacologie et de ce qu'on appelle aujourd'hui les « neurosciences ».

On voit qu'à l'époque, dans une vue un peu simpliste de la réaction de l'individu à son environnement, je proposai de réduire l'intensité de ces réactions quand elles ne pouvaient plus permettre la fuite et la lutte. Cette conception trouva son prolongement dans ce que j'appelai l' « hibernation artificielle », combinant un blocage neurovégétatif de la réaction au froid à une hypothermie provoquée diminuant l'intensité des processus oxydatifs par le froid lorsque les différents systèmes n'étaient plus capables d'en assurer un fonctionnement harmonieux. La chirurgie intracardiaque et la neurochirurgie en bénéficient encore.

---

1. J. Hamon, J. Paraire et J. Velluz, « Remarque sur l'action du 4560 RP sur l'agitation maniaque », *Ann. Med. Psychol.*, 1952, n° 1 : p. 331-335.
2. L. Chertok, « Trente ans après. La petite histoire des neuroleptiques », *Ann. Med. Psychol.*, 1982, n° 9 : p. 971-976.
3. *Ibid.*
4. J. Delay et P. Deniker, « Le traitement des psychoses par une méthode dérivée de l'hibernothérapie (le 4560 RP utilisé seul en cure prolongée et continue) », compte rendu du Congrès méd. Alien Neurol., *Frama,* 1952, tome 50 : p. 492-502.

CHOC ET STRESS

Dans les travaux de ces dernières années, la différence entre choc et stress ne nous a pas paru nettement définie. Nous reconnaissons qu'il n'y a qu'une vingtaine d'années que cette distinction nous est apparue clairement. On pourra lire à ce sujet notre chapitre de l'Encyclopédie des sciences italienne où il nous fut demandé justement de rédiger un travail sous le titre « Choc et Stress ».

Nous avions reconnu cependant dès 1952 que dans le choc nous pouvions distinguer un syndrome « lésionnel », dû à l'action locale d'un agent agresseur, provoquant des désordres tissulaires et un syndrome « réactionnel » lié à la réaction organique à l'agression. Mais dans l'agression dite « psychosociale », le syndrome lésionnel (somatique), lorsqu'il existe, n'est que secondaire à une réaction organique d'une certaine durée et n'est pas directement en rapport avec un agent d'agression.

Nous avons donc admis pendant longtemps, et le fait est encore admis aujourd'hui par la plupart, que les syndromes de choc et de stress résulteraient du fait que le système permettant la fuite ou la lutte restait fonctionnel tout en devenant inefficace dans les circonstances complexes de la vie moderne.

Mais au début de la décennie 1970, nous nous sommes aperçus que les désordres somatiques liés à l'agression psychosociale résultaient de la mise en jeu non de ce système, mais d'un autre système que nous avons appelé « de l'inhibition de l'action [1] ». Quand un organisme ne peut contrôler

1. H. Laborit, « Proposition d'un modèle intégré des comportements normaux et anormaux à partir de données biochimiques, neurophysiologiques, éthologiques, cliniques et sociologiques », *Ann. Med. Psychol.*, 1974, nº 1 : 47-60.

son environnement par son autonomie motrice de telle façon que l'équilibre de son milieu intérieur suivant C. Bernard, de son homéostasie suivant Cannon, de son principe du plaisir suivant S. Freud, soit conservé il fait appel à un ensemble d'aires nerveuses inhibant son activité locomotrice dans une « attente en tension » du moment où il pourra agir efficacement au mieux de cet équilibre. Nous avons appelé ce système « système inhibiteur de l'action » (SIA). Les Anglo-Saxons l'appellent aujourd'hui BIS *(Behavioural inhibitory system)*. Mais un comportement *(behaviour)*, peut être d'inhibition et dans ce cas un système l'inhibant serait activateur de l'action. Il est favorable à la survie quand le contrôle de l'agression est impossible, mais seulement si cette agression ne dure pas [1]. Si l'agression persiste, le maintien du fonctionnement du SIA commande à pratiquement toute la pathologie par la mobilisation de l'HPA et d'une réaction neurovégétative où domine la libération de noradrénaline. Nous verrons comment.

MÉMOIRES, STRESS ET INHIBITION DE L'ACTION

Nous avons pu mettre en évidence dès 1974 [2] le rôle des mémoires dans les désordres résultant de l'inhibition de l'action. Ce que l'individu mémorise, c'est l'inefficacité de l'action. L'expérimentation conduite sur le rat consiste à

1. H. Laborit, *L'Inhibition de l'action*, Paris Masson et Cie, Presses universitaires de Montréal, 1re éd., 1979, 2e éd., 1986.

2. E. Kunz, H. Laborit et N. Valette, « Rôle antagoniste de l'activité motrice d'évitement ou de lutte à l'égard de l'hypertension artérielle chronique provoquée chez le rat par l'application journalière d'un choc électrique plantaire », *Agressologie*, 1974, n° 5 : 335-339 ; E. Kunz, H. Laborit et N. Valette, « Rôle de l'apprentissage dans le mécanisme d'inhibition comportementale et de l'hypertension artérielle consécutive à l'application de stimulus aversifs sans possibilité de fuite ou de lutte », *Agressologie*, 1974, n° 6 : 381-385.

placer l'animal dans une cage à plancher grillagé et séparée en deux compartiments par une cloison, dans laquelle se trouve une porte qui peut être ouverte ou fermée. Au-dessus de la cage se trouve un dispositif comprenant un signal sonore et un flash lumineux. Ces signaux sont mis en jeu de façon programmée quatre secondes avant le passage d'un courant électrique dans le plancher grillagé. La porte étant ouverte, l'animal apprend très vite la relation temporelle entre les signaux sonores et lumineux, et la décharge électrique qu'il reçoit dans les pattes. Il ne tarde pas à éviter cette punition en passant dans le compartiment adjacent. Le plancher basculant, il est momentanément à l'abri des décharges, mais le même processus reprend en sens inverse quelques instants plus tard et l'animal, pour éviter la punition, doit cette fois parcourir le chemin inverse. Il apprend ainsi par ce qu'il est convenu d'appeler un « évitement actif à deux voies » à ne subir aucune punition en fuyant à chaque apparition des signaux, pendant les quatre secondes disponibles entre cette apparition et la décharge électrique. Après une expérimentation de dix minutes par jour pendant huit jours consécutifs, son état biologique est excellent : sa courbe de poids est identique à celle des témoins; la pression artérielle mesurée par méthode non sanglante reste normale, il ne présente, si on en fait l'autopsie, aucune lésion ulcéreuse gastrique.

Si dans le même appareillage on place maintenant deux animaux et que l'on ferme la porte de communication entre les deux compartiments, ils ne peuvent donc fuir et subissent toutes les punitions sans possibilité d'évitement. Ils se mettent alors en position de combat. Après une expérimentation analogue à la précédente de dix minutes par jour pendant huit jours consécutifs, ces animaux sont aussi en excellent état, la lutte paraissant leur avoir évité les accidents pathologiques que nous allons découvrir dans le troisième cas.

Dans ce dernier cas en effet, l'animal est placé seul dans

l'appareil, porte de communication fermée, sans possibilité de fuite ou de lutte. Après un protocole identique aux précédents, on constate au huitième jour une chute de poids très importante, une hypertension artérielle qui persistera plusieurs semaines après l'arrêt de l'expérimentation, et à l'autopsie on découvrira de multiples lésions ulcéreuses à l'estomac.

Or ce qui nous a montré le rôle de la mémoire, celle de l'inefficacité de l'action à l'égard de chocs électriques plantaires inévitables, est le fait que si l'on soumet cet animal immédiatement après chaque séance expérimentale à un électrochoc convulsivant avec coma, malgré l'intensité de cette dernière agression et de ses conséquences, au huitième jour l'animal est toujours en excellent état et ne présente aucun des accidents pathologiques observés chez le précédent. En effet l'électrochoc convulsivant interdit le passage de la mémoire immédiate, à court terme, à la mémoire à long terme [1]. D'un jour sur l'autre, l'animal ne se souvient pas de l'inefficacité de son action et tentera chaque jour de fuir la punition, bien qu'il n'y parvienne pas.

DISTINCTION ENTRE CHOC ET STRESS

Il est à noter que les protocoles les plus variés utilisés pour provoquer un état de stress n'aboutissent généralement pas à un état de choc. Ils se réalisent sur un animal vigil, alors que les protocoles utilisés pour provoquer un état de choc se réalisent sur un animal sous anesthésie générale. Ce fait tend déjà à nous suggérer que le cerveau antérieur, en particulier le système limbique et le cortex cérébral néces-

1. R. G. Dawson et J. L. Mc Caugh, « Electroconvulsive Shock Effects on a Reactivated Memory Trace : further Examination », *Science*, 1969, tome 166 : 525-527.

saire à l'établissement d'une mémoire à long terme, est indispensable à l'apparition d'un état de stress et non à celui des états de choc. Pour ce dernier, la réaction organique périphérique à l'agression ne fait appel qu'à la partie caudale du cerveau, hypothalamus, tronc cérébral, bulbe et protubérance, alors que celle qui apparaît dans les états de stress mobilise le cerveau antérieur, celui de l'affectivité et de la mémoire. Dans le choc, la lésion tissulaire est primitive, la réaction secondaire. Dans le stress, la réaction est primitive et les lésions secondaires.

L'un et l'autre syndrome fait appel à l'axe HPA et à la stimulation du système neurovégétatif. Cette dernière commande d'une part à la cardio- et vasomotricité, et d'autre part à la stimulation de la médullosurrénale. Une expérimentation récente nous a permis cependant de préciser, dans l'un et l'autre cas, les modalités d'expression de ces réactions. Nous ne reviendrons pas sur la schématisation très simple que nous avons fréquemment faite pour un large public, et encore ici même (voir page 67 et suiv.), de l'organisation fonctionnelle du système nerveux.

On pourra également trouver dans un de mes livres récents [1] la description également schématique de ce qu'un honnête homme doit connaître des rapports entre système nerveux, système endocrinien, système immunitaire, et de leurs relations bouclées.

Mais ce qu'il faut retenir, c'est que l'inhibition de l'action et le « stress » qu'elle commande permettent de comprendre, nous l'avons vu, la majorité des états pathologiques. Si j'avais une pneumonie, j'aimerais qu'on me fît de la pénicilline sans doute, thérapeutique d'urgence seulement. En effet si le pneumocoque m'a rendu malade, c'est que momentanément mon système immunitaire a été insuffisant à me défendre. Il fut insuffisant, car bloqué en particulier par une cortisolémie élevée vraisemblablement.

---

1. H. Laborit, *La Vie antérieure,* Grasset, 1989.

Cette cortisolémie élevée a résulté d'un état d'inhibition de l'action, conscient ou le plus souvent inconscient. En effet je négocie mon quotidien avec tout mon acquis mémorisé et inconscient, mon vécu antérieur, mes apprentissages et mes mémoires. Or sans une lucidité bien rare envers soi-même, il est bien difficile, même après cinq ou dix ans de divan chez un psychanalyste, de faire revivre ce vécu antérieur inconscient. Dans ce cas il faut prendre, semble-t-il, le système à l'envers et chercher le moyen de rendre l'environnement social plus vivable pour la majorité des hommes, peut-être en leur apprenant d'abord ce qu'ils sont et non ce qu'ils devraient être.

Sinon, il ne faut pas s'étonner des moyens de fuite souvent utilisés. Le suicide en est un, définitif quand il est réussi. C'est l'expression d'une agressivité envers soi-même, quand elle ne peut être dirigée contre les autres. Mais l'agressivité du délinquant, du terroriste, n'est le plus souvent qu'une thérapeutique empirique et inefficace de l'inhibition de l'action. De même que les scènes de carnage qui se multiplient à la fin des matchs de football. L'agressivité a des moyens cependant moins meurtriers pour lutter contre l'inhibition, et les défilés dans les rues, avec pancartes, remplacent souvent aujourd'hui les extravagances hors hiérarchies des carnavals d'autrefois. Mais les psychothérapies modernes ont empiriquement aussi tenté de restituer à l'action et au fonctionnement de l'hémisphère droit la part que l'utilisation croissante de l'hémisphère gauche analytique et productiviste lui soustrait.

Le névrosé tente par son comportement, par le langage du corps comme l'a dit P. Janet, d'exprimer ce qu'il ne peut exprimer par le langage parlé, son inconscient, et d'y faire s'y intéresser les autres. Mais les autres ne l'écoutent que rarement, ayant leur tâche productive à accomplir pour survivre.

L'individu stressé, s'il en a le temps, peut aussi évoluer douloureusement vers la psychose. Il y trouvera parfois, en s'isolant de son environnement social, un royaume imaginaire où il pourra survivre et retrouver un équilibre biologique précaire à la recherche de son moi-tout originel. Avec un peu de chance (mais qu'est-ce que la chance ?), il peut aussi, à travers la créativité artistique ou scientifique, se créer un monde où l'action imaginaire sera une thérapeutique temporaire de l'inhibition. Mais combien d'entre eux mourront fous ou suicidaires, n'ayant pu accepter le conformisme social dans lequel ils étaient enfermés ?

Ainsi les classes dites défavorisées font le plus appel, on le comprend, à la Sécurité sociale, car ce sont celles qui sont le plus inhibées dans leurs actions gratifiantes. Mais on voit que le stress ne se limite pas à une classe sociale. Les désirs peuvent varier avec les classes, mais le conformisme est aussi aliénant pour chacune d'elles, et le président-directeur général dont la dominance est contestée par les jeunes loups, cadres dynamiques à nœud papillon et attaché-case, fera son infarctus du myocarde.

Ce que nous avons voulu exprimer dans ce chapitre sur le stress, c'est que de la molécule à la vie de l'homme sur la planète, il n'y a pas de fossé à franchir. Il ne s'agit donc pas de trouver la drogue psychotrope ou tranquillisante qui supprimera le stress et ses conséquences, dans une confiance absolue envers la science contemporaine, science qui ne peut répondre qu'à l'urgence comme un garrot peut empêcher une mort par hémorragie. Il s'agit de comprendre que ce que nous désirons corriger par une meilleure connaissance de ses mécanismes est un problème global qui ne peut être traité que par une transformation de la compréhension que l'homme a de lui-même à la surface de cette planète.

Mais en fournissant ce travail schématique de rédaction, je sais par avance qu'il ne servira à rien. En revanche, je ne sais si on est conscient généralement de l'ouverture gigantesque que Hans Selye et son école ont réalisée. Si l'on veut bien éviter un réductionnisme appauvrissant, le concept de stress et son évolution dans tous les domaines de la biologie générale et comportementale nous font déboucher sur les disciplines humaines – psychologie, sociologie, économie et politique pour ne citer qu'elles –, autrement dit sur l'ensemble des problèmes humains.

LA MENACE D'UNE MORT IMMINENTE COMME DERNIER STRESS DE LA VIE *

* Fragments extraits d'une conférence plénière prononcée à Montréal le 2 octobre 1990 au Congrès international sur les soins aux malades en phase terminale.

Il semble présomptueux de traiter un sujet concernant la mort, alors que depuis quelques années, à la suite des travaux d'Elisabeth Kübler-Ross en particulier, de nombreux livres ont été publiés, des congrès ont été réalisés concernant l'approche de la mort. Il s'agit d'une réaction saine, fort louable et même nécessaire, à la technicisation impersonnelle et envahissante du contact avec le mourant.

Cela dit, il est possible, je pense, de distinguer savoir et technique. Or le savoir peut ne pas être réduit aux domaines du langage de la philosophie et des « psy ». Il s'est établi depuis quelques décennies un savoir concernant les mécanismes de fonctionnement du cerveau humain en situation sociale, cerveau qui fait vivre, penser, souffrir, établir la communication avec les autres, se souvenir, être gai ou triste, heureux ou angoissé. « Être bien dans sa peau », suivant l'expression commune, n'est plus seulement un « sentiment », mais un état dont on peut généralement connaître les principaux facteurs, mesurer la réalité, contrôler l'établissement même à l'approche de la mort.

Bien que je sois convaincu de la nécessité de laisser le mourant mourir « dans la dignité » en le considérant « comme une personne humaine », en l'entourant d'un « contact humain » affectueux, en l'aidant à « mourir debout », suivant l'expression de certains, je pense aussi que ce que j'ai à dire n'empêche rien dans l'accomplissement de cette attitude chaleureuse et peut même aider à la rendre plus efficace, tant la connaissance est nécessaire à l'action.

Cependant je n'aborderai pas le problème de l'« expérience de la mort imminente » (NDE) pour la simple raison que je n'y connais rien et que ce dont je veux parler concerne le « dernier stress de la vie ».

Nous venons de voir comment les « cocktails lytiques » avaient apporté une protection efficace contre les perturbations physiologiques et biologiques accompagnant les interventions majeures et leur correction plus facile au cours des états de choc déclarés. J'appelai ces mélanges médicamenteux « cocktails lytiques » car ils « lysaient » manifestement l'angoisse et la douleur. A certaines doses, ils permettaient une anesthésie chirurgicale et, à doses plus faibles, en postopératoire, une maladie postopératoire plus confortable et simplifiée. Notre groupe a pu montrer expérimentalement [1] que cette « protection » (c'est le terme que nous avons utilisé) du malade n'était pas obtenue par les morphiniques utilisés seuls qui sont incapables, bien que s'opposant efficacement à la douleur, de bloquer la réaction organique désordonnée à l'agression. L'emploi des cocktails lytiques me fit aussi poser, dès cette époque, la question du mécanisme de l'angoisse. Les cocktails lytiques, dont je n'hésite pas à dire que je suis fier d'être à l'origine, ont pour résultat, non de donner la mort comme les en accusent ceux qui n'ont rien compris à leur maniement, mais au contraire de protéger le malade des conséquences des agressions.

Par ailleurs, convaincu par les travaux de Hans Selye que ce qu'il appela les réactions d'alarme, de choc et de contre-choc, avait un caractère dit « aspécifique », je fus conduit à proposer l'emploi de certaines molécules faisant partie de mes cocktails lytiques dans le traitement des agressions psychosociales, c'est-à-dire en psychiatrie.

---

1. G. Laborit et C. Baron, « Les analgésiques peuvent-ils remplacer les neuroleptiques en anesthésie ? Étude expérimentale », *Agressologie*, 1974, n° 4 : 271-282.

LE STRESS, LE VIEILLISSEMENT ET LA MORT

Les états d'inhibition de l'action, d'« attente en tension », augmentent considérablement les processus oxydatifs. Ceux-ci sont à l'origine de la formation de radicaux libres, dont nous avons montré la novicité en pathologie générale il y a plus de trente ans [1] et qui sont devenus, plus récemment la cause de tous nos maux. Ces formes radicalaires, qui oxydent les membranes cellulaires et détruisent la fragile organisation de la matière vivante, vont également accélérer considérablement le processus de vieillissement comme Harman l'avait déjà suggéré dès 1955.

Il existe bien dans nos cellules des enzymes qui sont des moyens de défense efficaces contre les radicaux libres. En cas de stress elles paraissent le plus souvent débordées. C'est pourquoi dès 1964 nous avons synthétisé et étudié des molécules antioxydantes qui sont apparues trop tôt sur le marché. La notion de radicaux libres n'avait pas encore fait son chemin. Aujourd'hui il est banal de rappeler que les vitamines E, C et A ont ce pouvoir d'agir en piégeant les radicaux libres. Dès 1964 nous avions aussi montré l'importance d'une voie métabolique, la voie des pentoses-phosphates, fournissant des équivalents réducteurs capables de s'opposer à eux et le moyen de stimuler cette voie, par le gamma-hydroxybutyrate de Na en particulier, synthétisé et étudié par notre groupe [2]. Il a été montré récemment que l'activité

---

1. J. Gérard, J. M. Jouany et H. Laborit, « Introduction à l'étude des antioxydants et des structures à électrons célibataires en biologie », *Agressologie*, 1960, n°s 1 et 2 : 61-80 et 133-156.

2. H. Laborit, « Rôle probable du shunt de l'hexose monophosphate dans la protection contre la toxicité de l'oxygène, les radiations ionisantes et le vieillissement », *La Presse médicale*, 1964, n° 73 : 441-444.

de cette voie était effondrée chez le vieillard [1]. Mais si les antioxydants peuvent peut-être présenter un certain intérêt pour retarder les processus de vieillissement, on comprend maintenant que la façon dont un individu se comporte à l'égard de son environnement social, la distance qu'il sait prendre avec lui, l'évitement d'une compétition jamais satisfaite, en résumé l'évitement de l'inhibition de l'action au cours de son existence, sont sans doute la thérapeutique la plus efficace pour éviter les maladies dites psychosomatiques, le vieillissement et une mort prématurée.

Mais dans un monde productiviste, celui qui n'est plus utile à la production de marchandises sera considéré comme socialement inutile et même à la charge de la société. N'ayant été conditionné au cours de son existence qu'à assurer une activité professionnelle de production, la retraite lui retirera ses principales motivations à agir. Au siècle dernier, le vieillard était celui qui avait le plus d'expériences d'un monde qui évoluait lentement et les adultes avaient encore une certaine considération pour sa sagesse. Aujourd'hui, au sein d'une famille éclatée, nucléaire, il est laissé souvent à la charge des institutions publiques : asile, hôpital, même dans le cas de soins à domicile.

Ainsi, très tôt, le vieillard n'est plus motivé à vivre. De plus, ses automatismes culturels se trouvent déphasés par rapport à ceux des adultes. C'est bien l'inhibition de l'action qui le guette à l'approche imminente de la mort.

Le contraste crève les yeux quand on compare cette mort à celle qui survient au combat et qui, dans certains cas, ne laisse pas plus d'espoir d'échapper. Mais au combat, c'est la peur qui anime l'action même désespérée, ce n'est pas l'angoisse. Même si cet état dure, jusqu'à la dernière seconde, j'en sais personnellement quelque chose, on tente

1. H. Niedermüller, « Effects of aging on the recycling via the pentose cycle and on the kinetics of glycogen and protein metabolism in various organs of the rat. » *Arch Gerontol. Geriatr.*, 1986, n° 5 : 305-316.

d'agir, jusqu'à l'épuisement et la perte de conscience. J'ai ainsi pu écrire qu'un être vivant est une « mémoire qui agit ».

Dans l'approche imminente de la mort chez le vieillard ou le grand malade, particulièrement le cancéreux, on retrouve dans ce que j'ai dit certaines des différentes phases décrites par Elisabeth Kübler-Ross : dénégation, agressivité et révolte, dépression. Si l'on faisait un dosage des glucocorticoïdes plasmatiques à cette phase de dépression, on les trouverait élevés, de même que la noradrénaline circulante. Doit-on considérer cette dernière phase comme dépressive ou comme une acceptation de l'événement proche et inévitable ? La distinction nous paraît importante car, dans le premier cas, les défenses biologiques seront diminuées par l'inhibition des défenses immunitaires. Mais celles-ci servent-elles encore à quelque chose devant l'issue inévitable ? C'est plus tôt qu'il peut être important de les conserver intactes. Certaines guérisons de cancers avancés leur sont sans doute imputables. La distinction est importante aussi en regard de l'attitude à avoir à l'égard du mourant. Certains considèrent que l'on doit toujours dire la vérité sur son état au malade. Mais tout dépend du vécu antérieur de celui-ci et de la façon dont il peut réagir à la vérité, compte tenu de son acquis mémorisé antérieur. La vérité sans espoir conduit directement à la dépression. Si elle laisse place au contraire à un peu d'espoir et que l'attitude de l'entourage montre qu'on attend beaucoup de cet espoir, elle peut au contraire mobiliser les défenses biologiques avec le désir de vivre. Angoisse liée dans certains cas au déficit informationnel. Angoisse liée, dans d'autres, à la vérité et à ses conséquences inéluctables. La réponse n'est pas simple. Mais cela veut dire que le personnel soignant doit avoir le temps de connaître le malade, son histoire, ses échecs et ses réussites, l'objet essentiel de ses motivations au cours de son existence. Il doit aussi se méfier d'associer la famille à sa propre attitude. Les facteurs relationnels entre les différents membres de la famille et le mourant sont si nombreux, si divers, faits d'amour et de haine, de rapports sadomasochistes ou d'intérêts, le plus souvent, que ceux qui s'occupent du mourant doivent prendre garde à ce qui est dit à la famille.

On voit que si l'on accepte les notions que nous avons schématisées de stress, d'angoisse et d'inhibition, la conduite à tenir envers le mourant et son entourage n'est pas aussi simple que ce que l'on nous dit généralement. Une conduite patiente, attentive, affectueuse, une attitude à l'écoute de la parole, parole qui est encore pour lui une façon d'agir, en tentant de décoder derrière son discours ce qui anime le discours, et qu'il ignore lui-même, les désirs inassouvis, les craintes non exprimées, est évidemment nécessaire.

Mais l'existence d'un être vivant est si complexe, si riche, construite à partir des actions et des réactions d'un individu à son milieu social depuis sa naissance, qu'il est, d'une part, bien difficile d'y pénétrer et, d'autre part, difficile d'enfermer notre attitude dans des stéréotypes d'un humanisme de bon aloi où notre propre crainte de la mort est elle-même emprisonnée. Cette attitude devrait si cela était possible s'adapter au niveau culturel de chaque patient qui peut être sensible à certaines paroles ou comportements et pas à d'autres.

Pour nous de toute façon, nous pensons qu'il faut toujours avoir présent à l'esprit la notion d'inhibition de l'action et de ses conséquences physiopathologiques de manière à tempérer autant que possible l'angoisse et le stress qui précèdent la mort.

Dans ce sens travaillent aussi toutes les croyances religieuses qui, lorsqu'elles sont sincères et profondes, laissent un espoir de bonheur, même s'il n'est pas de ce monde. La notion contemporaine du vide quantique qui habite un organisme dont on peut toujours croire qu'il ne disparaît pas avec la désorganisation de la matière biologique, celle de champs morphogénétiques aussi, sont des lueurs d'espoir dont on pourra parler avec le mourant, s'il est suffisamment instruit en physique quantique. Les physiciens-mathématiciens sont en quelque sorte les prêtres des nouvelles religions scientifiques, dont certains pensent qu'elles ont des points communs avec les religions hindoues.

La douleur est aujourd'hui inadmissible, mais nous en avons déjà touché un mot au début de cet exposé. Il ne faut pas croire qu'elle résume la question du stress et des désordres biologiques qui l'accompagnent, même chez le mourant. Bien sûr, la suppression de la douleur participe à l'atténuation de l'angoisse qui accompagne l'approche de la mort, mais ne protège pas le malade contre l'inhibition de l'action dans laquelle il est plongé. Or nous possédons aujourd'hui un arsenal de molécules qui, agissant sur différents récepteurs centraux, permettent de juguler l'angoisse, tout en conservant toute la lucidité du patient. Dans les cocktails lytiques, des phénothiazines (Phénergan, Largactil, etc.) ont également cette propriété et celle de tempérer la réaction organique à l'agression psychique qu'est l'approche consciente de la mort. Il est vrai qu'on a pu utiliser ces cocktails lytiques à fortes doses et par perfusion intraveineuse pour accélérer l'exitus. Cela montre seulement le plus souvent l'ignorance imbécile et parfois criminelle de certains personnels sanitaires concernant les propriétés centrales de molécules actives. Tout le monde sait que la digitale a sauvé des millions de malades de la mort par insuffisance cardiaque. Mais on sait aussi qu'à certaines doses elle entraîne la mort de façon aussi efficace qu'un cocktail lytique, quoique sans doute de façon moins agréable. Elle ne jouit pourtant pas de l'aura maléfique attachée aux cocktails lytiques et inspirée par un personnel beaucoup plus fort en discours sur les « beaux sentiments » qu'en pharmacologie.

***

On a fort judicieusement, semble-t-il, réagi contre l'occultation de la mort que nos sociétés productivistes et technicisées ont introduite dans notre vie quotidienne. Il me paraîtrait juste également de ne pas faire, à l'inverse, une approche grandiloquente de la mort et remplacer une mode du silence par un snobisme sentimentalo-poétique qui n'apaisera pas plus l'angoisse du mourant, même si elle embellit l'image que ceux qui s'en occupent se font d'eux-mêmes. Il serait peut-être plus efficace de dire que nous ne sommes que les autres, que nous ne sommes que le point de rencontre dans l'espace-temps et dans notre personne unique de tous les autres, les vivants et les morts. Ce sont eux que nous avons enfermés dans notre système nerveux et nous pouvons scientifiquement affirmer que lorsque nous mourons, ce sont les autres qui meurent en nous. Alors les plus à plaindre sont peut-être ceux qui restent. De ceux-là, d'ailleurs, un humanisme de très bon ton s'occupe déjà.

Et pendant que l'on écrit sur la mort et que l'on en parle, à travers toute la planète on torture, on tue des milliers d'hommes, et le stress de la mort imminente du condamné par la justice des hommes n'intéresse évidemment personne, puisque, comme chacun sait, il n'a que ce qu'il mérite! Avez-vous d'ailleurs remarqué que, le plus souvent, ceux qui sont pour le rétablissement de la peine de mort sont aussi contre l'avortement ?

« MES PRISONS * »

* S. Pellico, 1852.

Un prisonnier d'une prison suisse m'adressa un jour une liste de questions écrites et une cassette, en me demandant d'avoir la gentillesse d'enregistrer mes réponses et de les lui faire parvenir ; ce que je fis. Il mit cet enregistrement sous forme écrite et me l'adressa en retour. Le voici. Le style en est celui de la forme orale.

H. Laborit : Vous me demandez de répondre à plusieurs questions. Je vais le faire avec le plus grand plaisir. Cependant, ce qui me gêne beaucoup, c'est que je ne peux pas traiter un sujet, un événement, un concept, en ne l'abordant qu'à un seul niveau d'organisation. Il y a déjà trente ans que j'ai réalisé que nous étions entourés par un monde qui, de même que le monde qui vit en nous, était construit par niveaux d'organisation et que chacun de ces niveaux agissait sur celui qui l'englobait, de même que celui qui l'englobe agit sur le précédent. Et donc je pense qu'il est très difficile de traiter un sujet de façon isolée. Je pense aussi que c'est l'ignorance de l'existence de ces niveaux d'organisation qui est à l'origine de toutes ces erreurs, tous ces jugements de valeur dans lesquels actuellement nous nous noyons. Vous me dites avoir lu un certain nombre de mes livres, lesquels ? Et si vous m'aviez lu attentivement, vous auriez remarqué que jamais je ne traite un sujet isolément. La politique, l'économie, la sociologie, la psychologie, les comportements, la neurophysiologie, la biochimie, tout ça se tient et tout ça se commande par systèmes englobants et par systèmes englobés.

1re question : J'ai lu plusieurs de vos livres et dans aucun vous ne parlez de la prison. Que représente la prison pour vous, être humain ? Vous avez effectué plusieurs travaux sur des animaux en cage, l'inhibition de l'action, l'agressivité, l'environnement, que représente la prison pour vous, biologiste ?

H. Laborit : Dans la première question, vous me demandez ce que représente pour moi une prison. La prison, c'est celle que vous connaissez, celle qui enferme un homme ou des hommes. Mais il y a des prisons plus sournoises qui sont celles dans lesquelles chaque individu se trouve emprisonné, celles de son inconscient, de ses automatismes culturels, de ses désirs, de ses pulsions. Et tout ça n'est pas des mots, tout ça représente des mécanismes dans son cerveau dont il est prisonnier. Je pense que ces prisons-là sont plus aliénantes que celle dans laquelle vous êtes enfermé. Vous parlez de mon travail sur les animaux en cage, de l'inhibition de l'action, mais les animaux ne peuvent qu'agir dans un espace, et effectivement, quand ils ne peuvent plus agir dans cet espace, se mouvoir dans cet espace, le contrôler par leurs actions, ils deviennent agressifs. Mais l'homme a d'autres possibilités que l'animal. Il peut parler, déjà, ce que l'animal ne sait pas faire, et le langage est une action. Nous avons par notre expérience antérieure un modèle du monde dans notre cerveau qui est tout à fait personnel. Chacun de nous en possède un particulier et nous essayons par le langage de le communiquer à l'autre et l'autre inversement essaie de communiquer le modèle qui lui est personnel. Ce faisant il transforme le système nerveux de celui qui l'écoute de telle façon que son action soit plus facilement possible. Un sociologue, Michel Bessette, de Besançon, a passé, il y a deux ans, une thèse à la Sorbonne sur la sociologie du crime et il constate avec des statistiques officielles et indiscutables que les crimes de sang (non pas la délinquance qui est autre chose) sont réalisés généralement par les classes sociales qui ont le plus de difficultés à s'exprimer, soit par la parole, soit par l'écrit. En effet, quand on ne peut pas agir sur l'autre par l'intermédiaire de la parole, on débouche très facilement et très rapidement sur la violence. Mais l'homme a aussi à sa disposition son imaginaire, ce que n'a pas l'animal, et il est capable de fuir les aliénations qui l'entourent par sa fonction imaginaire. Bien sûr, sa fonction imaginaire est d'autant plus riche que son expérience du monde, que l'on peut appeler réelle si vous voulez, est elle-même plus riche. D'autre part elle est fonction de la pulsion qu'il a, ne pouvant agir, à fuir dans son imaginaire. Beaucoup de grands créateurs étaient mal dans leur peau et ont trouvé des difficultés à se faire entendre, à se faire comprendre et à agir dans le monde où ils se trouvaient, si bien qu'ils ont fui d'une certaine façon en créant un monde imaginaire dans lequel il était possible, pour eux, de vivre. Prenez Van Gogh, prenez Schumann, prenez même des scientifiques comme Cantor (la théorie des ensembles et des mathématiques modernes), ou bien Beethoven, Nietzsche, Nerval, etc. Nous sommes donc tous plus ou moins prisonniers, les uns comme vous dans un espace, les autres dans l'impossibilité de réaliser leurs envies qui résultent de leur apprentissage culturel. On leur a expliqué qu'ils ne pouvaient être heureux qu'avec la possession d'un certain nombre d'objets, de choses. Et quand ils n'ont pas le statut économique pour obtenir ces objets, ces choses ou ces êtres, ils deviennent agressifs ou fous. Mais on peut être aussi prisonnier de ses désirs, c'est-à-dire dans l'impossibilité de réaliser ce que l'on imagine. Le désir n'est pas l'envie; il fait intervenir la fonction imaginaire, le cortex associatif. L'animal a des envies qu'il peut ou ne peut pas réaliser, comme l'homme, mais seul l'homme possède des désirs, et c'est parce qu'il possède des désirs qu'il essaie de réaliser un monde qui n'est pas cohérent avec celui dans lequel il est plongé. C'est parce qu'il possède des désirs qu'il peut devenir fou. L'animal n'est jamais psychotique, il est névrotique; l'homme seul peut devenir psychotique. Vous voyez que pour moi les prisons sont extrêmement nombreuses. Il y a la vôtre qui se rapproche effectivement de celle dans laquelle j'emprisonne moi-même un certain nombre d'animaux. Mais il y en a bien d'autres que j'ai nommées tout à l'heure, qui sont beaucoup plus suspectes. Ce sont celles de nos jugements de valeur, de tout ce que nous avons emmagasiné dans notre crâne depuis notre naissance et qui est inconscient, et qui nous fait juger bon, bien, mauvais, mal, suivant le code de la société où nous nous trouvons. Le code qu'elle a élaboré, cette société, ce sont aussi des prisons qui nous empêchent d'agir et c'est à partir de ce moment-là que, ne sachant pas, ne connaissant pas, ne comprenant pas les mécanismes nous empêchant d'agir, nous devenons agressifs, délinquants ou malades.

2e question : Pour nos « pénologues » qui sont incapables d'accepter une idée qui n'est pas millésimée de cent ans d'âge. Déjà au XIXe siècle, Charle Lucas dit dans son premier ouvrage : *le Système pénitentiaire en Europe et aux États-Unis*, que « le maintien prolongé d'un prisonnier en " solitary confincment " (cellule personnelle) rendait fou et asocial ». Tout comme les médecins suisses, Gosse, Coincct et Verdeil qui à la même époque disaient « que la solitude rend physiquement malade, qu'elle rend fou et qu'elle tue ». Qu'en est-il à l'heure actuelle ?

H. LABORIT : Vous me demandez ce qu'il en est actuellement de la notion déjà ancienne selon laquelle la solitude rend physiquement malade, qu'elle rend fou et qu'elle tue, que le maintien prolongé d'un prisonnier dans un confinement solitaire le rend fou et asocial. Je vous dirais que cette notion a peu changé, mais après ce que j'ai dit tout à l'heure vous vous rendez compte que la solitude, comme dit la chanson, ça n'existe pas. Elle existe sans doute pour le nouveau-né qui n'a encore rien appris et qui ne sait pas qu'il existe dans un monde différent de lui, lorsqu'il n'a pas encore créé ce que nous appelons son schéma corporel, qu'il est dans ce que les psychiatres appellent son « moi-tout ». Mais à partir du moment où il s'est séparé du monde et qu'il s'aperçoit plus ou moins consciemment qu'il est seul dans sa peau, que sa mère, en particulier, n'est pas lui, et que le monde du plaisir dans lequel il a été la plupart du temps plongé jusque-là, ce « principe du plaisir » freudien, n'est pas conforme au « principe de réalité », c'est-à-dire aux principes du monde à la fois matériel et social qui l'entoure, à ce moment-là, il est parfaitement seul et nous sommes tous seuls de la naissance à la mort et nous essayons de sortir de notre solitude. C'est le mythe qui est certainement le mythe le plus profond de l'espèce humaine, à savoir le mythe de Narcisse. Vous savez, Narcisse se regarde dans l'eau calme d'un étang. Il est à la recherche de l'autre et qu'est-ce qu'il voit ? Il voit son image et il ne trouvera jamais qu'elle. Ce que nous cherchons chez l'autre, c'est nous-même, et qu'est-ce que nous sommes ? Nous ne sommes que les autres. Nous avons accumulé depuis notre naissance au monde dans notre système nerveux des représentations qui nous viennent des autres, et quand nous mourons, ce sont ces représentations, c'est-à-dire les autres que nous avons accumulés en nous en un point spécial, unique, qui est le nôtre, de l'espace et du temps, ce sont les autres qui meurent avec nous. Donc la solitude dépend de l'idée que nous nous en faisons à partir du moment où nous accumulons un certain nombre d'expériences vécues dans notre système nerveux, nous ne sommes jamais plus seuls, ou du moins nous sommes de plus en plus seuls, parce que nous voudrions retrouver chez l'autre l'objet gratifiant, la chose qui nous fait plaisir. Nous voudrions retrouver tout ce monde primitif, où nous avons été plongés dès notre naissance et pendant les deux ou trois premières années. Cette période dont nous ne nous souvenons pas d'ailleurs, parce que, je le répète, nous ne savions pas que nous nous trouvions dans un milieu différent de nous. Nous voudrions tous retrouver cette période heureuse qui, même lorsqu'elle est malheureuse (souvent dans les couches sociales les plus défavorisées), reste quand même pour l'enfant une période heureuse. Certains enfants dits martyrs préfèrent à une famille d'adoption la famille dans laquelle ils recevaient des coups. Donc qu'est-ce que la solitude ? Ce n'est certainement pas celle de nos neurones qui ont engrammé, qui ont fixé dans ce que nous appelons la mémoire toutes les expériences que nous avons du monde, heureuses ou malheureuses. De même qu'est-ce que la folie ? Vous dites que la solitude rend fou, mais qu'est-ce qu'un fou ? On en discute encore, le savez-vous ? C'est sans doute que ça ne s'exprime, la folie, que dans un comportement non conforme à celui qui a été institutionnalisé par une société d'un moment, d'une époque et d'un lieu. Mais évidemment cette solitude qui nous accompagne depuis la naissance, nous avons toujours l'espoir de la rompre. Nous cherchons l'autre, et quand on nous sépare de l'autre, comme cela se passe dans les prisons dont vous parlez, que l'on ne peut plus communiquer sa solitude, il ne reste plus que les souvenirs. On a l'impression de s'appauvrir sans l'autre, encore que les livres nous donnent bien souvent le meilleur de lui. Mais ce qui manque, c'est ce qu'on appelle la « chaleur humaine », c'est le regard bienveillant, attentif de l'autre. Mais l'autre n'est pas souvent conscient de cette chaleur qu'il nous donne, parce que lui-même essaie, sans y parvenir, de sortir de sa solitude, enfermé comme nous dans sa peau.

3ᵉ question : Si, comme les politiciens aiment tant nous le rappeler, le châtiment corporel systématique est banni, est-ce par pure impulsion humanitaire ou parce que, comme le dit Mably parlant des prisons de Philadelphie (une des premières prisons avec des cellules personnelles) : « Le châtiment tout intellectuel qui lui est infligé jette au fond de son âme une terreur plus profonde que les chaînes et les coups. N'est-ce point ainsi qu'une société éclairée doit vouloir punir ? Ici la peine est en même temps la plus douce et la plus terrible qui ait jamais été inventée. Elle ne s'adresse qu'à l'esprit de l'homme mais elle exerce sur lui une incroyable emprise. » Cette nouvelle « douceur des peines dans le châtiment... qui frappe l'âme au lieu du corps » contenterait-elle mieux les desseins répressifs de nos politiciens ?

H. Laborit : De même dans votre troisième question, vous parlez de ces politiciens qui semblent avoir banni le châtiment corporel et vous infligent un châtiment intellectuel qui, si je vous comprends bien, est fondé essentiellement sur la solitude. Mais je sais bien que vous avez raison dans ce sens que la société actuelle ainsi d'ailleurs que celles qui nous ont précédés, considèrent que le criminel ou le délinquant doit être puni. Personnellement, je ne pense pas que nous puissions être suffisamment sûrs de ce que sont le bon droit et la responsabilité pour pouvoir décider qu'un homme doit être puni. La notion de propriété est une notion acquise, un apprentissage, et toutes nos lois s'appuient sur la propriété des choses et des êtres. Mais un enfant qui vient de naître n'a pas la notion de propriété, de même certaines peuplades dites primitives n'ont jamais connu la notion de propriété. C'est un apprentissage culturel et ça serait trop long de dire comment il s'est établi depuis environ dix ou douze mille ans, depuis le début du néolithique, depuis que l'homme s'est fixé au sol. Mais ce que je veux dire, c'est que vous êtes vous-même emprisonné dans cette notion culturelle de la punition. Ce que vous discutez, c'est sa forme. Est-elle le châtiment corporel ? Est-elle le châtiment dit intellectuel ? Mais je pense que le problème n'est pas là. Vous savez, le Christ disait à ceux qui étaient en train de lapider une femme adultère : « Que celui qui n'a jamais péché lui jette la première pierre », car, finalement, qu'est-ce que le droit ? C'est un règlement de manœuvres établi par des hommes, je le répète, dans un espace géoclimatique et à une époque donnée, il varie d'ailleurs avec les espaces et les époques. Je ne pense pas que l'emprisonnement, puisque c'est lui dont vous voulez parler, soit une punition, il faut l'envisager autrement. Une société a le droit, du moins peut-on le penser, de se protéger contre des individus qui ne veulent pas se soumettre à ses interdits et à ses lois. J'ai dit un droit, il ne s'agit même pas d'un droit ou alors c'est le droit du plus fort. Il y a plus de gens conformes aux règles sociales qu'il n'y en a de non conformes. Donc, le plus grand nombre, ayant décidé de ce qu'est le conformisme, peut très bien décider, puisqu'ils sont les plus forts, d'écarter du groupe ceux qui ne veulent pas s'y conformer. Il ne s'agit pas du tout d'un châtiment, il s'agit d'une mise à l'écart, c'est comme ça qu'il faut comprendre la prison. Mais constatez que dans certains cas, la société ne s'est pas comportée de la même façon. C'est ainsi que les révolutionnaires de la Commune ont été envoyés en Nouvelle-Calédonie; ils étaient relégués. Ils se sont établis en Nouvelle-Calédonie et leurs descendants font actuellement partie de ce que l'on appelle les Caldoches. Ils ont retrouvé les notions de propriété, de liberté, d'égalité, telles qu'elles ont été conçues depuis la Révolution de 89, et ils veulent imposer eux-mêmes leur conformisme, qui n'est pas nouveau puisqu'il est le nôtre actuellement, à des gens qui n'ont pas les mêmes conceptions des relations sociales, ce sont les Canaques. Quels sont les émigrés dans ce cas? Et rien n'empêche d'imaginer qu'une société d'un endroit et d'une époque pourrait reléguer dans une île déserte les individus dont elle veut se débarrasser, afin de se protéger et de les laisser dans cette île créer une autre société. Ce que je veux dire, c'est qu'il ne s'agit pas de les punir, ce qui montrerait d'ailleurs que nous avons une notion de valeur que mes connaissances contemporaines de la biologie comportementale permettent de ne pas approuver. Concernant les comportements humains en société, on peut très bien imaginer, puisqu'un certain nombre d'individus, non conformes, se trouvent malheureux de subir certaines lois, qu'on puisse les isoler sur un territoire et qu'ils puissent alors être heureux. C'est ce qu'ont fait aussi les Anglais en Australie. Vous savez sans doute qu'il n'y a pas tellement longtemps qu'on a séparé la prison des hôpitaux psychiatriques, des léproseries et des pauvres. Jusqu'à la Renaissance et même plus tard, le même établissement recueillait les grands miséreux, les lépreux, les fous et les assassins, parce que la société ne pouvait pas les supporter. Actuellement on guérit la lèpre ; dans nos pays la grande misère existe encore, mais avec un petit effort on arrive tout de même à manger, pas tout le monde, bien sûr, à sa faim. Et les fous, comme dans certains pays, par exemple l'Italie, on a déjà essayé de les sortir des hôpitaux et de les laisser en liberté. C'est une conception qui se répand de plus en plus. Remarquez que ces fous sont devenus fous parce que les autres les ont rendus fous le plus souvent, et s'ils retrouvent les autres à la sortie de l'hôpital je ne pense pas qu'ils seront guéris pour autant, mais ça, c'est un autre problème. Reste donc les prisons pour les délinquants et les criminels, et je le répète ce n'est pas une punition. C'est un isolement, une protection d'une société qui a décidé qu'il fallait se comporter d'une certaine façon. Et si vous ne vous comportez pas comme ça, il fallait vous mettre à l'écart.

4e question : En simplifiant, nous avons trois instincts innés : se nourrir, se désaltérer, se reproduire. Si vous arrêtez de vous nourrir, au bout d'un laps de temps vous mourrez. Si vous arrêtez de boire, au bout de quelques jours vous mourrez aussi. Si vous arrêtez de vous reproduire, privation sexuelle, privation affective, etc., qu'est-ce qui arrive ?

H. Laborit : Votre quatrième question a trait à la répression de la libido en prison, le fait de ne pas pouvoir faire l'amour. Bien sûr, c'est un problème très important. Dans certains pays comme la Suède, on a essayé de le résoudre en réservant des chambres, dans lesquelles les femmes ayant certains liens avec les condamnés pouvaient trouver un lit, pour tempérer les besoins sexuels des condamnés. Je ne crois pas que ce soit une solution, parce que le prisonnier est séparé de la femme qu'il aime ou avec laquelle il a des liens. Mais dès qu'elle est sortie de la chambre où ils ont pu satisfaire leurs besoins, elle est libre, et si au début elle peut lui rester fidèle, très vite la séance de jambes en l'air hebdomadaire ne lui suffit pas. Elle risque d'amener en prison son existence extérieure à la prison. Je ne sais pas si la satisfaction sexuelle du prisonnier sera suffisante pour lui éviter une jalousie débordante, pour lui faire accepter l'ignorance dans laquelle il se trouve de ce que fait l'aimée lorsqu'elle est partie d'entre ses bras. Je pense que cette solution soulève des problèmes encore plus complexes que ceux qu'elle essaie de résoudre.

5ᵉ question : Je pense au slogan de Mai 68 : « Plus je fais l'amour plus j'ai envie de faire la révolution. » En termes biologiques et à part les exceptions qui existent dans tout, je pense, la répression sexuelle (et non pas l'abstinence volontaire) entraîne-t-elle chez l'être humain un sensible étouffement des désirs de création, de mieux-être, de vie ?

H. Laborit : Mai 68 a été à l'origine de nombreux slogans : « Faites l'amour pas la guerre », par exemple. Effectivement faire l'amour, on sait ce que c'est, et faire la guerre aussi. Dans celui que vous citez : « Plus je fais l'amour, plus j'ai envie de faire la révolution », il y a un terme qui est gênant, parce qu'on y met ce qu'on veut, c'est celui de révolution. Quelle révolution, quel type de révolution, qu'est-ce qu'une révolution ? Voyez-vous, je connais des quadriplégiques, qui le sont déjà depuis de nombreuses années, qui ne peuvent ni faire l'amour, ni se déplacer par eux-mêmes puisqu'ils sont paralysés des quatre membres, et qui ont une vie créatrice, et qui ne voudraient pas abandonner cette vie quand même. Mais effectivement leur sort malheureux n'est pas lié à la volonté des autres, et l'on peut invoquer le destin. Dans votre cas, on invoque surtout l'incompréhension de ce que l'on appelle la société. La société est un mot, d'ailleurs, vous savez ce qu'est la société ? Vous ne l'avez jamais touchée, moi non plus. En réalité on peut la concevoir comme l'ensemble des relations qui existent entre les individus d'un groupe social, qu'il soit familial, professionnel, qu'il soit l'entreprise, qu'il soit régional, qu'il soit État ou bloc d'États, qu'il soit celui des hommes sur la planète. Ils sont tous des sociétés. Il y a des relations qui s'établissent entre les individus qui constituent ces groupes. Et ce sont elles qui provoquent l'aliénation de tout le monde, pas de vous simplement. Tout homme plongé dans un environnement social doit se soumettre ou se suicider, il n'y a pas d'autre moyen. Il est juste de dire que ces sociétés depuis la fixation de l'homme au sol, depuis douze mille ans, si vous voulez depuis l'invention de la culture et de l'élevage, ces sociétés ont toujours été organisées dans un système hiérarchique de dominances. Actuellement ce système donne la dominance aux technocrates et aux bureaucrates, c'est-à-dire aux gens qui acquièrent des connaissances, surtout physiques et mathématiques, qui permettent d'inventer des machines faisant beaucoup d'objets en peu de temps et de les administrer parce que cette civilisation est une civilisation marchande. Tout l'établissement des dominances se fait sur la production des marchandises, aussi bien entre les individus, les groupes sociaux, les États et blocs d'États, c'est pourquoi actuellement ceux qui n'ont pas la chance de pouvoir acquérir une information professionnelle très abstraite, permettant justement d'inventer, de construire des machines, des robots, sont de moins en moins utiles dans cette société, dans ce type de relations humaines, et ne sont pas récompensés par elle, puisqu'elle récompense ceux dont elle a le plus besoin. Les autres se trouvent donc en bas de l'échelle sociale. La biologie comportementale permet de comprendre pourquoi et comment ce type de société s'est installé au cours des siècles. Il semble fort probable que dans une société qui ne serait pas entièrement orientée vers la production de marchandises, vers la productivité d'entreprise, d'autres rapports humains auraient pu apparaître et se développer. Certaines populations qui jusqu'à une époque récente n'ont pas connu cette évolution marchande n'ont pas connu la notion de propriété, n'ont pas connu l'agressivité, celles que j'ai pu connaître au cours d'un voyage où j'étais rapporteur d'un congrès dans le Pacifique Sud. Le comportement social contre lequel vous êtes en révolte n'est pas obligatoire; ça peut se passer autrement. Mais ce qu'il faut dire, c'est que les choses étant ce qu'elles sont, comme disait l'autre, il faut faire avec.

6e question : James Prescott, neuropsychologue de Bethesda, arrive à la conclusion dans son livre *Body Pleasure and the Prigins of Violence* que naissances à la Leboyer, allaitement au sein, vie communautaire, bain japonais et nudité familiale, grande liberté sexuelle, assouplissement des conceptions rigides de la monogamie et reconnaissance complète de la sexualité féminine, enfin (pourquoi pas ?) libéralisation des drogues douces comme la marijuana au détriment des drogues dures comme l'alcool pourraient nous rendre moins agressifs. Le plus grand danger pour le monde, selon James Prescott, surviendra lorsque les nations dures aux enfants et rétives à la sexualité auront la bombe atomique, ce qui est malheureusement en train de se produire. Qu'est-ce que vous en pensez ?

H. Laborit : Vous me citez le nom de James Prescott, neuropsychologue de Bethesda, qui fournit une liste de ce qu'il faudrait faire et qui fait beaucoup penser à ce poème de Prévert chez le commissaire priseur, qui se termine chaque fois par : « et un raton laveur ». Vous voyez, vous avez là un exemple de ce que je disais au début.

7e question : Qu'est-ce que la religion, la spiritualité – par l'intermédiaire d'une divinité ?

H. Laborit : Votre septième question demanderait un livre pour y répondre. La religion n'est pas la spiritualité ; la religion est en général encore un règlement de manœuvres émises par une société d'une certaine époque et d'un certain lieu. La spiritualité ? On discute encore pour savoir où peut se loger l'esprit. Actuellement les physiciens de pointe redécouvrent la spiritualité en ce sens qu'ils savent et que nous savons aussi d'ailleurs que nous vivons dans un monde dit matériel où l'espace est à trois dimensions, euclidien, alors que l'espace, on le sait, est à n dimensions. Notre temps est celui des horloges, alors qu'il existe un temps biologique, sociologique, et que finalement le temps étant lié à l'espace, on ne peut plus parler d'espace absolu, ni de temps absolu, et que tout ça, de toute façon, se trouve emprisonné dans la matière qui est elle-même, dirais-je, une forme concrétisée de l'énergie, l'énergie, on ne sait pas ce qu'elle est. La spiritualité consiste peut-être justement à relativiser toute chose, à savoir que nous ne savons pas grand-chose et quoi qu'il en soit à savoir que ce que nous savons, ce n'est rien, ce ne sont que des artefacts, c'est la façon dont l'homme organise la matière autour de lui. Mais il n'a pas encore su organiser la matière qui est en lui et de toute manière il restera dans le monde matériel. Les mystiques effectivement prétendent atteindre l'absolu, c'est possible, je n'ai pas connu d'expérience mystique. Mais en tant que scientifique, il est impossible de la nier et certains physiciens modernes retrouvent ce type de spiritualité, c'est-à-dire l'approche de l'absolu dans laquelle nos petits problèmes humains quotidiens sont vraiment très peu de chose. C'est peut-être ça la spiritualité, mais il n'empêche que nous sommes plongés, vous êtes plongé dans cet environnement humain, de la matière, organisé dans le cerveau de telle façon qu'il supporte un comportement, et que ce comportement se réalise au milieu d'autres hommes. Alors la spiritualité consiste peut-être à dire que tout ça ne vaut pas la peine qu'on y sacrifie son bien-être, qu'on se heurte violemment aux institutions créées par le groupe social dans lequel on est. Et la liberté, nous y retombons encore, consiste à fuir dans un monde qui est celui de l'imaginaire, semblant complètement adapté au monde dans lequel nous nous trouvons, en en profitant même si c'est possible, mais en sachant que notre vrai monde n'est pas de ce monde, il est ailleurs, il est dans le monde que nous créons, dans le monde de l'imaginaire, sous toutes ses formes, celles de l'art et de ce qu'on appelle la science en particulier.

8e question : L'inhibition de l'action déclenche plusieurs effets biologiquement nocifs pour l'harmonie de notre structure vivante. Le fantasme passif résout-il totalement les effets nocifs de l'inhibition de l'action ? Concrètement : un gardien vous crée des ennuis, dans votre cellule, en fantasme vous en faites de la chair à saucisse...

H. Laborit : Votre huitième question consiste à me demander, puisque l'inhibition de l'action déclenche des effets nocifs, pour le moins, si le fantasme pourrait les résoudre et permettre d'agir dans l'imaginaire. Concrètement vous dites : « Un gardien vous crée des ennuis, en fantasme vous en faites de la chair à saucisse », est-ce que c'est ça ? Là, eh bien, non ! C'est que vous n'êtes pas encore sorti justement, vous n'avez pas encore débouché dans le monde imaginaire. Et d'ailleurs, qu'est-ce que c'est qu'un fantasme ? Les définitions qu'on en donne sont extrêmement variées et c'est encore un mot dont se gargarisent les psychologues, les psychanalystes, etc. C'est très à la mode, ça fait très bien dans un salon parisien, mais enfin ça ne dépasse pas les limites du langage. Il ne s'agit pas en fantasme de faire de la chair à saucisse du gardien, mais peut-être de lui poser la question de savoir pourquoi il agit comme il le fait, essayer de le convaincre que sa raison n'est peut-être pas la seule. C'est très compliqué, je le sais bien, c'est ça la vraie création, ce n'est pas seulement de faire de la peinture, de la poésie, de la science, c'est de créer son quotidien sans que les autres vous tuent prématurément et sans leur faire trop de mal. Parce que, comme ils sont plus nombreux, ils ne vous louperont pas. Et donc il s'agit d'imaginer comment se comporter à chaque instant de façon à ne pas avoir trop d'ennuis avec les autres. Vous savez, je prends l'exemple du Christ qui aurait dit à un certain moment : « Quand on vous frappe sur une joue, tendez l'autre joue. » Mais il n'empêche que, quand chez Pilate un soudard l'a giflé puis l'a battu, il lui a dit : « Pourquoi as-tu fait ça ? » et essayé de lui faire découvrir quels étaient ses motivations, ses pulsions, son apprentissage culturel. Cela demande du temps et quand on vous crée des ennuis, vous dites qu'on n'a pas le temps d'expliquer à l'autre qu'il ne dépasse pas le stade du reptile ou du batracien. Mais je ne pense pas qu'il y ait d'autres solutions, car de toute façon la violence est inefficace, parce qu'elle se heurte à la violence de l'autre qui, elle, est mieux approvisionnée par des engins de toutes sortes et institutionnalisée dans des lois, celles des dominants.

9e question : De nombreux cas de rébellion le prouvent, même si de nombreux autres prouvent le contraire ; la révolte peut éliminer certaines causes d'inhibition d'action. Après l'éloge de la fuite, l'éloge de la révolte, ou la critique ?

H. Laborit : Pour votre neuvième question, vous me parlez de la rébellion qui bien sûr est une façon d'agir. Mais vous savez, le jogging aussi, tourner en rond, quand on a passé la journée au bureau, avec une petite culotte, autour d'un pâté de maisons, c'est une façon d'agir. Les psychologues contemporains, la psychothérapie moderne, en plein empirisme, et sans rien y comprendre, ont redécouvert le caractère thérapeutique de l'action. De même, défiler de la Bastille à la République en levant le poing, en envoyant quelques pavés dans les vitrines ou en foutant le feu à certaines bagnoles, ça évite d'attraper un ulcère de l'estomac. Mais à quoi ça sert ? A quoi ça rime ? Quel est le résultat ? Vous savez qu'en mai-juin 68, on n'a jamais vu moins d'entrées dans les hôpitaux généraux et dans les hôpitaux psychiatriques. On descendait dans la rue, on racontait sa vie, l'autre ne vous écoutait pas mais vous racontait la sienne, et finalement on avait l'impression qu'on faisait quelque chose, on cassait la figure aux agents, etc. Puis qu'est-ce que ça a changé ? Rien, on est retombé dans les mêmes structures sociales qu'avant. Il y en a quelques-uns qui n'ont point souffert, ce sont ceux qui ont persisté et qui ont pu trouver la fuite à ce moment-là dans la drogue, ou en allant à Katmandou ou dans les Cévennes faire de la poterie. Je veux bien mais enfin... S'ils sont plus heureux comme ça, je n'y vois aucun inconvénient. Mais il y a peut-être d'autres choses à faire, et dans ce cas-là, ce n'est pas par la révolte qu'on fera quelque chose. Vous pouvez très bien n'être pas d'accord et faire quelque chose qui vous passionne. Je sais bien que c'est assez difficile pour l'ouvrier qui fait des roulements à billes chez Renault, métro, boulot, dodo, et qui le soir ne peut plus penser à autre chose. Et je sais bien que ce que je dis actuellement, c'est un petit-bourgeois qui le dit et qui a trouvé du fait de son conditionnement, du fait qu'il était placé sur des rails au début de sa vie, des rails qui lui ont simplifié existence au milieu des autres, qui vous dit que ça peut paraître simple. Je pense que n'importe quel homme, s'il n'est pas enfermé dans ses jugements de valeur, je le répète une fois de plus parce que je pense que c'est fondamental, s'il n'est pas enfermé dans ses jugements de valeur pour ou anti (d'ailleurs être anti dans la société dans laquelle on se trouve, c'est être aussi conditionné que d'être pour, c'est la même chose), peut faire quelque chose de neuf et apporter quelque chose de neuf, c'est justement de trouver autre chose que ce qui est imposé.

10ᵉ question : Votre conclusion ?

H. Laborit : Vous me proposez une conclusion. C'est très difficile de vous en donner une, parce que je ne pourrais vous donner une conclusion qu'en rapport avec ce que je suis, et je ne suis ni gourou, ni prophète, et surtout je sais que je ne détiens pas la vérité. Ce que je désire, c'est qu'on ne m'impose pas une vérité. Mais regardez comme dans les pays communistes, en URSS par exemple, la prison est plus vaste, elle est à l'échelle du territoire et ils ne peuvent pas sortir. Je connais un peu ce pays parce que j'y ai quelques amis, que l'on y a traduit trois de mes livres, que pendant plusieurs années l'Académie des sciences m'a versé des royalties et que je pouvais acheter là-bas du caviar et des toques de fourrure. Je suis bien d'accord, l'on peut supprimer la propriété privée, des moyens de production et d'échanges, sans que j'en fasse une maladie, je trouve même que c'est normal. Mais qu'est-ce qu'on a retrouvé ? On a retrouvé une hiérarchie, avec en haut de l'échelle hiérarchique les bureaucrates et les technocrates. Finalement, si la motivation fondamentale est beaucoup moins le profit que dans les pays occidentaux, elle reste la même qui est l'ascension dans l'échelle hiérarchique des dominances. Il n'y a pas d'État idéal, mais il y a possibilité, je pense, dans une société, de prendre de la distance avec elle et d'essayer de ne pas y être trop malheureux. Je dis bien pas trop malheureux parce que, vous savez, il n'y a que les imbéciles qui soient heureux.

NOTE. *Depuis l'enregistrement de cette cassette, l'histoire récente des pays de l'Est nous a montré que la liberté qu'ils souhaitaient et qu'ils ont conquise est la liberté de se soumettre aux lois du marché, à la compétition économique pour l'appropriation des choses et des êtres. Cela montre aussi qu'il ne suffit pas de tenter d'institutionnaliser de nouvelles relations entre les individus pour que les trois étages de leur cerveau fonctionnent différemment d'avant. Seuls les moyens d'établir les dominances changent.*

LA BEAUTÉ DU DIABLE

Pourquoi le Diable serait-il beau ? Je sais bien que c'est un ange déchu et que tous les anges, même déchus, sont beaux. Il faut avouer que nous l'avons nanti de cornes (toute une histoire), de pieds fourchus et d'une queue parfois, qui n'ont rien en eux de franchement esthétique. Puis, c'est au fond le Dieu du mal, et seul le Dieu du bien devrait être beau. Cela montre du moins que la beauté n'a rien à voir avec la morale. C'est toujours ça de gagné pour elle. Cela montre aussi que nos systèmes binaires, le beau, le laid, le bien, le mal, ne sont pas toujours en correspondance exacte. Ainsi, si l'on admet que le beau peut être aussi mal que bien, le laid ne peut être ni l'un ni l'autre, et dans ce cas il doit être neutre. Je ne sais pas si c'est Dieu qui a dit : « les tièdes, je les vomirai par ma bouche », ce qui montre bien que c'est le tiède, le neutre, ce qui n'est ni bien ni mal, qui provoque le dégoût, le vomissement. La beauté donc n'est pas neutre. Elle peut être bonne ou mauvaise, c'est un autre problème, mais elle est. Qui en décide ainsi ? Nous, évidemment. Donc la beauté ne paraît exister que par rapport à ceux qui l'éprouvent. Comme le reste, elle est relative, elle n'a pas d'existence dans l'absolu.

Toute la beauté du monde pénètre en nous par nos cinq sens. Nous avons décrit succinctement ce que nous faisons dans notre système nerveux, non de cette beauté, mais de ce que nos sens nous confient de ce monde. En ce qui concerne sa beauté, pourquoi le trouvons-nous « beau » et qu'est-ce que la beauté ? Un peintre, un musicien, un poète, un sculpteur, un architecte, voire la majorité d'entre nous même si nous ne sommes pas ce qu'il est convenu d'appeler des « artistes », vous en fourniront une définition différente. Je ne pense pas que l'apprentissage soit l'unique facteur de notre sentiment de beauté. Certes une musique, une peinture que vous avez appris à connaître très tôt dans l'enfance, vous toucheront souvent plus que celles dont vous n'avez pas encore l'expérience : apprentissage en effet de certaines structures avec tous les souvenirs inconscients qui s'y rattachent, surtout si ces souvenirs inconscients sont liés à un environnement favorable à l'époque où ils se sont établis, et à une affectivité dont les causes ne sont plus là, mais qui renaît obscurément lorsque le signal les met en mouvement dans nos voies nerveuses. Cela ne me semble pas suffisant. Cela explique probablement pourquoi j'aime la musique dite « baroque » et la peinture des impressionnistes. Mais je peins moi-même et, bien que je possède sans doute un bon « métier » qui me permet de reproduire ce que je vois d'une façon dite « agréable à regarder », mon imaginaire ne m'a pas fait dépasser ce stade. Et pourtant j'aime peindre et j'ai peint beaucoup depuis mon adolescence, non pour les autres (je n'ai d'ailleurs jamais exposé), non par narcissisme, ni par recherche d'une appréciation admirative ou même péjorative, mais par plaisir égoïste en face d'un paysage, d'une nature morte, d'un visage ou d'un corps que je trouve... beaux.

Avant d'essayer de comprendre pourquoi je les trouve beaux, j'ai compris qu'une des raisons qui me font peindre était de ne pas laisser se conserver en moi, dans la fragilité d'un souvenir, ce que je trouve beau. C'est pour arrêter le temps, fixer l'instant qui passe et l'affectivité qui l'accompagne dans une mémoire matérielle, non déformable et qui dure, une mémoire que l'on peut ressusciter intacte longtemps après. On peut me dire qu'à ce désir la photographie répond fort bien. C'est exact et le photographe est souvent un artiste qui sait protéger la pérennité des choses.

Mais la peinture n'est pas aussi dépendante d'un appareillage. Celui-ci se limite à une toile et des couleurs. Et ce que vous réalisez dans une peinture, ce n'est pas ce qui pénètre dans vos yeux, c'est vous. Le chatoiement des couleurs, les rapports entre les différentes valeurs, c'est encore vous. Au point que la peinture (pas la mienne !) peut ne pas être figurative et n'être alors que l'affectivité du peintre étalée sur le tableau. Or puisqu'il ne s'agit pas, du moins dans mon cas, de me montrer, de m'exposer en tant qu'acteur, ma raison de peindre c'est, au second degré, le besoin de transformer mon émotion en action. Et nous y revenons encore : pour éviter l'inhibition de l'action. En quelque sorte, devant une scène qui nous touche affectivement, ne rien faire, ne pas la peindre, équivaut peut-être à favoriser l'apparition d'un ulcère de l'estomac.

Mais pour la musique, me direz-vous ? Dans ce cas, notre seule façon d'agir, c'est de pleurer. Nous n'avons pas l'air très fin quand notre visage se couvre de larmes en écoutant une œuvre musicale qui nous émeut. Oui mais, même si les autres nous trouvent ridicule, ça soulage. Et puis c'est plus discret, moins encombrant que d'attendre la fin de l'interprétation de l'œuvre pour applaudir à tout rompre et hurler des « bravos » angoissés libérant notre émotion dans l'action qui montre aux autres combien nous sommes sensibles et artistes. Pleurer, c'est plus discret à mon sens. Dans tous les cas, on le voit, il s'agit de transformer son émotion en action.

Que le narcissisme de l'artiste intervienne ensuite et qu'il tente de faire partager aux autres les émotions qu'il a ressenties, transformées en objet d'art, pour s'entendre dire que l'œuvre est géniale et qu'il est grand, superbe et généreux, c'est fréquent et quelquefois rentable. Mais je ne pense pas que ce soit la motivation dominante, encore que bien souvent complémentaire, de l'artiste. D'ailleurs nous l'avons dit, Narcisse cherche à sortir de sa peau, à trouver les autres, sans savoir qu'il ne trouvera jamais que lui. Mais l'appréciation favorable des autres créera un lien entre eux et sa solitude.

***

Tout cela ne nous dit pas en quoi consiste la beauté. Une symphonie en ultrasons sera inaudible pour un homme, mais peut être appréciée par un chien ou un dauphin. Cet exemple montre que la beauté est dépendante de nos sens. Les impressionnistes n'impressionneront pas un aveugle de naissance, etc. J'avais autrefois un chien-loup qui restait paisible aussi longtemps que je chantais, accompagné au piano, les œuvres les plus variées, mais qui se mettait à hurler à la mort dès que je chantais du J.-S. Bach. Comme mon narcissisme admettait difficilement que ce fût ma voix qui le mît dans cet état de transe, j'en conclus que c'était la musique de Bach, plus précisément, à la beauté de laquelle il n'était pas sensible. Certains harmoniques agréables pour nous devaient lui être désagréables. Cela est valable pour chacun de nous sans que nous soyons poussés chaque fois à hurler à la mort. Certaines voix nous plaisent, nous émeuvent (encore une question d'harmoniques sans doute, le timbre), qui laisseront d'autres insensibles. Cela montre encore la relativité de la beauté, mais surtout que celle-ci dépend de l'organisation aussi bien innée qu'acquise de notre système nerveux central.

Nous arrivons donc à cette notion, tout empirique d'ailleurs, que la beauté résulte de la cohérence du monde qui nous entoure avec la structure même du système nerveux humain. C'est parce que celui-ci fait partie de ce monde, que ce monde lui paraît beau et d'autant plus beau, je crois, que la structure du monde reproduit, à des niveaux d'organisation différents, une analogie de structure avec celle du système nerveux.

« Me chercherais-tu si tu ne m'avais pas déjà trouvé ? »

C'est pourquoi on est tenté de penser que plus cette analogie est valable pour un plus grand nombre d'hommes, à travers les temps historiques, à travers les jugements de valeur variables avec les époques, plus on se rapproche de ce que l'homme appelle la beauté.

Mais cette reconnaissance est la conséquence de si nombreux facteurs qu'il est bien souvent difficile pour un homme de dire ce qu'est pour lui la beauté. Un corps peut ne pas être plastiquement beau, mais il sécrète des phéromones qui vont stimuler notre système olfactif et éveiller notre libido. Un paysage peut ne pas être beau seulement par la vue, mais aussi par les parfums que la brise marine ou les fleurs qui s'y trouvent répandent dans l'air que l'on respire. Le bruit du vent ou le chant des oiseaux peuvent faire partie aussi de sa beauté, à tel point qu'on peut se demander si ce n'est pas tout l'Univers, condensé dans cet infime point de l'espace-temps, que nous trouvons beau. Mais alors, sans en être conscient bien sûr, n'est-ce pas simplement l'organisation de notre système nerveux central que nous appelons la beauté ?

***

Amusons-nous un peu...

Si nous voulons rester fidèles à la notion de niveaux d'organisation qui nous a paru jusqu'ici bien efficace, nous devons considérer que les systèmes vivants et l'homme en particulier font évidemment partie, à ce titre, de l'ensemble cosmique, et c'est une banalité de le dire. Si nous admettons, comme nous l'avons montré pour ces systèmes vivants, que la finalité de chaque niveau d'organisation doit concourir à celle de l'ensemble, de même qu'inversement le maintien de la structure de l'ensemble est nécessaire au maintien de celle de chaque niveau d'organisation qu'il englobe alors dans une optique cosmique, cela veut dire que l'Univers est nécessaire au maintien de la structure de l'homme, ce dont je n'aurai évidemment pas de peine à vous convaincre. Dans un « big-crunch », nous aurions *a priori* des difficultés à maintenir notre structure. Mais ce qui est moins évident, si l'on veut bien poursuivre l'analogie avec les systèmes vivants, c'est que l'homme serait indispensable au maintien de la structure de l'Univers. Voyez à quoi conduit un discours logique, parce que tout de même il faut bien admettre que l'Univers existait avant l'homme. Bien plus, les êtres vivants proviennent d'un assemblage moléculaire, atomique et sous-atomique où la forme résulte des relations réalisées par des particules virtuelles, sans masse, entre des particules ayant une masse, celle que nous touchons. Cet assemblage existe déjà dans l'œuf fécondé, et de celui-ci résultera, par niveau d'organisation, l'individu entier. Il faudrait alors admettre que cet espace rempli de vide quantique devrait inversement passer par les structures vivantes et en particulier par l'homme pour que l'Univers existe. Alors là, même les « créationnistes » les plus convaincus admettent que l'homme n'est apparu qu'au septième jour et que l'Univers existait avant lui.

A vrai dire il faut aussi deux individus, c'est-à-dire un Univers, pour obtenir un œuf fécondé. Qui fut le premier, l'œuf ou la poule ? Pour l'homme il semble cependant que ce fut l'œuf, le vide quantique, qui engendra, à partir du big-bang, la poule, c'est-à-dire lui. Avant lui, l'Univers n'était peut-être pas exactement ce qu'il est aujourd'hui. Avec lui, l'Univers ne peut sans doute pas être différent de ce qu'il est. C'est un peu ce que prétend le principe anthropique « faible », ce qui est moins prétentieux que ce que dit le « fort », à savoir que l'homme était le but de l'univers.

Va savoir... Et s'il n'en était que le cancer, dans un Univers en inhibition de l'action ? Vous voyez bien qu'avec des mots on peut tout dire !

CONVERSATION
ENTRE
DEUX CORPS QUANTIQUES

– Chère amie, vous ici ? Je vous croyais aux Eaux.

– Cher monsieur, je n'étais pas zozo, mais bien morte depuis un an, suivant le calcul du temps que nous avons connu et qui ne signifie plus rien ici.

– Mais alors, vous êtes mon aînée, dans ce temps qui n'en est plus un pour nous, puisque dans le temps des organismes vivants, moi je ne suis mort que depuis six mois seulement !

– C'est assez curieux, n'est-ce pas, ce qui nous arrive ?

– Certes, mais nous aurions pu nous en douter un peu. Les physiciens au cours de ces dernières années nous avaient posé de curieux problèmes.

– Que voulez-vous dire ? Je n'ai jamais été très forte en physique.

– Moi non plus je dois dire, mais j'avais lu un livre de vulgarisation physico-cosmologico-biologique [1] qui m'avait dévoilé dans un langage simple des faits troublants.

– Lesquels encore ?

– Eh bien, j'avais appris ainsi que nos physiciens des particules élémentaires montraient que les objets tels que nous les avons connus, ceux que nous pouvions toucher, sentir, étaient pratiquement constitués par du vide, qu'un noyau d'atome est un grand vide dans lequel sont perdus quelques quarks. De même, qu'entre un électron et un proton ou un nucléon, on retrouve ce vide qu'ils appellent

1. H. Laborit, *Dieu ne joue pas aux dés*, Grasset, 1987.

le « vide quantique ». Or d'après eux, ce vide est plein de « particules virtuelles », c'est-à-dire sans masse que l'on puisse toucher et en plein remue-ménage continuel de matière et antimatière s'annihilant, de photons qui n'ont pas de masse connue, vous le savez, de neutrinos... Mais voyez comme leurs connaissances sont fragiles puisqu'ils semblent récemment avoir découvert un neutrino dans la bande qui aurait une certaine masse.

– Cela nous regarde-t-il ?

– Eh bien, nous aurions pu penser, ma chère, que, lorsque nous ne saurions plus utiliser correctement l'énergie des photons solaires pour maintenir les relations harmonieuses existant entre les atomes formant nos molécules organiques, en d'autres termes, que lorsque nous allions mourir, suivant la terminologie des vivants, cette toute petite partie de nous-mêmes, c'est-à-dire les particules possédant une masse, allait effectivement se désorganiser, mais laisser intact notre corps quantique, ce grand vide qui constitue l'essentiel des objets et des êtres. Ce vide quantique rempli d'une énergie non matérielle et que les physiciens sont eux-mêmes bien incapables de définir autrement que par le travail qu'elle peut fournir.

– C'est très curieux ce que vous êtes en train de me dire, cher ami. Si je comprends bien, ce serait deux vides, suivant la signification que vous venez de m'en donner, qui seraient en train de discuter de ce qu'ils sont et ont été ?

– C'est cela. Ce qui fait que vous n'êtes pas gênée par vos semblables comme à six heures du soir, aux heures de pointe dans le métro.

– Très intéressant, savez-vous. Ainsi depuis qu'il y a des hommes, que dis-je des êtres vivants sur cette planète, ils peuvent s'entasser sans se gêner particulièrement, puisqu'ils n'existent qu'en tant que vide quantique et non plus matière.

– Il semble bien.

– Oui mais alors, comment se fait-il que tous ces corps quantiques ne se mélangent pas rapidement ?

– Là, je vais me permettre, chère amie, de vous soumettre une « hypothèse osée », comme disent les savants sérieux. Comment croyez-vous par exemple que j'aie pu, en vous retrouvant, savoir que vous apparteniez au sexe féminin ?

– C'est une question en effet que je ne m'étais pas posée, mais qui demeure troublante.

– Simplement parce que, dans votre vie organique, vous possédiez des chromosomes sexuels XX comme je possédais, n'en doutez pas, des chromosomes XY. Or le vide quantique qui entourait les particules élémentaires constituant les gènes de ces chromosomes paraît avoir conservé la trace de leur existence. Ce vide a été moulé par elles, et j'ai tout de suite repéré la petite différence qui en résultait entre votre vide quantique et le mien.

– Oui, alors là, voyez-vous, je regrette un peu cette transformation brutale, car autant que je me souvienne vous étiez assez bel homme et ce n'était pas à votre vide quantique, à l'époque, que je voulais participer, mais au petit peu de plein qui le meublait agréablement.

– Je peux bien vous l'avouer également au point où nous en sommes, c'était plutôt le vide non quantique que vous possédiez que j'aurais aimé combler avec le petit morceau de particules avec masse que je possédais en complément.

– Soyons francs, cher monsieur, pensez-vous, compte tenu de la vaste culture que vous me paraissez posséder, que nos deux vides quantiques puissent encore faire l'amour et en tirer le plaisir que nos corps non quantiques en auraient tiré ?

– Vous me posez là une question intéressante à laquelle je ne puis actuellement répondre. Mais réfléchissons un peu. Ce qui poussait nos corps non quantiques à s'unir, c'était au tout début pour résoudre le problème de la reproduction sexuée, dont résultait toute la richesse individuelle que permettait la combinatoire génétique. Il est probable que le plaisir qui accompagnait cette union charnelle n'était pardonnez-moi cette expression un peu triviale, qu'un « amuse-gueule » pour nous encourager à la réaliser, ce qui permettait la perpétuation de l'espèce. Mais cet amuse-gueule est devenu chez l'homme si amusant qu'il en oublia le plus souvent la raison profonde pour se contenter de cet accompagnement. Notez tout de même que si ce raisonnement est valable pour toutes les espèces animales, le mâle de la mante religieuse par exemple dévoré par la femelle après l'accouplement retrouvait rapidement ainsi sa situation de corps quantique.

– Mais ne croyez-vous pas plutôt, cher ami, que c'est exactement l'inverse qui se passe, à savoir que ce sont les corps quantiques chez les amants qui cherchent à se rejoindre et qu'ils ne peuvent y parvenir parce qu'ils sont enfermés dans leur corps charnel ?

– C'est en effet une hypothèse qui n'est pas à écarter a priori. Mais vous souvenez-vous du scandale qu'un biologiste de renom, un de mes amis, nommé Benveniste, a provoqué dans ce qu'on appelle la communauté scientifique internationale ? Il était favorablement connu et apprécié jusque-là du fait de certaines découvertes importantes qu'il avait entreprises en immunologie. Son expérience scandaleuse peut se résumer ainsi : certaines cellules sanguines contiennent une substance, l'histamine, qui est responsable de certains phénomènes allergiques. Ces cellules sanguines fixent une molécule d'un anticorps. Or si un antigène, c'est-à-dire une molécule non conforme à l'organisme d'où provient la cellule sanguine munie de son anticorps, rencontre cette cellule, celle-ci libère son histamine qui va déclencher le cortège de symptômes caractéristiques de l'allergie. Cette réaction peut se reproduire dans un tube à essai lorsque l'on y réunit les trois protagonistes.

On voit une quantité importante d'histamine libérée. Benveniste eut l'idée un jour de diluer la solution contenant l'antigène de telle façon que mathématiquement plus aucune molécule de celui-ci ne pouvait s'y trouver. La solution ne pouvait plus être que de l'eau pure. Or avec cette eau sans molécule d'antigène, la libération d'histamine se produisit de la même façon. Benveniste eut peut-être le tort de parler alors de la « mémoire de l'eau », car ce n'était peut-être pas H_2O qui conservait une mémoire de la présence de l'antigène, mais le vide quantique qui remplissait ces molécules d'eau. Benveniste demanda à d'autres équipes en Israël, en Italie et au Canada de refaire cette expérience avec le même protocole, et elles aboutirent au même résultat. Il parvint à publier ces expérimentations dans un journal de grande renommée internationale : *Nature*, et c'est alors que le scandale éclata. Le journal envoya chez Benveniste un groupe de personnalités dont l'une était spécialisée dans le démasquage des fraudeurs et des trucs de prestidigitateurs, et dans ce climat de suspicion fort désagréable, Benveniste ne réussit pas à reproduire dans cent pour cent des cas ses expériences. Mais il a continué depuis à expérimenter avec des techniques différentes qui vinrent confirmer ses premiers résultats.

Je ne vous ai parlé un peu longuement, chère amie, de l'aventure de Benveniste que pour signaler que la biologie a peut-être perdu en partie son temps en ne s'occupant que de cette fraction infime des organismes vivants, celle qui possède une masse [1] et que l'on peut explorer de plus en plus précisément avec un outillage de plus en plus perfectionné. Mais si l'on veut bien tirer les conséquences de ce que nous disent les physiciens (et ce n'est pas moi qui aurais été capable de les contredire), la plus grande partie reste inviolée, inconnue, à savoir ce corps quantique que

1. H. Laborit, *Dieu ne joue pas aux dés, op. cit.*

l'expérience de Benveniste est peut-être la première à mettre en évidence.

– Mais dites-moi, il y a tout de même quelque chose que je ne comprends pas dans ce que vous avez appelé votre « hypothèse osée ». Si vous parlez de mémoire, qu'elle soit du corps quantique ou pas, elle implique une notion de temps, ne croyez-vous pas ? Alors tous ces corps quantiques dont nous serions entourés depuis que nous les avons rejoints, ils se situent aussi dans une histoire et dans un temps puisqu'ils seraient doués de mémoire ?

– Vous avez parfaitement raison. Mais je me demande si nous avons su nous débarrasser suffisamment du temps des corps, celui des horloges, que nous savons pourtant relatif, lié à l'espace depuis Einstein. Or dans quel espace sommes-nous présentement ? Même avec la relativité einsteinienne, il existe un temps puisqu'il existe une vitesse limite, celle de la lumière. Seulement le temps n'est pas absolu, de même que l'espace. Or est-ce dans cet espace-là que nous sommes parvenus ? Il y en a peut-être un autre qui n'en est plus un ! Mais on ne peut peut-être pas l'appeler « espace », car il n'existe pas à partir d'un observateur. Nous serions nous-mêmes cet espace hors du temps, lié à tout, toujours.

– Si je comprends bien ce que vous suggérez, tout aurait toujours été de tout « non-temps ». Notre histoire personnelle, telle que nous croyons l'avoir vécue, aurait toujours été, mais pas en pièces détachées, comme elle nous est apparue dans notre vision déformante en trois ou quatre dimensions.

– Mais cette vision déformante elle-même faisait partie de l'ensemble présent de tout « non-temps » comme vous dites.

– Oui. Enfin il vaut mieux dire cela que peigner la girafe, comme disait l'un de mes grands-pères inscrit dans le temps qui fut le nôtre au sein du non-temps universel. Mais déjà parler d'Univers, c'est faire confiance à une certaine forme du temps et de l'espace.

– Nous n'en sommes sans doute pas dégagés, chère amie, puisque je vous ai retrouvée avec vos caractéristiques génétiques et que votre vide quantique revêt encore pour moi une forme, puisque je lui concède une mémoire.

– Nous n'avons vraiment pas de chance ! Moi qui croyais qu'en abandonnant aux vers mon corps charnel, j'allais enfin tout comprendre de cette chose absurde et sublime qu'est une vie humaine. Tout à l'heure avec votre corps quantique, j'ai espéré découvrir notre nouveau monde. Je suis en réalité bien déçue.

– C'est sans doute que nous ne pouvons pas abandonner simplement la logique à laquelle nous ont accoutumés notre corps charnel et son langage. Avant d'atteindre le ciel, il faut peut-être passer quelque temps au purgatoire. Mais en votre compagnie, ce purgatoire est déjà un avant-goût du ciel.

– Allons, allons, flatteur ! Votre corps quantique demeure toujours galant avec les dames !

– C'est la trace qui me reste de mes XY.

– Dites-moi quelques mots encore... Avez-vous une idée par hasard de la façon dont votre corps quantique s'est installé dans votre œuf fécondé avant votre naissance ?

– Je n'en ai aucune idée. Mais on peut penser que le vide quantique qui habitait le spermatozoïde paternel, qui a eu la chance de pénétrer le premier dans l'ovule maternel, de même que le vide quantique qui habitait ce dernier, furent à l'origine de celui que vous avez sous les yeux... façon de parler.

– Mais il a fallu qu'il grandisse bigrement car, autant qu'il me souvienne, votre corps charnel faisait bien un mètre quatre-vingts à l'âge adulte !

– Mais il n'a pas eu à grandir, voyons ! puisque pour un corps quantique, il n'y a ni espace ni temps. Il n'était qu'information, autrement dit énergie sans masse. C'est l'œuf fécondé et ses molécules qui ont eu à s'occuper de mon un mètre quatre-vingts ! Mon corps quantique s'est contenté de les regarder faire. Je ne suis même pas sûr qu'il les ait conseillés.

– Mais d'où venait ce corps quantique primitif qui fut à votre origine en tant que corps charnel ? Je vous le demande parce que cela a bien dû être la même chose pour moi. Voyez-vous, la mort ne m'a pas encore débarrassée de tout égoïsme et de tout narcissisme.

– Eh bien ! Je n'ai encore aucune réponse cohérente à fournir à votre question. Peut-être venait-il d'un pool commun dans lequel un morceau de vide quantique a décidé de s'amuser un beau jour en jouant avec des particules élémentaires douées de masse. Certains hommes depuis des siècles jusqu'aux jours que nous venons de quitter pensaient que c'étaient des vides quantiques comme le nôtre encore imparfaitement débarrassés de leur mémoire non quantique qui décidaient de profiter d'une fécondation pour refaire un petit tour dans le monde à trois dimensions que nous avons quitté, pour se refaire une vie. Ils appclaient cela la « métempsycose ». Mes connaissances sont insuffisantes pour vous dire s'il y a quelque chose de vrai dans cette façon de voir.

– Ces morceaux de vides quantiques métempsycosiques devaient être très imparfaits pour rechercher à revivre une aventure humaine qui est loin, très loin de toujours être agréable. Même s'il a la possibilité de choisir la trompe de Fallope d'une petite-bourgeoise et un ovule fécondé par le spermatozoïde d'un cadre supérieur, il n'est jamais sûr de ce que l'avenir lui réserve. En tout cas, il vaut sans doute mieux ne pas se métempsycoser au Bangladesh ou au Sahel en période de sécheresse. Mais il existe peut-être des vides quantiques masochistes ?

– C'est bien possible... Il existe bien des masochistes qui, comme tout le monde, sont essentiellement constitués de vide quantique. L'inverse est peut-être vrai.

– Dites-moi, ne trouvez-vous pas que nous avons perdu un temps précieux (de celui des horloges) à parler de choses sans intérêt ? J'ai l'impression que vous êtes encore angoissé par la mort, comme nous l'avons été pendant notre vie charnelle. Vous devriez être débarrassé de cette angoisse maintenant.

– Je vais vous faire un aveu : je suis en effet débarrassé de cette angoisse dont vous parlez. Malheureusement je découvre une autre angoisse. L'angoisse étant liée à l'inhibition de l'action et celle-ci dépendant souvent de notre déficit informationnel, c'est-à-dire de notre ignorance, je découvre une nouvelle ignorance qui me rend à nouveau angoissé. Je n'imaginais pas qu'un corps quantique puisse être angoissé. Voyez-vous, j'aimerais bien être un de ces fantômes qui hantent les anciens manoirs, anglais de préférence. Ils peuvent encore agir sur la matière et s'amuser à faire des farces, à faire peur aux vivants. Nous, nous ne pouvons même pas nous toucher, nous caresser, et je vais être à côté de vous sans pouvoir me coucher à vos côtés, puisque vous n'avez pas de côté ! Bienheureux les revenants !

– Oui, mais remarquez que leurs linceuls blancs doivent se salir assez vite et sans machine à laver ni lessive aux enzymes, ils doivent perdre un temps nocturne considérable pour maintenir leur garde-robe en bon état.

– Voilà un relent d'éternité. Cette dernière opinion relève en effet de l'éternel féminin.

– Détrompez-vous, cher ami. Un éternel masculin est en train de se créer, depuis que les hommes commencent à s'occuper de soins ménagers, et cette éternité, ils la devront aux mouvements féministes contemporains.

– Vous voyez que nous n'avons pas perdu complètement notre temps des horloges puisque nous arrivons à cette conclusion que l'Éternité commence quand plus rien ne bouge. Ne serions-nous donc pas éternels ? Mais dans quel temps ?

– Les Anglo-Saxons nous ont appris que « le temps c'est de l'argent ». Mais nous savons aussi que ce dernier

« on ne l'emporte pas au paradis ». Il s'ensuit que notre temps présent, si c'en est un, n'est pas celui du commerce et de l'industrie, et qu'il n'est pas régi par les lois du marché.

– En effet, nous n'avons pas un sou en poche puisque nous n'avons même plus de poches, ce qui montre que notre temps n'est plus celui des boutiquiers et des marchands. C'est un temps gratuit comme la mort.

– Dites-moi... c'est peut-être pour cette raison que l'Angleterre est considérée comme le pays des revenants ? Heureux les pauvres en esprit, le royaume de Dieu leur appartient !

– Dans ce cas, il serait peut-être temps que nous nous mettions à la recherche de Dieu ! Il doit bien être dans un coin, quelque part. Mais souvenez-vous de cette phrase : « Me chercherais-tu, si tu ne m'avais pas déjà trouvé ? »

TABLE

Cet ouvrage a été réalisé par la
SOCIÉTÉ NOUVELLE FIRMIN-DIDOT
Mesnil-sur-l'Estrée
pour le compte des Éditions Grasset
en mars 1992

Imprimé en France
Dépôt légal : mars 1992
N° d'édition : 8769 – N° d'impression : 19959
ISBN : 2-246-46281-9